子どもの
健康福祉学

編著者 **前橋 明** （早稲田大学 教授／医学博士）

大学教育出版

ごあいさつ
子どもたちの社会課題と私たちの使命

早稲田大学
教授・医学博士　前橋　明

　1975年頃から2019年末まで、私たちの社会は夜型化が進んで、子どもたちは、遅寝、遅起きで、朝食をしっかり食べずに、朝の排便もなく、園や学校に登園・登校している子どもたちが目立ってきました。社会生活が夜型化し、働く母親が増加、保護者の勤務時間が延長されることも一因となり、子どもたちの生活のリズムにくるいが生じてきました。

　早稲田大学前橋　明研究室の研究から、幼児期の子どもの夜型化の誘因になっているものは、①日中の運動不足、②テレビ・ビデオ視聴の長さ、③夕食開始時刻の遅れということが、わかりました。

　その後、2020年から、新型コロナウイルス（COVID-19）の感染拡大に伴う外出自粛や運動規制が加わり、子どもたちは、ますます外に出て動かなくなりました。その結果、外あそびは激減し、室内でのテレビ・ビデオ視聴だけでなく、動画視聴、いわゆるスマートフォンやインターネット等を使っての静的な活動や目を酷使する活動が増えてきました。

　結局、体力低下だけでなく、視力低下の子どもたちが増え、また、運動不足による食の細いやせ傾向、あわせて、運動不足に加えて食（おやつ）の不規則摂取による肥満が増え、普通体型の子どもたちが激減する結果になりました。

　屋外で過ごす時間の著しい減少と、デバイス使用時間の増加は、近視発症を引き起こす可能性が高く、長時間のデバイス使用は姿勢にも影響し、子どもの頭部や頸部屈曲を引き起こす可能性があります。幼少年期に外でからだを動かす機会がなくなった子どもたちは、発達しないうちに衰えてしまうことが懸念されます。便利で快適な現代生活が、発育期の子どもたちの発達を奪うのです。

　今こそ、みんなが協力し合って、子どもたちの心とからだのおかしさに歯止めをかけなければなりません。それには、まず、社会全体で子どものS.O.Sサインを把握し、それらの社会課題を改善する方策を考え、健康づくり実践に移

す必要があります。もちろん、「子どもの運動や外あそび」を大切にするという共通認識をもつ必要があります。これが、私たちの今日の使命と考えています。

発育期の子どもたちに必要なものを呼びかけよう

まずは、以下の活動の重要性と効果を呼びかけたいものです。
① 戸外での安全なあそびの中で、必死に動こうとする架空の緊急事態（鬼ごっこやドッジボール等）が、子どもの交感神経を高め、大脳や自律神経の働きを良くすること。
② 前頭葉の発達には成功体験だけでなく、失敗体験を伴うあそびも重要であること。
③ 子どもに日中にワクワクする集団あそびを奨励し、1日1回は、汗をかくくらいのダイナミックな運動や外あそびが必要であること。
④ 戸外での適切な光環境は、近視の進行を抑制し、目の保護に役立つこと。また、外あそびで遠くと近くを交互に見ることが、毛様体筋の働きを活発化させ、目の血液循環と新陳代謝、安全能力の向上に有効であること。
⑤ 幼児期からの健全育成／健康づくりとしての「外あそび推進」の理論と運動の実践活動をセットで紹介・普及させる取り組み、指導者講習が必要です。

外で遊びたい子どもが満足に遊べるようになるためには、どのような仕組みや制度が必要か

今日、保育者や指導者となる若者たちにおいても、その生活自体が夜型化していることもあり、そのような状態が「あたりまえ」と感じられるようにもなってきているため、子ども時代の健康づくりや外あそびに関する理論の研鑽が大いに求められると言えるでしょう。

また、外あそび実践の面においても、指導者側の問題として、指導者自身の遊び込み体験の少なさから、「あそびのレパートリーを子どもに紹介できない」

「あそび方の工夫やバリエーションづくりのヒントが投げかけられない」という現状があり、保育・教育現場において、幼少年期からの健康づくりにとっての外あそびや運動の重要性やそのレパートリー、運動と栄養・休養を考慮した生活リズムとの関連性を、子どもたちに伝えていくことすらできないのではないかと心配しています。

　よって、外あそび推進や運動奨励をしてくださる指導者の養成のためのガイドブックづくりと、子ども支援者としての人材の育成・講習会を考えています。子ども支援者全員に、認識のズレが根底にあると、子どもたちの健全育成支援は進まないことをしっかり考えておく必要があります。できることから、少しずつ、できるときに取り組んでいきたいものです。そのためにも、本書がそのガイドブックの一端を担うことができれば幸いです。

子どもの健康福祉学

編著 前橋 明（早稲田大学 教授・医学博士）

概要

　子どもたちの健全な発育・発達を保障するための生活（習慣）、運動・活動（行事）、生体（生体リズム）に関する内容と、今日の社会生活の場の変化がもたらした子どもの心身のおかしさや異変について学び、子どもたちの抱える問題の改善策や予防策について考えます。

　さらに、近年の家庭環境や地域社会の変容、女性の社会進出に伴う子ども支援や子育て支援の必要性、行政の保健福祉サービス等の子どもをめぐる諸問題について、実態に即して検討し、子どもたちの健全育成のために、家庭や園・学校、地域社会、行政などの果たすべき役割や今後の展望を探ります。

目標

　近年の子どもたちが抱える・抱えさせられている健康福祉上の問題点を把握・分析し、それらの問題を改善すべき方策を考え、提案できるようになります。

（1）わが国における児童の生活実態から、健康福祉上の問題点を理解することができます。

（2）子どもたちの抱える・抱えさせられている問題を分析し、改善策や予防策を検討し、提案し、実践することができます。

　つまり、「子どもの健康福祉学」では、子どもの健康福祉を模索します。子どもたち誰もが（障害をもつ・もたないに関わらず）心身ともに健やかな状態で、いきいきと生きることのできる健康的な暮らしのあり方（幸福）を考えていきます。

「子どもの健康福祉学」の出版に寄せて

　近年、子どもを取り巻く生活環境の変化や、育児に対する不安や悩みを抱える保護者の増加、保護者の子育て環境の変化など、多くの深刻な問題が蓄積しています。とりわけ、子どもの生活習慣とそのリズムの乱れは、極めて深刻な問題となっています。よって、子どもたちのより良い健康的な生活を考えるためには、子どもを中核に据えた家族全員の生活の見直しが必要となります。家庭で少しずつ取り組めるよう、また、保育の中で、そして、地域社会の協力や見守り等を得ながら、子どもたちの抱えている生活課題の改善策を講じていくことが求められています。

　そのため、保育園や幼稚園、子ども支援や保育・教育に関わる指導者に期待される役割は増大しています。とくに、乳幼児期は、子どもが生涯にわたる人間形成の基礎を培う極めて重要な時期であることから、子どもの保育や教育とともに、その保護者、さらには、地域の子どもや保護者に対する子育て支援を担う役割がいっそう高まっています。

　まずは、乳幼児の理解に努め、保育の理論と実践の関係について習熟することが必要となります。専門の理論や知識、技術を具体的に乳幼児とのふれあいの体験を通して、保育者・指導者として求められる資質や能力、技術を習得していくことが望まれます。

　それには、子どもたちの健全な発育・発達を保障するための生活習慣や運動・活動、生体リズムに関する内容、子どもたちの抱える問題点と対策や予防するための方策が示されている本書「子どもの健康福祉学」がお薦めです。

　前橋 明教授は、これでまでの研究で得られた理論と実践を基に、乳幼児や児童の健全育成を願い、早稲田大学および早稲田大学大学院において、「子どもの健康福祉学」を立ち上げられ、学部・大学院修士課程および博士課程での学位の研究指導を行われてきました。この学問領域の内容が本書にまとめられています。これまで前橋教授に指導を受け、専門学会や研究会、講習会などで研鑽をつんだ者は、健康福祉学や体育学、保育・幼児教育学、医学の分野にと

どまらず、食育学や栄養学など、様々な領域の研究者や実践者がいます。これまでの研究や論文作成、学会発表、講演や指導実践など、子どもの健全育成に必要な研究知見や実践例をもち寄り、発表し研鑽を積んできた内容も本書にも紹介されています。

　本書が、保育や教育・福祉学を学ぶ学生や大学院生のみなさん、あるいは保育・教育・施設の現場の先生方や指導者、子ども支援や保育・教育に関わる行政の方々、子どもたちの家族の方など、いろいろな方に役立つ「子ども支援」必携の書です。本書を読んでいただき、参考にしていただくことで、多くの人々が子どもたちの健康的な生活の支援につながっていくことを期待しています。

　2025年3月吉日

京都ノートルダム女子大学
現代人間学部こども教育学科
教授　石井　浩子

子どもの健康福祉学の出版に向けて

　前橋 明先生、ご出版おめでとうございます。前橋 明先生は、これまでたくさんの本を執筆されてきました。今回は、その集大成として、先生といっしょに活動してきた仲間も執筆させていただけたことに、感謝申し上げます。

　本書は、これまでの研究成果から、基本的生活習慣『食べて動いてよく寝よう』への取り組み、外あそびの重要性、親子ふれあい体操の大切さ、発達に必要な4つの基本運動スキル等が示されています。

　前橋 明先生の研究は、日本全国だけでなく、海外にも先生の理論と実践が繰り広げられ、多くの関係者の学びとなっております。そして、今回、出版されます『子どもの健康福祉学』は、先生の研究されてきた事柄がまとめられ、現場の先生方や大学教員、保護者、皆にとっての道しるべとなっていくでしょう。また、保育園や認定こども園、幼稚園を利用する保護者に向けておたより等で発信することで、家庭においても子どもの健康について考えていただける参考書ともなります。保育園や認定こども園で1日の大半を園で過ごし、保護者の就労状況に影響を受ける子どもたちのために、子どもと園と家庭とが同じ目標に向けていっしょに『食べて動いてよく寝よう』のより良い生活習慣の獲得に向けて取り組み、進めていけるものです。

　教育・保育現場では、実践だけではなく、理論を伴って、子どもの教育・保育がなされることを教えていただくものであり、教育・保育の言語化にはとても必要なものとして、保育教諭たちは、学びを得ています。

　前橋先生が会長をされている・されていた学会では、研究者である大学の先生方の理論と現場の先生方の理論が、いつもいっしょにあることを大切にされ、研究を主とした学会ではなく、現場の実践もいっしょに発表し、共に学びを得る機会を作っていただいております。現場の先生方は、自分たちの実践が理論と一致していることを確認したり、アイデアをもらったりしながら、多くの学びを得る大切な場となっております。

　私の園では、先生から学びを得たことを実践するべく、子どもたちは『食べ

て動いてよく寝よう』を合言葉にし、「チャレンジ習慣」や「親子で取り組む休日の朝ごはん」、体力測定、ライフコーダ計測、体温チェック等々を行っております。保育教諭は入れ替わることもありますが、先輩が後輩へと伝えていくことで、園全体で意識をもつことができ、子どもたちとともに取り組み、保護者へ伝えていくことができるようになりました。

　この本を手にされた皆様が、子どもたちのために、様々な取り組みができますように、そして、未来を担う子どもたちが、健やかに成長すること、前橋明先生のますますのご活躍を祈念しております。

社会福祉法人心育会 代表
幼保連携型認定こども園
さつきこども園
　　鵜飼　真理子

刊行をお祝いしまして

　此の度の早稲田大学在職最後の出版、謹んでお慶び申し上げます。

　前橋教授に於かれましては、在職中に右聴力を失い、腰の手術をし、歩行訓練を行いながら、足の痙攣とそれに伴う睡眠不足の中、子どもの健康福祉学の執筆に取り組む強靭な精神力に頭が下がります。魂の込められた篇帙を拝読するのが楽しみであり、心動と感動で胸が熱くなります。

　今後、益々の御活躍、御健勝、御多幸をご祈念申し上げ、御祝辞とさせていただきます。

　　　　　　　　　　　　　　　　　　　　　　　学校法人古谷野学園
　　　　　　　　　　　　　　　　　　　　　　　　理事長　古谷野浩史

国際幼児体育の発展を推進する巨匠―日本の前橋　明教授

　2018年に設立された国際幼児体育学会は、2019年に発生した新型コロナウイルス感染症（COVID-19）の影響を受けても、その活動を停滞させることはなく、日本、中国、台湾、韓国で国際幼児体育学術シンポジウムを開催し、幼児体育の発展の種を広めてきました。

1. 人柄・特徴
   - 温厚で謙虚、礼儀正しく、強い使命感をもち、幼児体育の推進に一生を捧げる。

2. グローバル時代と広い視野
   - アメリカへの留学と日本国内での成長・学習経験が、前橋明教授の幼児体育推進における理論と理念の基礎となる。
   - 早稲田大学での教鞭を執ったことが、日本およびアジア、国際的な幼児体育発展の大きな転機となった。

3. 幼児発達生理学と幼児体育研究の融合により理論を構築
   - 幼児発達生理学を研究の基礎とし、幼児体育研究の論文と結びつけることで理論を確立する。

4. 理論と実践の融合、指導者の育成に尽力
   - 幼児体育に関する学術論文の発表と専門書の出版を積極的に行う。
   - 日本全国（九州から北海道まで）で幼児体育指導者の研修を実施。
   - 台湾、韓国、中国で書籍を翻訳出版。
   - 国際幼児体育の専門誌の出版も行う。

5．台湾、日本、韓国、中国の幼児体育専門家（修士・博士）の育成

　・早稲田大学で多くの学部生、修士、博士課程の学生を指導し、幼児体育を永続的に推進する人材を育成。

　・台湾、韓国、中国の幼児体育専門の修士・博士課程の大学院生・研究生を指導し、各国での研究と普及を支援。

6．日本、アジア、国際レベルの幼児体育学会の設立と推進

　・日本幼児体育学会、アジア幼児体育学会、国際幼児体育学会を設立。

　・学会組織の力を活用し、日本、アジア、国際社会において、幼児体育の発展を継続的に推進。

台湾：国立台東大学
教授・体育学博士
范　春源

子どもの健康福祉学

目　次

ごあいさつ

子どもたちの社会課題と私たちの使命 ……………（前橋　明）…… *i*
子どもの健康福祉学…………………………………（前橋　明）…… *iv*
「子どもの健康福祉学」の出版に寄せて …………（石井浩子）…… *v*
子どもの健康福祉学の出版に向けて ………………（鵜飼真理子）…… *vii*
刊行をお祝いしまして ………………………………（古谷野浩史）…… *ix*

序章　子どもの健康福祉学とは …………………………………… *1*

第1章　子どもの理解と実態把握の難しさ …………………… *2*
　1．乳児期の発育・発達と運動 ……………………………… *2*
　2．発達の順序性と幼児期の運動 …………………………… *3*
　3．言葉の意味：「どうもありがとう」について ………… *4*
　4．子ども理解とごっこ……………………………………… *5*
　　（1）鬼ごっこ　　*5*
　　（2）ままごとごっこ　　*7*
　5．言葉の理解 ………………………………………………… *8*
　6．心理的発達と大人の理解 ………………………………… *9*
　7．からだの発育・発達理解 ………………………………… *10*
　　（1）身体各部のつり合いの変化　　*10*
　　（2）臓器別発育パターン　　*11*
　　　1）神経型と一般型　　*12*
　　　2）生殖型　　*13*
　　　3）リンパ型　　*13*

第2章　子どもの生活習慣とそのリズム
　　　　―近年の子どもたちが抱える健康管理上の問題と変化― …… *14*
　1．夜型化した社会の中での子どもの変化 ………………… *14*
　2．午後の時間の費やし方 …………………………………… *16*
　3．普段の生活で心がけること ……………………………… *17*
　4．「テレビ・ビデオ・ゲーム・スマートフォン」の特徴 ………… *19*

5．スマホ社会の中で、子どもたちをどう健康に導くか
　　―「テレビ・ビデオ・ゲーム」に勝る「運動あそび」の
　　　楽しさとその感動体験を味わわせよう― ………………………… 20
　　　　1）クモの巣の粘着性を利用して、セミ捕りをする方法　21
　　　　2）追い棒を使うことなく、魚を取る方法　21
6．幼児の視機能の発達とスクリーンタイム ……（五味葉子）…… 21
　　（1）幼児の視機能　21
　　　　1）発達の過程　21
　　　　2）子どもの近視について　22
　　　　3）近視の抑制に関する研究について　22
　　（2）スクリーンタイム（テレビ視聴・動画視聴）　23
　　　　1）テレビ視聴と幼児の健康に関する先行研究について　23
　　　　2）動画視聴と幼児の健康について　24
　　　　3）視機能とスクリーンタイムについて　24

第3章　子どもの体力を育む …………………………………………… 28
1．行動を起こす力 ………………………………………………………… 28
　　（1）筋力（strength）　28
　　（2）瞬発力（power）　29
2．持続する力 ……………………………………………………………… 29
3．正確に行う力（調整力）……………………………………………… 29
　　（1）協応性（motor coordination）　29
　　（2）平衡性（balance）　29
　　（3）敏捷性（agility）　30
　　（4）巧緻性（skillfulness）　30
4．円滑に行う力 …………………………………………………………… 30
　　（1）柔軟性（flexibility）　30
　　（2）リズム（rhythm）　30
　　（3）スピード（speed）　30
5．いつ、運動したらよいか ……………………………………………… 30
6．年齢に応じた運動のポイント ………………………………………… 31
7．体力を向上させるために ……………………………………………… 32
　　（1）知っておくとためになる、子どもに必要な4種類の運動　33
　　（2）基本運動スキル（4つの運動スキル）　33
　　（3）運動時に育つ能力　34

第4章　子どものからだの異変とその対策 …… 35
1．遅い就寝 …… 35
2．生活リズムに乱れ …… 37
3．増える体温異常 …… 38
4．乳幼児からの脳機能のかく乱 …… 39

第5章　子どもの生活と運動 …… 43
1．心地よい空間 …… 43
2．ガキ大将の役割 …… 44
3．戸外で汗の流せる「ワクワクあそび」のススメ …… 45
4．運動量の確保 …… 47
5．遅寝遅起きの夜型の子どもの生活リズムは、外あそびで治る … 49

第6章　乳幼児や障がい児の感覚あそび、知覚・運動訓練から体育指導へ …… 51
1．運動の起こる仕組みから、障がい児の抱える問題を探ろう …… 51
2．感覚の大切さと感覚訓練 …… 52
3．運動のために必要な保護動作や姿勢維持のバランス能力の獲得 …… 52
　（1）保護動作の獲得　52
　（2）平衡感覚の獲得　53
4．障害別にみた障害の内容と発達や運動の特徴 …… 54
　（1）知的障がい児　54
　（2）聴覚・言語障がい児　55
　（3）視覚障がい児　55
　（4）発達障がい児　56
　　1）感覚統合に問題のある場合の運動について　57
　　2）感覚あそびから全身の運動へ　58
　　3）手先の不器用さとの関連　59
　　4）多動に対しての工夫　60
5．あそびの種類 …… 61

第7章　「食べて、動いて、良く寝よう！」運動のススメ …………… 63
1. 子どもの生活習慣とそのリズム ……………………………… 63
   （1）朝の排便の重要性　63
   （2）朝の排便の出ない理由と対応策　64
      1）理由　64
      2）対応策　65
2. 快便のススメ：「主菜と副菜」を整え、「朝食の量と時間的
   ゆとり」を大切にしよう …………………………………… 66
3. 排便リズムの乱れ …………………………………………… 67
4. 加齢に伴う体温リズムの変化 ……………………………… 68
5. 低体温のからだへの影響 …………………………………… 69
6. 体温リズム改善の方法 ……………………………………… 69
7. 普段の生活で心がけること ………………………………… 70
8. 生体リズムに関与する脳内ホルモン ……………………… 72
9. 午睡の役割 …………………………………………………… 72
10. 睡眠と覚醒のリズムがさらに乱れると、どうなるのか …… 73
11. 健康生活への提言 …………………………………………… 74
12. 幼児期の排便の大切さ ……………………（五味葉子）…… 77
13. 徒歩通園と散歩のススメ …………………（山梨みほ）…… 80
    （1）徒歩通園　80
    （2）散　歩　81
    （3）散歩を通しての言葉の獲得　82

第8章　健康づくり行事「運動会」を振り返り、その意義と
　　　　役割を学ぼう ……………………………………………… 84
1. 運動会の夜明け ……………………………………………… 84
2. 明治末〜大正期にかけての運動会 ………………………… 88
3. 大正中期頃からの運動会 …………………………………… 89

第9章　人間らしさへの道
―子どもたちが人間らしく思いやりや理性のある人間に育つには― ……… 90
1. ゲージさんの事故 …………………………………………… 90
2. 稲穂の教訓 …………………………………………………… 91

3．五右衛門風呂の教訓 ……………………………………………… 91
　　4．人間らしさを育む適正時期 ………………………………………… 92
　　5．子どもたちが一番活発に動けるとき ……………………………… 92
　　6．まとめ ………………………………………………………………… 93

第10章　発達と運動、親子ふれあい体操のススメ ……………… 94
　　1．4カ月から2歳ごろまでの運動 …………………………………… 94
　　　（1）4カ月～7カ月頃の運動　94
　　　（2）6カ月～8カ月頃の運動　95
　　　（3）9カ月～12カ月頃の運動　95
　　　（4）1歳～1歳3カ月頃の運動　96
　　　（5）1歳4カ月～1歳7カ月頃の運動　96
　　　（6）1歳8カ月～2歳頃の運動　97
　　2．幼児期の親子体操 …………………………………………………… 97
　　3．ふれあいの大切さを、母親の母性行動から考える ……………… 98
　　4．家庭でできる親子ふれあい体操の魅力 …………………………… 99

第11章　幼児に対する運動指導上の留意事項 …………………… 102
　　1．導入場面の留意事項 ………………………………………………… 102
　　　（1）安全な環境設定　102
　　　（2）服装　102
　　　（3）指導者の立ち位置　103
　　　（4）準備運動　104
　　　（5）グループ分け　104
　　2．展開場面の留意事項 ………………………………………………… 104
　　　（1）用具・器具の使い方　104
　　　（2）恐がる子に対する配慮　105
　　　（3）運動量　105
　　　（4）示範・補助　105
　　　（5）技術習得　106
　　　（6）集中力の持続　107
　　　（7）楽しい雰囲気づくり　107
　　　（8）満足感　108
　　　（9）やる気の奮起　108

（10）主体性や自発性、創造性の育成　　109
　　　（11）危険に対する対応　　109
　　　（12）競争　　110
　　　（13）安全管理・安全指導　　110
　3．整理場面 …………………………………………………… 111
　　　（1）整理運動　　111
　　　（2）後片づけ　　111
　　　（3）活動のまとめ　　112
　　　（4）運動後の安全、保健衛生　　112
　4．子どもたちが外で安全に遊ぶための工夫 ………………… 112
　5．生活や家庭、園内での留意事項 ……………（小石浩一）…… 113
　　　（1）生活リズムの確立　　113
　　　（2）家庭における運動あそびの生活化と習慣化　　114
　　　（3）園内での運動あそびで大切にしてもらいたいこと　　114
　　　（4）子どもが自ら進んでからだを動かす機会の設定　　115
　　　（5）保育者や運動あそび指導者に心がけてもらいたいこと　　116

第12章　子どもにとっての運動あそびの役割と効果 …………… 120
　1．身体的発育の促進 ……………………………………………… 120
　2．運動機能の発達と促進 ………………………………………… 120
　3．健康の増進 ……………………………………………………… 121
　4．情緒の発達 ……………………………………………………… 122
　5．知的発達の促進 ………………………………………………… 123
　6．社会性の育成 …………………………………………………… 124
　7．疾病予防・治療的効果 ………………………………………… 124
　8．安全能力の向上 ………………………………………………… 125
　9．日常生活への貢献と生活習慣づくり ………………………… 125

第13章　外あそびの魅力と必要性 ……………………………… 127
　1．子どものあそび場について …………………………………… 127
　2．旬の食べ物・四季のあそび、外あそびを大切に …………… 128
　3．冬の運動と体力づくり ………………………………………… 129

4．子どもと紫外線 ……………………………………………… *131*
　5．外あそびの時間やあそび場の確保が難しくなっている背景 … *132*
　　（1）夜型社会、新型コロナ感染症の流行からの影響　*132*
　　（2）都市化と外あそび環境の整備不良からのサンマ
　　　　（三間：空間・仲間・時間）の欠如からの影響　*133*
　6．外あそびが、なぜ重要か ……………………………………… *134*
　　（1）運動量の面からみて　*134*
　　（2）健全育成の面からみて　*134*
　　（3）体力づくりの面から　*135*
　　（4）生活リズムづくりの面から　*135*
　7．外あそびのススメと視力 ………………………（陳　志鑫）…… *136*
　　（1）近視と屋外活動の重要性　*136*
　　（2）家庭と保育環境の役割　*137*
　　（3）幼児の健康を守るために　*138*
　8．子どもの「外あそび」の重要性に、社会の皆さんの理解が
　　　ほしい ……………………………………………………………… *139*
　　（1）園や学校での様子をみて　*139*
　　（2）地域での様子をみて　*139*
　9．日中の外あそびや運動に集中する知恵 …………………………… *140*
　10．室内あそびや、スイミングやサッカー等の運動系の習い事の
　　　教室とも比較して、外あそびで得られるものは何か ………… *143*
　11．子どもと自然体験 ……………………………（門倉洋輔）…… *143*
　　（1）自然体験の概要　*143*
　　（2）自然体験を行う環境　*145*
　　（3）動植物とのふれあい　*147*
　　（4）季節の自然体験　*149*
　　（5）自然体験を行う際の注意　*151*
　12．今後に向けて ……………………………………………………… *153*

第14章　公園、園庭遊具の重要性と園庭づくりの工夫 ………… *156*

　1．固定遊具の点検と結果の対応 …………………………………… *157*
　2．安全に配慮した遊具の設計と製品そのものの安全性 ………… *158*
　　（1）安全に配慮した設計　*158*
　　（2）製品そのものの安全性　*158*
　　（3）設計・設置上の留意点　*158*

3．固定遊具、近年の総合遊具や公園遊具の特徴と安全な
　　使い方……………………………………………………………… *159*
　（1）固定遊具や総合遊具の特徴　*159*
　　　1）すべり台　*159*
　　　2）ブランコ　*159*
　　　3）うんてい　*159*
　　　4）モニュメント遊具・恐竜遊具　*160*
　　　5）木登り遊具　*160*
　（2）近年の公園遊具の特徴　*160*
　（3）遊具の安全な使い方　*161*
　（4）固定遊具を安全に利用するための点検　*161*
　　　1）日常点検　*161*
　　　2）定期点検　*161*
　　　3）遊具点検後の修繕・撤去　*161*
4．運動遊具・公園遊具の安全管理 ……………………………… *162*
　（1）園庭や公園の広場　*162*
　（2）砂　場　*163*
　（3）すべり台　*163*
　（4）ブランコ　*163*
　（5）のぼり棒・うんてい・ジャングルジム　*163*
　（6）鉄　棒　*163*

第15章　幼児体育の魅力 ……………………………………… *164*

1．幼児体育とは何か ……………………………………………… *165*
2．幼児期に、経験させたい運動 ………………………………… *167*
3．4つの基本運動スキル ………………………………………… *168*
4．幼児と運動指導 ………………………………………………… *169*
5．幼児体育の主活動となる安全で楽しい活動の展開 ………… *174*
　（1）用具・器具…丁寧かつ正しく扱う　*174*
　（2）子どもへの配慮…無理にさせない。励ましの言葉をかける　*175*
　（3）運動量…待ち時間が長くならないように工夫する　*175*
　（4）補助…子どものからだを動かしたり触れたりして教える　*175*
　（5）指導方法と言葉かけ　*176*
　（6）集中力の持続・1回の指導は30分から60分で　*176*

第16章　子どもの成長・発達状況の診断・評価 …… 177
　1．子どもの健全育成でねらうもの …… 177
　2．子どもの成長・発達状況の診断・評価 …… 177
　　（1）睡眠・休養　177
　　（2）栄養・食事　178
　　（3）活　動　178
　　（4）運動の基本　178
　　（5）発達バランス（身体的・社会的・知的・精神的・情緒的成長）　179
　　（6）親からの働きかけ・応援　179

第17章　各地の健康づくり活動 …… 180
　1．各地の子どもの健康づくり活動を支えるために必要なこと … 180
　2．子どもたちが健やかに育つ環境整備と「ふれあい」「学び
　　あい」のある豊かな交流のまちづくり …… 182
　　（1）子育て意識の向上と子育て支援の充実
　　　　―大切な思いやりや信頼、愛情を伝えるコミュニケーションの確保―　182
　　（2）子どもの本来あるべき育ちの保障
　　　　―子どもの発育・発達、権利、生活を大切にした支援の充実―　182
　　（3）青少年育成環境の整備・充実
　　　　―青少年が活躍できる場の整備―　183
　3．子どもを育むためのネットワーク …… 184
　　（1）園や学校、地域では　184
　　（2）行政・研究機関は　185
　　コラム　子ども支援の沖縄キャラバン活動 ……（照屋真紀）…… 187

第18章　車イスの基本操作と介助 …… 190
　1．車イス介助の知識 …… 190
　　（1）車イスの点検のポイント　190
　　（2）乗っていただくときの注意事項　192
　　（3）動く前の確認ポイント　192
　2．基本操作 …… 192
　　（1）前向きの右折・左折　193
　　（2）上り坂・下り坂　193
　　（3）階段のぼり・段差おり　194
　　（4）エレベーター　194

3．屋内外の対比 …………………………………………… 195
　　4．配慮事項 ………………………………………………… 195

第19章　視覚障がい児・者の援助 …………………………… 197
　　1．視覚障がい者の方に街角で出会った時の道順の説明 ………… 197
　　2．誘導の仕方 ……………………………………………… 198
　　3．言葉かけ ………………………………………………… 198
　　4．安全に誘導するための手引き、介助歩行 …………… 199
　　5．狭いところでの手引き ………………………………… 200
　　6．段差や階段での手引き ………………………………… 200
　　7．車の乗り方 ……………………………………………… 201
　　8．バス利用の手引き ……………………………………… 201
　　9．電車の利用の手引き …………………………………… 202
　　10．ドアの通り抜けの手引き ……………………………… 203
　　11．エレベーター利用の手引き …………………………… 203
　　12．エスカレーターの手引き ……………………………… 204
　　13．トイレ利用の手引き …………………………………… 204
　　14．お金の受け渡し援助 …………………………………… 205
　　15．店内移動の手引き ……………………………………… 206
　　16．一時的に離れる時の対処 ……………………………… 206
　　17．喫茶店やレストラン利用の援助 ……………………… 206
　　18．イスを進めるときの手引き …………………………… 207
　　19．メニューと値段の説明 ………………………………… 207
　　20．テーブルの上の物の位置の説明 ……………………… 207
　　21．ヘルパーとしての心得 ………………………………… 208
　　22．白杖の役割 ……………………………………………… 208
　　23．雨の日の手引き ………………………………………… 209

第20章　子どものケガの手当ての対応と感染症の対策 …………… 211

1．安全を考慮した準備と環境設定 ……………………………… 211
（1）幼児の安全や体調の確認　　211
（2）熱中症対策　　212

2．応急処置の基本 ……………………………………………… 212

3．応急処置の実際 ……………………………………………… 213
（1）頭部打撲　　213
（2）外　傷　　213
（3）鼻出血　　214
（4）つき指と捻挫　　214
（5）脱　臼　　215
（6）骨　折　　215

4．コロナ禍における子どもの運動あそびと、保健衛生上、注意すべきこと …………………………………………………… 216

5．コロナ禍における親子ふれあい体操のススメ ……………… 219

第21章　育児支援と育児疲労 ………………………………………… 221

1．疲労自覚症状しらべ ………………………………………… 221
2．調査対象の年代区分と就寝・起床時刻 …………………… 222
3．疲労スコアの日内変動 ……………………………………… 223
4．リフレッシュ時間別にみた疲労スコア …………………… 224
5．勤務状態別にみた疲労スコア ……………………………… 225
6．勤務体制別にみた疲労スコア ……………………………… 226
7．子どもの人数別にみた疲労スコア ………………………… 227
8．祖父母同居の有無別にみた疲労スコア …………………… 229
9．家族の協力度別にみた疲労スコア ………………………… 230
10．育児をする母親の疲労スコアの日内変動 ………………… 231

第22章　運動あそび例 ……………………………（野村卓哉）…… 234

1．4つの基本運動スキルを取り入れた運動あそび …………… 234
（1）バランスをとる力を引き出すあそび（平衡系運動スキル）　　234

（2）非移動の力を引き出すあそび（非移動系運動スキル）　*235*
　　（3）移動する力を引き出すあそび（移動系運動スキル）　*235*
　　（4）ものを操作する力を引き出すあそび（操作系運動スキル）　*236*
２．せまいところでもできるあそび ………………………………………… *238*

主要文献 ……………………………………………………………………………… *239*
おわりに ……………………………………………………………………………… *241*
前橋 明 主要研究経歴 ……………………………………………………………… *243*

序 章
子どもの健康福祉学とは

　「子どもの健康福祉学」とは、子どもたちの健全な発育・発達を保障するための生活（習慣）、運動・活動（行事）、生体（生体リズム）に関する内容と、今日の社会生活の場の変化がもたらした子どもの心身のおかしさや異変について学び、子どもたちの抱える・抱えさせられている問題の改善策や予防策について考える学問です。

　さらに、近年の家庭環境や地域社会の変容、女性の社会進出に伴う子ども支援や子育て支援の必要性、行政の保健福祉サービス等の子どもをめぐる諸問題について、実態に即して検討し、子どもたちの健全育成のために、家庭や園・学校、地域社会、行政などの果たすべき役割や今後の展望を探ります。

　本学問の目標は、近年の子どもたちが抱える・抱えさせられている健康福祉上の問題点を把握・分析し、それらの問題を改善すべき方策を考え、提案できるようになることです。

（1）子どもたちの生活実態から、健康福祉上の問題点を理解することができます。
（2）子どもたちの抱える・抱えさせられている問題を分析し、改善策や予防策を検討し、提案し、実践することができます。

第1章
子どもの理解と実態把握の難しさ

1．乳児期の発育・発達と運動

　出生時の体重は約3kgで、男児の方が女児に比べてやや重い特徴があります。出生時の体重が2.5kg未満の乳児を低出生体重児、1kg未満を超低出生体重児といいます。体重は、3～4カ月で約2倍、生後1年で約3倍、3歳で4倍、4歳で5倍、5歳で6倍と変化します。身長は、約50cm、生後3カ月の伸びが最も顕著で、約10cm伸びます。生後1年間で24～25cm、1～2歳の間で約10cm、その後、6～7cmずつ伸び、4～5歳で出生時の約2倍に、11歳～12歳で約3倍になります。

　運動の発達は、直立歩行ができるようになり、様々な形態で移動し、しだいに、腕や手が把握器官として発達します。まず、生まれてから2カ月ほどで、寝返りをし、這いずりを経験します。6カ月頃には、一人でお座りができ、8カ月頃には、這い這いができ、胴体は床から離れます。そして、つかまり立ち、伝い歩き、直立歩行が可能となりますが、人的環境の積極的な働きかけがあってこそ、正常な発達が保障されるということを忘れてはなりません。

　その後、小学校に入学する頃には、人間が一生のうちで行う日常的な運動のほとんどを身につけていきます。この時期は、強い運動欲求はありますが、飽きっぽいのが特徴です。

2．発達の順序性と幼児期の運動

運動機能の発達は、3つの特徴があります。
① 頭部から下肢の方へと、機能の発達が移っていく。
② 身体の中枢部から末梢部へと運動が進む。
③ 大きな筋肉を使った粗大な運動しかできない時期から、次第に分化して、小さな筋肉を巧みに使える微細運動や協応運動が可能となり、意識（随意）運動ができるようになる。

発育・発達には、ある一定の連続性があり、急速に進行する時期と緩やかな時期、また、停滞する時期があります。幼児の運動機能の向上を考える場合、第1に器用な身のこなしができることを主眼とし、はじめは、細かい運動はできず、全身運動が多く、そして、4～5歳くらいになると、手先や指先の運動が単独に行われるようになります。

5～6歳になると、独創的発達が進み、さらに、情緒性も発達するため、あそびから一歩進んで体育的な運動を加味することが大切になってきます。競争や遊戯などをしっかり経験させて、運動機能を発達させましょう。跳躍距離は、5歳児では両足とびで、自身の身長分跳べ、6歳児になると、3歳児の2倍近くの距離を跳べるようになります。これは、脚の筋力の発達と協応動作の発達によるものです。投げる運動では、大きな腕の力や手首の力があっても、手からボールを離すタイミングを誤ると、距離は伸びません。懸垂運動は、筋の持久性はもとより、運動を続けようという意志力にも影響を受けます。

幼児期では、運動能力、とくに大脳皮質の運動領域の発達による調整力の伸びがはやく、性別を問わず、4歳頃になると急にその能力が身についてきます。これは、脳の錘体細胞が4歳頃になると、急に回路化し、それに筋肉や骨格も発達していくためでしょう。発育・発達は、それぞれの子どもによって速度が異なり、かなりの個人差のあることをよく理解しておかねばなりません。

児童期になると、からだをコントロールする力である調整力が飛躍的に向上します。乳幼児期からの著しい神経系の発達に筋力の発達が加わり、複雑な動作や運動が可能となります。スポーツ実践においても、乳幼児期に行っていた

あそびから進化して、ルールが複雑なあそびや、より組織的な運動やスポーツ、教育的なプログラムを加味した体育あそびに変化していきます。

3．言葉の意味：「どうもありがとう」について

　対人関係がなかなか成立しない、自閉傾向の子どもに対し、水を通した療育「水泳療法」を手がけていた時の話です。カズ君がビート板を持って、バタ足の練習をしていました。ヘルパーを腰につけて、からだを浮かせて、ビート板を両手で持って、「あんよ・トントン。あんよ・トントン」と、指導者が言葉をかけて、バタ足を指導していました。カズ君は、ビート板を持って、「どうもありがとう」って言うのです。ありがたいと感じてくれているんだね。「頑張ろうね！ トントントントン」と、練習を続けていました。

　次に、私の所に、カズ君が来た時に、私もカズ君の足を持って、同じように「頑張ろうね！」って言うと、「どうもありがとう」って、ちょっと大きな声で、私に言うのです。このやり取りを続け、くり返しながら、再度、私のところに戻ってきたときに、「がんばろうね。カズ君」と言って、バタ足の練習を続けていました。「どうもありがとう」っていう声が少し大きくなったので、「元気ね。だったら深い方へ行こうか！ 先生もいっしょに行くからね！」と深いプールに入って、一生懸命にカズ君と関わり合いながら、応援しようと思ったのでしたが、カズ君は、ビート板をもった手を噛むのです。そして、奇声を発してパニックを起こしたのです。

　私は、びっくりして、すぐお母さんところに、カズ君を連れて行きました。お母さんに、「カズ君の調子は良いけれども、なんか調子悪いんです」と、わかったような、わからないことを言ってしまいました。

　お母さんが一言、「うちのカズは、何か言いませんでしたか？」と尋ねてくれました。私は、「カズ君は、どうもありがとうって、感謝してくれているんですけど」と答えました。

　「前橋先生、うちのカズが、どうもありがとうっていうのは、余計なおせっかいをするな！ と訴えているのです」と、教えてくれました。

私は、カズ君が感謝してくれていると思いながら、「カズ君、頑張ろう、頑張ろう」と、働きかけていたのでした。障害をもった子どもの言葉のもつ意味をしっかり理解しておかないと、子どもの希望とは逆のことを強制させた失敗でした。言葉のもつ意味まで、わかっているようで、わかっていない自分がいました。子ども理解は、けっこう、難しいですね。

4．子ども理解とごっこ

　筆者は、障がい児の訓練を仕事としてしながら、「一般の子どもたちが、例えば、3歳の子がどの程度のことができるのか、4歳になると、どんなことができるのか」、一般の子どもたちの発育・発達に、非常に興味をもっていました。
　そこで、週に何時間かは、一般の子どもたちのいるところへ行って、研修をさせていただきたいと、病院の医院長に伺いを立てたことがありました。そうすると、医院長は、「保育園に行ってきなさい」と勧めてくださいました。「履歴書を書いて、保育園にお邪魔して研修させてもらいなさい。週に1日、行って来なさい」と、許可をいただきました。
　そして、保育園で、自由に子どもたちと遊ぶことになりました。保育園の園長先生が、私の履歴書を見て、「前橋先生は、教員免許状をもっているんですね。だったら、子どもにあそびや運動を教えてやってもらえますか？」と言われました。私もしたいですけれど、保育園の元気な子どもたちとは関わっていなかったので、難しいかなと思いながらも、「はい、わかりました」と応えたのでした。何をしようかと考えてみました。良い案が浮かばなかったので、自分が小さい頃、よく行ったあそびの中で、楽しかったあそびをしてみようと思い、鬼ごっこをしようと考えたのです。

（1）鬼ごっこ

　「園長先生、鬼ごっこを子どもたちに教えてもいいですか？」と尋ね、「いいですよ」と許可をいただき、前に出て指導することになりました。園長先生が、

最初、集めてくれた子どもたちは、3歳の女の子でした。3歳の女の子14人が、私のまわりに集まってきました。私は、優しい口調で、「みんな、前橋先生といっしょに、鬼ごっこする？」って聞いたのでした。女の子は「する。する！」と言ってくれました。「やった！」と思ったのです。そして、「先生は、鬼だぞ！」「みんなは、子どもになって逃げるんだよ。わかった？」と確認しました。あわせて、いろんな所に勝手に行ってもらっては困るので、足で線を描き、あそびの区域を作りました。あそび区域を示す線の中に入って、手で鬼の角を作りながら、「鬼だぞ！　追いかけるぞ！」と、鬼ごっこを始めだしました。そして、一人の女の子を捕まえたのです。

　なんと、その子が、泣き出したのです。私は、びっくりしました。鬼ごっこをしてる中で、転んでもないのに、泣くからびっくりしました。「ごめん、ごめん、もう鬼ごっこをやめるよ」と言いました。子どもは、恐かったのでしょう。泣きながら、「もう、鬼ごっこ、しない？」と訴えるのでした。「鬼ごっこは、もうしないからね」と言っている間に、次々と女の子が、連鎖して、みんな泣いてしまったのです。びっくりしましたね。鬼ごっこは止めて、散歩に誘いましたが、子どもたちは、「散歩に行っても、鬼は、出ない？」と尋ねるのでした。私は、非常にショックでしたね。鬼ごっこがまったくできませんでした。

　私は、ショックを受けましたが、リベンジがしたくて、園長先生に、再度、お願いをしました。「男の子に指導させてもらえませんか？　男の子と行ってみたいです」と、言ってしまったのです。そして、園長先生は、「3歳組の男の子、集まれ！」と、13人の男の子を集めてくださいました。女の子の時と同じように、園長先生が私を紹介してくれ、始まりました。私は、「みんなといっしょに鬼ごっこしたいんだけど、みんな、する？　しようね！」と誘いました。子どもたちは、「やろう！　やろう！　早くしよう！」と答えてくれました。子どもたちの気持ちをつかんだと、喜んだ一瞬でした。「じゃあね、前橋先生は、鬼になるぞ！」「みんな逃げるんだよ。わかった？」と。子どもたちは、「わかった。わかった。早くやろう！」と盛り上がりました。

　女の子の時と同じように、「鬼だぞ！」と言いながら、男の子たちを追いか

け始めました。そうすると、男の子は、最初逃げていましたが、一人の男の子が戦闘ポーズをとり始めたのです。そして、私に、「パンチ！」と言って、向かってきたのです。叩いたり、蹴ったりし始めました。ほかの男の子は、両手で指先を立てて、私のお尻をめがけて、「浣腸だ！」と突いてきました。鬼ごっこから、戦闘ごっこ、そして、浣腸ごっこが始まったのでした。最後には、全員で、プロレスごっこになっていきました。結局、男の子は、正義感あふれていましたので、ヒーローごっこをし始めたのでした。

　私は、鬼ごっこであれば、教えられると思ったのですが、教えられませんでした。私自身、子どもの頃、鬼ごっこをたくさん経験したはずでしたが、幼児には、まったく通用しなかった思い出となりました。25歳の私が行ったあそびは、ごっこ（まねっこ）あそびではなくて、鬼ごっこという名前のゲームでした。

　「鬼は追いかけるもの、子は逃げるもの」という、決まったゲーム性の強いあそびを、私は行っていたのです。しかし、3歳の幼児は、ごっこ的世界の中にいて、ヒーローごっこやプロレスごっこ、浣腸ごっこを展開したのでした。

（2）ままごとごっこ

　あそびの代表的なもので、ままごとごっこというのがありますが、私は、小学校の2年生まで、近所の友だちとままごとごっこをしていました。けんちゃんという男の子、けいこちゃんとせっちゃんという女の子がいました。私は、この3人と、仲良く遊んでいました。けいこちゃんが、一番に、「けんちゃん、お父ちゃんになって！」と呼びかけ、1組の家族ができました。せっちゃんも、私に「お父ちゃんになって！」と私を誘ってくれて、もう1組の家族ができ、ままごとごっこをしていました。

　私たちのままごとごっこは、帰宅のシーンから始まっていました。私が仕事から帰ってくると、「帰ったぞ！　めし！」って言うんですね。自分の父親の真似をしていましたね。そうすると、せっちゃんは、「はーい！」と言って、おもちゃの包丁で草を切ってくれて、フライパンをもって野菜炒めを作ってくれたのでした。けんちゃんが帰ってきたら、「帰ったよ」「何か手伝おうか」っ

て言うんですね。けんちゃんは、とても優しいです。おそらく、けんちゃんは、けんちゃんのお父さんを真似していたのでしょう。十人十色のお父さんを演じることができる真似っこあそびが、ままごとごっこです。決まったお父さんの形はないわけです。いろんなお父さんを演じてよいのです。

　鬼ごっこも、いろんな鬼ごっこがあっていいのでしょう。子どもたちも、しだいにルールがわかってきて、ゲーム的な展開ができるようになってくると、ゲーム性が高いあそび、例えば、鬼は追いかけるもの、子は逃げるものという共通理解のもとで展開できる鬼ゲームができるようになっていくのです。

　私が言いたいことは、私たち大人は、ゲーム性の中で生活していますけれども、幼い子どもたちには、共通した一つのルールでもって展開するようなことは合わないようです。小さい頃は、ごっこ性の強いあそびが受け入れられ、だんだんゲーム性のあそびができるようになっていきます。ごっこの心をもたないと、幼児と遊べませんね。

　私は、ゲーム性で、幼児期の子どもたちに切り込んで失敗していたんですね。男の子に対しても、女の子に対しても、子ども理解は難しいし、わかってるようでわかってないということが思い知らされた体験でした。

5．言葉の理解

① 言葉の理解、一つを取り上げても、難しい面があります。私の思い出ですけれども、幼児さんが運動会の練習していました。行進をしていたのです。前を向いて、隊列を組んで歩いていました。もっとしっかり腕を振ってもらいたいと思ったので、子どもの方に「しっかり手を振りなさい！」と指導した時です。子どもは、私に手を振るのでした。共通した理解がもてませんでした。

② ひろ君という子が、4月から幼稚園に入園していきます。そのひろ君と、入園前の3月に接した時の話です。

　「ひろ君、今年、幼稚園に行くんだね」と言うと、ひろ君がこういうのです。「ことし幼稚園じゃねえ、ひかり幼稚園に行くんだ！」って言うん

ですね。私は、今年から幼稚園に上がるんだねっていう意味で、「今年、幼稚園だね」「そうじゃないよ。ひかり幼稚園だよ」と。子どものことば理解は、非常に楽しいですね。言葉の理解、一つを取り上げても難しいなと思い知らされました。
③「さあ、みんなで手をつないで輪になって」と言うと、寝転んで子どもが手をつなぎ合ってワニになるんですね。ワニの真似っこするんですね。子どもが理解している言葉、非常にやり取りがおもしろいですね。

6．心理的発達と大人の理解

　幼児期の心理的、あるいは、身体的な発達の面でも、いろいろと、私たちが戸惑うこともあります。価値観の発達をみますと、3歳の女の子のかけっこで、私たち大人は、「競争だから、速く走ってね」という思いがあります。私の友だちが親として、3歳の娘の運動会のかけっこを見学・応援していました。私も、ついて行きました。「頑張ってね！」「一番になって！」「よーい・ドン」で、走りました。娘さんは速かったのですが、ゴールの近くで、立ち止まったのです。どんどん抜かれていくのです。なんで止まるのかなと思ったら、一番最後から、仲良しのお友だちが来ていたのです。その子と手を繋いで、最後に、いっしょにゴールインしてしまったのです。親は、「なぜ、一番にならないの！」って、「止まるんじゃなくて、速く行くのよ！」って言うのですが、その3歳の子どもさんにとっての価値観は、友だちと仲良くっていうのが良かったのでしょう。

　そして、午前中の運動会が終わって、午後、その友だちの家を訪問しました。子どもたちは、泥んこあそびを、家のまわりでしていたのです。お母さんは、ドーナッツを作って、「おやつだよ！　みんな、おいで！」って呼びかけた時に、みんなすごい勢いで、我先に集まってきたのです。朝と、同じお母さんですよ。お母さんは、一言、言いました。「お菓子は逃げないんだから、なぜ、みんな仲良くできないの！　押さないの！」って言ってしまったのです。でも、午前中の運動会の時には、「人よりも速く一番になりなさい」という雰囲気で

関わっていましたけれども、午後のおやつの時は、「お友だちと仲良くしない」と言っていました。同じお母さんが、同じ子どもに対して、そんな話をしてしまったのです。子どもの方も戸惑いましたね。いつ一番になって、いつ仲良くしたらいいのか、わからない。そんな状況を生み出しました。

7．からだの発育・発達理解

（1）身体各部のつり合いの変化

　からだの発達として、小さい時期は頭でっかち・胴長で、足が短くて、バランスが取りにくい状態にあります。鉄棒のバーに乗っても、おへその下あたりをバーに当ててバランスをとる大人とは違って、3歳くらいの幼児は、おへそよりも上ぐらいでバランスとっています。ですから、大人のように鉄棒のバーにおなかをつけて、「先生のように、手を伸ばして」と言われると、頭でっかち・胴長ですから、倒れてしまいます。要は、身体的な発達でも、3歳児の重心は、おへそよりも上の方に来るので、大人と同じようなバランスとり方はできにくいですね。

　また、運動会のかけっこですが、低年齢の子どもには、直線コースがいいです。フィールドを使って、よたよたしながらも、まっすぐの方向に走るというのが、動きやすいコース設定です。だんだん大きくなると、コーナーを回れるように調整力がついてきますが、低年齢の子どもがコーナーを回るのは非常に難しいです。頭でっかち・胴長ですから、運動会のかけっこでは、コーナーを回っていると、外に振られるという特徴がありますので、年齢レベルに応じたかけっこのコースの設定の仕方は、よく考えなければなりません。それらの根拠ですけれども、ストラッツ先生によって基本情報が報告されていますので、ご紹介します。身体各部分の均衡の変化について、Stratz先生の研究をもとに考察してみますと、図1-1で示すように、子どもというものは、大人を小さくしたものではなく、年齢によって、身体各部の釣合は変化することがわかります。

　例えば、頭身を基準にすると、新生児の身長は頭身の4倍、すなわち、4頭

第1章 子どもの理解と実態把握の難しさ　11

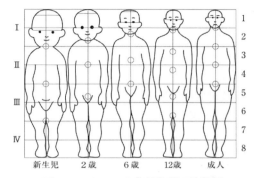

図1-1　Stratzの身長各部の均衡図
〔前橋　明：幼児の体育，明研図書，p.8，1988〕

身です。2歳で5頭身、6歳で6頭身、12歳で7頭身、成人でほぼ8頭身になります。

つまり、幼児は、年齢が小さい程、頭部の割合が大きく、四肢が小さいのです。その重い頭が身体の最上部にあるということは、それだけ不安定になり、転びやすくなります。

しかも、幼児期は、からだの平衡機能の発達自体も十分に進んでいないため、前かがみの姿勢になったとき、一層バランスがとりにくく、頭から転落し、顔面をケガする危険性が増大するわけです。

（2）臓器別発育パターン

スキャモン先生の臓器別発育パターンの研究成果報告をご覧ください。発育・発達のプロセスにおいて、身体各部の発育も、内臓諸器官における機能の発達も、決してバランスよく同じ比率で増大したり、進行したりするものではありません。Scammon先生は、人間が発育・発達していくプロセスで、臓器別の組織特性が存在することに注目し、筋肉・骨格系（一般型）や脳・神経系（神経型）、生殖腺系（生殖型）、リンパ腺系（リンパ型）の発育の型を図にまとめ、人間のからだのメカニズムを理解する貴重な資料を私たちに提供してくれました（図1-2）。

①　一般型は、筋肉や骨格、呼吸器官、循環器官など

② 神経型は、脳や神経・感覚器官など
③ 生殖型は、生殖器官
④ リンパ型は、ホルモンや内分秘腺などに関する器官の発育をそれぞれ示しています。

　脳・神経系は、生後、急速に発達し、10歳前後には、ほぼ成人の90％近くに達するのに対し、リンパ型は12歳前後の200％近くから少しずつ減少し、20歳近くで成人域に戻るというのが、その概要です。

1）神経型と一般型

　幼児期では、神経型だけが、すでに成人の80％近く達しているのに、一般型の発育は極めて未熟で、青年期になるまで完成を待たねばなりません。このような状態なので、幼児は運動あそびの中で調整力に関することには長足の進歩を示しますが、筋力を強くすることや持久力を伸ばすことは弱いようです。

　したがって、4歳・5歳児が「部屋の中での追いかけごっこ」や「自転車乗りの練習」をするときには、母親顔負けの進歩を示しますが、「タイヤはこび」や「マットはこび」では、まるで歯がたたないのです。

　つまり、幼児期における指導では、まず、下地のできている感覚・神経系の機能を中心とした協応性や敏捷性、平衡性、巧緻性などの調整力を育てるような運動をしっかりさせたいです。

　ところが、ここで誤解していただいては困ることが一つあります。それは、筋肉や骨格などは、まだ成人の30％程度の発育量を示すに過ぎないからといって、筋力を用いる運動や筋力の訓練をまったくの無意味と考えてもらっては困るということです。

　幼児の日常生活に必要とされる、

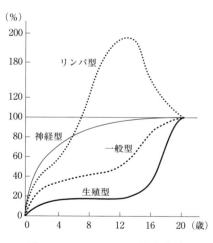

図1-2　Scammonの発育特性
〔前橋　明：幼児の体育，明研図書，p.7，1988〕

手や足腰の筋力を鍛えることは、幼児にとっても大切なことであることを確認していただきたいと思います。

　実際には、子どもの運動機能の向上を考える場合、第一に器用な身のこなしのできることを主眼とし、筋力や持久力は運動あそびの中で副次的に伸ばされるものというようにとらえておいて下さい。

　また、運動機能は、感覚・神経機能や筋機能、内臓機能など、諸機能の統合によって、その力が発揮されるものであることも忘れないで下さい。

2）生殖型

　生殖腺系の発育は、幼児期や小学校低学年の児童期の段階では、成人の約10％程度であり、男女差による影響は少ないと考えられます。

　したがって、幼少児期において、男女はいっしょに行える運動課題を与えてもよいと考え、もし差が認められる場合には、それを男女差と考えるよりは、むしろ個人差と見ていく方がよいかもしれません。ただし、スキャモン先生が示してくれた生殖腺や筋肉や骨格の発育傾向は、現代っ子の発育加速現象で、スキャモン先生が研究された頃よりは、年齢が少し早くなっていることを忘れてはなりません。

3）リンパ型

　リンパ腺系の発育は、幼児期に急速に増大し、7歳頃には、すでに成人の水準に達しています。そして、12歳前後で、成人の2倍近くに達します。つまり、抵抗力の弱い幼児は、外界からの細菌の侵襲などに備え、からだを守るために、リンパ型の急速な発達の必要性があると考えます。さらに、成人に近づき、抵抗力が強化されると、それとともに、リンパ型は衰退していくのです。

第2章

子どもの生活習慣とそのリズム
―近年の子どもたちが抱える健康管理上の問題と改善策―

　マスメディアの中心を担うテレビやテレビゲーム、高度情報化社会といわれる現代に、急激に普及してきたインターネット、そして、最重要メディアとなった携帯電話・スマートフォン等により、現代の子どもたちの置かれている情報環境は、驚くほど高度化・複雑化してきています。そして、メディア接触が長時間化するとともに、過剰なメディア接触が子どもたちに及ぼすネガティブな影響について危惧されるようになってきました。

　メディアの普及により、生活に潤いがもたらされている反面、架空の現実を提示するテレビやテレビゲームは、子どもたちの現実感を麻痺させ、インターネットはいじめや少年犯罪の温床にもなっているという報道もよく耳にします。また、過剰なメディア接触は、体力低下やコミュニケーション能力の低下、視力の低下を招く等、発達の過程にある子どもたちの成長を脅かすことにもなっています。

　ここでは、子どもたちの生活実態をみつめて、子どもたちが抱える健康管理上の問題点を抽出し、問題の改善方法にアプローチしてみたいと思います。

1．夜型化した社会の中での子どもの変化

　今の子どもたちは、夜型化した大人の生活に巻き込まれている点が気になります。夜の街に出ると、「食べて、飲んで、楽しんで（くつろいで）！」「キッズスペース付き個室完備」という、飲み屋の看板が目につきます。楽しそうです。子どもたちが親に連れられて、居酒屋やファミリーレストラン、コンビニ、

カラオケボックス等へ、深夜に出入りしている光景もよく見かけるようになりました。

「大丈夫です。子どもは元気ですから」「子どもは楽しんでいますから」「夜は、父と子のふれあいの時間ですから」「まだ眠くないと、子どもが言うから」等と言って、子どもを夜ふかしさせている家庭が増えてきました。子どもの生活は、「遅寝、遅起き、ぐったり！」になっています。

また、大人の健康づくりのために開放されている小学校や中学校の体育館へ、幼子を連れた状態で夜9時～10時くらいまで、親たちが運動や交流を楽しむようにもなってきました。子どもの方は、お父さんやお母さんがスポーツを終えるのを待ってから、夕食をとるというケースが非常に多くなってきました。子どもたちが大人の夜型化した生活に入り込んで、不健康になっている状況や、親が子どもの健康的な生活のリズムのあり方を知らない、子どものリズムに合わせてやれないという知識のなさや意識の低さが、今、クローズアップされています。

夜型生活の中で、子どもたちが睡眠リズムを乱していくと、食が進まなくなり、欠食や排便のなさを生じていきます。その結果、午前中の活動力が低下し、動けなくなります。そして、睡眠の乱れや欠食、運動不足になると、オートマチックにからだを守ってくれる脳や自律神経の働きがうまく機能しなくなり、自律神経によってコントロールされている体温調節がうまくできなくなっていくのです。

結局、子どもたちの睡眠リズムが乱れると、摂食のリズムが崩れて朝食の欠食・排便のなさへとつながっていきます（図2-1）。その結果、朝からねむけやだるさを訴えて午前中の活動力が低下し、自律神経の働きが弱まって、昼夜の体温リズムが乱れてきます。そこで、体温が36度台に収まらない、いわゆる体温調節のできない「高体温」や「低体温」の子どもや、体温リズムがズレ、朝に体温が低くて動けず、夜に体温が高まって動きだすといった子どもがみられるようになってくるのです。

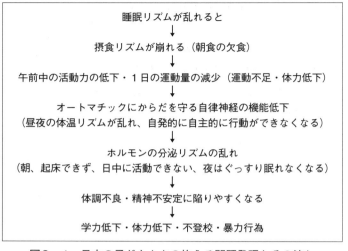

図2−1　日本の子どもたちの抱える問題発現とその流れ
〔前橋　明：スマホ世代の子どもとレクリエーション，レジャー・レクリエーション研究89，p.24，2019〕

2．午後の時間の費やし方

　幼稚園児において、降園後のあそび場をみますと、第1位は家の中であり、小学生においても、1年生の85％、3年生の75％は家の中であり、ともに第一位でした。あそびの内容は、幼児の5歳・6歳の男の子はテレビ・ビデオが、女の子ではお絵かきが第一位でした。続いて、小学1年生になると、男女ともテレビ・ビデオでした。3年生からは、男の子はテレビゲーム、女の子はテレビ・ビデオが第一位になっていました。

　テレビ・ビデオ視聴やテレビゲームは、家の中で行うからだを動かさない対物的な活動です。午後3〜5時は、せっかく体温が高まっているのに、身体を十分に使って遊び込んでいないだけでなく、対人的なかかわりからの学びの機会も逸しています。つまり、幼稚園から帰っても、小学校から帰っても、個別に活動し、人とのつながりを十分にもたないで育っていく子どもたちが、日本では、だんだん増えてきているのです。

3．普段の生活で心がけること

　一日の始まりには、からだをウォーミングアップさせてから、子どもを園や学校に送り出したいものです。早寝・早起きでリズムをつくって、起床とともに体温をだんだん上げていく。朝ごはんを食べて体温を上げて、徒歩通園とか、早めに学校に行ってからだを動かして熱をつくって体温を上げる。ウォーミングアップができた状態（36.5℃）であれば、スムーズに保育活動や授業（集団あそびや勉強）に入っていけます。早寝、早起き、朝ごはん、そして、うんちを出してすっきりしてから送り出します。これが子どもの健康とからだづくりの上で、親御さんに心がけていただきたいポイントです。　また、就寝時刻を早めるためには、「子どもたちの生活の中に、太陽の下での戸外運動を積極的に取り入れること」、とくに、「午後の戸外あそび時間を増やして運動量を増加させ、心地よい疲れを誘発させること」「調理時間の短縮や買い物の効率化などを工夫し、夕食の遅れを少しでも早めること」、そして、「テレビ・ビデオ視聴時間を努めて短くして、だらだらと遅くまでテレビやビデオを見せないこと」が有効と考えます。ただし、メディアの健康的な利用方法の工夫に力を入れるだけでは、根本的な解決にはなりません。つまり、幼少年期より、「テレビやビデオ、ゲーム等のおもしろさ」に負けない「人と関わる運動あそびやスポーツの楽しさ」を、子どもたちにしっかり味わわせていかねばなりません。

　子どもの場合、学力や体力に関する問題解決のカギは、①毎日の食事と、②運動量、③交流体験にあると考えますので、まずは、朝食を食べさせて、人と関わる日中のあそびや運動体験をしっかりもたせたいものです。それが、子どもたちの心の中に残る感動体験となるように、指導上の工夫と努力が求められます。

　心とからだの健康のためには、小学校低学年までは午後9時までに、高学年でも午後9時半までには寝かせてあげたいものです。とにかく、就寝時刻が遅いと、いろいろな悪影響が出て、心配です。集中力のなさ、イライラ感の増大とキレやすさの誘発、深夜徘徊、生きる力の基盤である自律神経系の機能低下、意欲のなさ、生活習慣病の早期誘発などを生じます。

したがって、子どもたちの脳や自律神経がしっかり働くようにするためには、まずは、子どもにとっての基本的な生活習慣を、大人たちが大切にしていくことが基本です。その自律神経の働きを、より高めていくためには、次の３点が大切です。

① 子どもたちを、室内から戸外に出して、いろいろな環境温度に対する適応力や対応力をつけさせること。
② 安全なあそび場で、必死に動いたり、対応したりする「人と関わる運動あそび」をしっかり経験させること。つまり、安全ながらも架空の緊急事態の中で、必死感のある運動の経験をさせること。具体的な運動例をあげるならば、鬼ごっこや転がしドッジボール等の楽しく必死に行う集団あそびが有効でしょう。
③ 運動（筋肉活動）を通して、血液循環が良くなって産熱をしたり（体温を上げる）、汗をかいて放熱したり（体温を下げる）して、体温調節機能を活性化させる刺激が有効です。これが、自律神経のはたらきを良くし、体力を自然と高めていくことにつながっていきます。

では、日中に運動をしなかったら、体力や生活リズムはどうなるのでしょう。生活は、一日のサイクルでつながっていますので、生活習慣（生活時間）の一つが悪くなると、他の生活時間もどんどん崩れていきます。逆に、生活習慣（時間）の一つが改善できると、しだいにほかのことも良くなっていきます。

つまり、日中、太陽の出ている時間帯に、しっかりからだを動かして遊んだり、運動をしたりすると、お腹がすき、夕飯が早くほしいし、心地よく疲れて早めの就寝へと向かいます。早く寝ると、翌朝、早く起きることが可能となり、続いて、朝食の開始や登園時刻も早くなります。朝ごはんをしっかり食べる時間があるため、エネルギーも得て、さらに体温を高めたウォーミングアップした状態で、日中の活動や運動が開始できるようになり、体力も自然と高まる良い循環となります。

生活を整え、体力を高めようと思うと、朝の光刺激と、何よりも日中の運動あそびでの切り込みは有効です。あきらめないで、問題改善の目標を一つに絞り、一つずつ改善に向けて取り組んでいきましょう。必ず良くなっていきます。

「一点突破、全面改善」を合言葉に、がんばっていきましょう。

4.「テレビ・ビデオ・ゲーム・スマートフォン」の特徴

　日ごろから、外あそびよりも、テレビ・ビデオ、スマートフォン利用が多くなっていくと、活動場所の奥行きや人との距離感を認知する力も未熟となり、空間認知能力が育っていきません。だから、人とぶつかることが多くなるのです。ぶつかって転びそうになっても、日ごろから運動不足で、あごを引けず、保護動作がでずに顔面から転んでしまうのです。

　子どもたちの余暇時間の費やし方をみると、TV・ビデオ、スマートフォン、ゲーム機器を利用した静的なあそびが多くなって、心臓や肺臓、全身が強化されずに体力低下を引き起こしています（静的あそび世代）。

　また、スクリーン（平面画面）や一点を凝視するため、活動環境の奥行や位置関係、距離感を認知する力が未熟で、空間認知能力や安全能力が思うように育っていかなくなりました（スクリーン世代）。一方で、「運動をさせている」と言っても、幼いうちから一つのスポーツに特化して、多様な動きを経験させていないため、基本となる4つの運動スキルがバランスよく身についていない子どもたち（動きの偏り世代）の存在も懸念されます。

　テレビやビデオ、ゲーム、携帯電話・スマートフォン等の機器の利用に、生活の中で多くの時間を費やし、生活リズムを乱している子どもたちが増えてきた実態より、子どもたちに対し、幼児期から、それらを有効に、かつ、健康的に利用していく仕方を指導していくとともに、家庭での利用上のルールを定める必要性を感じています。

①　テレビに子どものお守りをさせない。
②　なんとなく、テレビをつける生活をやめる。テレビがついていない時間、人と関わる時間を増やす。
③　見る番組を決めて見て、見終わったら、スイッチを切る。
④　食事中は、努めてテレビを消す。
⑤　起床時や帰宅時には、テレビがついていないようにする。とくに、朝の

動画視聴コントロールが大切。
⑥　外のあそびに誘う。
⑦　暴力番組や光や音の刺激の強いものは避け、内容を選ぶ。

5．スマホ社会の中で、子どもたちをどう健康に導くか
　　―テレビ・ビデオ・ゲーム」に勝る「運動あそび」の楽しさと
　　その感動体験を味わわせよう―

　子どもの環境が大きく変化してきたのは、テレビ・ビデオに加えて、最近では、携帯電話の普及、とりわけ、ここ10年足らずの間に登場したスマートフォンは、子どもたちの生活環境を、大きく変化させています。かつては、表情が乏しい、発語が遅れる等のサイレントベイビーの問題もあって、「テレビやビデオ（DVD）に子守をさせないようにしましょう」「見せる場合も、時間や見る番組を決めてみましょう。見終わったら、スィッチを切りましょう」等と保護者に伝えてきたものですが、スマホとなると、いつでもどこでも、時間も場所も選ばず、子どもも手にすることができます。

　子どもとメディア環境への対応として、社会では、テレビやビデオ、テレビゲーム等にふれない日を作ろうという「ノーテレビデー」「ノーテレビチャレンジ」、一定期間、すべての電子映像との接触を断ち、他の何かにチャレンジしようという「アウトメディア」等の活動を通して、子どもの過剰なメディア接触を断とうとする呼びかけもなされています。

　しかしながら、メディア利用の仕方の工夫に力を入れるだけでは、根本的な解決にはなりません。つまり、幼少年期より、テレビやビデオ、ゲーム等に勝る人と関わる運動の楽しさを、子どもたちに味わわせていかねばなりません。ただ、形だけ多様な運動経験をもたせる指導ではダメなのです。指導の一コマの思い出が、子どもたちの心の中に残る感動体験となるように、指導上の工夫と努力を重ねる必要があります。子どもたちから、「ああ、おもしろかった。もっとしたい」「明日も、また、してほしい」と、感動した反応が戻ってくる指導を心がけたいものです。動きを通して、子どもの心を動かす指導の必要性

を痛切に感じています。

1）クモの巣の粘着性を利用して、セミ捕りをする方法（p.171-173）
　網のなくなった輪に、クモの巣をくっつけたセミ取り用の網を利用する方法

2）追い棒を使うことなく、魚を取る方法（p.173-174）
　魚を追いたい反対の方向へ、足音を立てて歩いていき、逆方向で設置した網に魚を追い込む方法

　成長期には、メディアよりも、もっともっと楽しいことがある、人と関わる活動、実際の空間を使った健康・体力づくりに寄与する「からだ動かし」や「運動あそび」の良さを、子どもたちに知らせて、感動体験をもたせていくことが、これからの私たち大人に求められる役割なのではないでしょうか。

6．幼児の視機能の発達とスクリーンタイム

　健康の維持や増進に不可欠な睡眠について、世界的にみても、日本人の睡眠時間は、成人は7時間22分[1]、子どもは11.6時間[2]と、非常に短いことがわかっています。そのような背景も踏まえ、厚生労働省では、「健康づくりのための睡眠ガイド2023」[3]を作成し、睡眠について、「成人」「子ども」「高齢者」別に、適切な睡眠時間や睡眠休養感の確保に向けた推奨事項をまとめています。その中の「子ども」に対する夜更かしを習慣化させない工夫として、「起床時の日光浴」「朝食摂取」「運動習慣の定着」の他に、「スクリーンタイムが長くなりすぎないようにすること」や「デジタル機器使用の回避」についても記載されています。このスクリーンタイムに焦点を置き、関連する幼児の視機能と発達とテレビ視聴や動画視聴も含めたスクリーンタイムについて、紹介していきたいと思います。

（1）幼児の視機能
1）発達の過程
　幼児の視機能は、出生時から成人と同様に視えるのではなく、白・黒・灰色

しか見えず、視力は遠視気味で、輪郭もはっきりせず、視野も狭い状態[4]です。また、新生児には、強い光や強い音など、急に目の前に迫ってくるものが見えた時に、まぶたを閉じる瞬目反射もあります。その後、加齢に伴い、視力が発達し、2歳で視力0.5程度、3・4歳で視力0.6〜0.9程度、5歳で視力1.0以上に成熟し、6〜8歳頃にほぼ完成する[4,5]と言われています。このように、視覚発達にはタイムリミットがあり、視覚に関する脳の感受性は3ヵ月〜1歳半頃が最も高く[5]、その後は徐々に低下して、6〜8歳以降は、あまり反応しなくなります。この感受性の高い期間を過ぎてから治療を行っても、思うような効果は得られません。ですので、3歳児眼科検診のタイミングで、視力の発達を確認することは、生涯弱視であることを防ぐ意味でも重要[5]です。

また、私たちが情報を得るとき、視覚情報は約8割になる[6]とも言われ、見えることは、まわりの世界への興味や関心、意欲にとっても重要です。さらに、幼児期の「見える」とは「脳が刺激を受けて発達する」こと[5]であり、脳の発達の観点からも、幼児期の視機能の健康は非常に大切と言えます。

2）子どもの近視について

裸眼視力1.0未満の幼稚園児（満5歳以上）の割合[7]は、1981年で14.9％でしたが、2022（令和4）年には24.6％に増加し、小学校（1979（昭和54）年：17.9％→2022年：37.9％）、中学校（1979年：35.2％→2022年：61.2％）、高等学校（1985年：51.6％→2022年：71.6％）においても、その割合は増加傾向にありました。子どもの近視は、視覚情報が得にくくなるだけでなく、緑内障や網膜剥離などの、将来、近視以外の目の病気にかかるリスクを上昇させることが、これまでの疫学データ[8]の蓄積からわかってきました。よって、将来の目の健康を守る上でも、近視を予防することは非常に大切です。

3）近視の抑制に関する研究について

太陽光に含まれる紫色の光のバイオレットライトが、OPN5と呼ばれる非視覚系光受容体を刺激して、眼の血流を増大させることが、近視を予防したり、進行を抑えたりする可能性のあることが、慶應義塾大学医学部の研究チームによって発表[9]されています。また、米国の研究[10]で、両親が近視であっても、1日2時間を超える外あそびをする子どもは、ほとんど外あそびをしない子ど

もに比べて、近視の発症率が3分の1以下に減っていました。さらに、近業作業の時間が長いと近視のリスクは高まりますが、1日2.8時間以上の屋外活動をしている児童は、近業作業の時間の長さに関わらず、近視リスクが制されていたという研究報告[11]もあります。さらに、台湾の教育省スポーツ庁[12]が1日2時間以上の屋外活動を推奨・実施し、近視の新たな発症を50％以下に抑えた事例も存在します。

（2）スクリーンタイム（テレビ視聴・動画視聴）について
1）テレビ視聴と幼児の健康に関する先行研究について

テレビ視聴に関する研究は、岡山県の保育園幼児での調査[13]において、テレビ視聴時間が長い幼児ほど就寝時刻が遅くなることが報告され、アメリカ小児科学会[14]は、2歳未満の子どもについては、テレビ視聴を避けるように促すべきであると発信しました。また、2004年に、加納ら[15]は、テレビ・ビデオ視聴時間が長くなるにつれ、人見知りと発語の発達通過率が有意に低下したことや、2007年には、4時間以上のテレビ・ビデオ視聴をする幼児は、4時間未満群の幼児に比べて、発語開始時期が有意に遅いこと、トイレに並んだり、あそびの順番を守ったりする社会性の発達通過率が有意に低いこと[16]を報告しており、長いテレビ・ビデオ視聴時間は、幼児の発育・発達にもネガティブな影響を及ぼしていることが確認できます。

そのような影響を踏まえ、乳幼児期の過度なテレビ・ビデオ視聴に関して、日本小児科医会[17]は、「2歳までのテレビ・ビデオ視聴は控えること」や「1日のメディア接触総時間は2時間を目安と考える」等という提言を出しています。

さらに、体力・運動能力においては、長谷川ら[18]によると、テレビ・ビデオ視聴時間が1時間31分よりも短い群の方が、長い群に比べて、ボール投げを除く、両手握力・跳び越しくぐり、25m走、立ち幅跳び、ボール投げの種目において、5歳9か月以上の高月齢男児に良い記録が確認されました。また、栗谷ら[19]の研究では、1日にテレビを2時間以上視聴する幼児は、視聴時間が2時間未満の幼児よりも、毎晩、絵本の読み語りをしてもらっている割合が

有意に少ないことが確認され、過度なテレビ視聴は、言語の発達の遅れ、体力・運動能力の低下、親子のふれあい時間の減少など、幼児の健全な成長を阻む様々な生活要因になる可能性が示唆されました。

2）動画視聴と幼児の健康について

五味らは、これまで動画視聴に関する研究[20,21]を行い、21時前就寝・7時前起床・睡眠時間が10時間以上の幼児は、登園前、帰宅後、1日合計の動画視聴時間が、その他の幼児よりも短いことや、過度な動画視聴の影響は5歳以降の幼児の生活習慣の乱れとして現れてくること、登園前の動画視聴を0分にコントロールした家庭の幼児群は、非コントロール群に比べて、1日の合計動画視聴時間が短く、22時以降に就寝している幼児の割合が少ないこと等を報告しました。

朝の登園前の動画視聴のコントロールにより、朝からメリハリをもって生活することで、1日の動画視聴を短くし、就寝を早めることに繋がるものと期待しています。ただし、各家庭の保護者の就労状況、家族構成などの環境や状況は、多様であるからこそ、家庭にあった取り組みを、子どもも含めて話し合い、家族の中で決めて実行することが大切と考えます。

3）視機能とスクリーンタイムについて

石井ら[22]による視覚機能とスクリーンタイムの研究において、1日2時間以上、または休日のあそびの多くに携帯ゲーム等を使用している幼児の群（以下、E群）は、年少児において、視力1.0の人数割合に差があると報告されました。さらに、年中児、年長児においても、年少児ほど差はないですが、いずれもE群の方が、視力1.0の人数割合が少ない結果でした。年齢による、視機能の発達は考慮されておらず、年少児ですと、まだ視機能が発達途中で視力1.0未満の子が多い可能性もありますが、長時間のスクリーンタイムの影響は、視力に影響を及ぼす可能性も否定できず、さらなる調査・研究が必要と実感しています。

五味の研究[21]から、3歳以降の1日の合計動画視聴時間の平均は、約1時間30分程度でしたが、1日の合計視聴時間が2時間以上の幼児も3割程度確認されています。過度な動画視聴は、健康的な生活習慣にネガティブな影響を

及ぼす以外に、視力に影響を及ぼす可能性が考えられますが、アメリカ小児科学会では、メディア利用のメリット[23]として、「新しい考えや知識を習得すること」「社会的な繋がりと支援の増加」「健康増進のためのメッセージや情報に新しく触れる機会となること」等を提示しており、動画視聴を含めたスクリーンタイムを０にすることは、インターネットが発達した今の時代には適さないと言えます。また、過度な動画視聴の積み重ねの影響が、就寝時刻の遅れや遊ぶ人数の少なさといった、生活時間や生活活動に現れてくるのは、年齢が進んで（５歳以降）からの可能性があることと、登園前の動画視聴を控えていると加齢に伴い動画視聴が長くなっていかないことが分かっており、低年齢から適度な時間の視聴を心がける必要があると考えます。

提　案

スクリーンタイムや動画視聴を行う際の工夫として、

① 　受け身の視聴とならないよう保護者といっしょに視聴すること
② 　心身の健康に不安なことがあった際に、生活リズムを見直したり、動画視聴やスクリーンタイムに関する時間を見直したりすること
③ 　「朝だけ見ない」や「食事中は見ない」等、メリハリをもって動画と付き合うこと
④ 　３歳児検診の眼科検診で、視力の発達を確認し、気になることや発達の目安に沿っていない場合には専門家に相談すること

等、できることは複数あるでしょう。各家庭の状況や子どもの性格に合わせた工夫で、子どもたちが健康で元気に過ごせることを願います。

【文　献】

1) 厚生労働省：良い目覚めは良い眠りから　知っているようで知らない睡眠のこと2023年３月版，2023.
2) Mindell J, Sadeh A, Wiegand B, et al. Cross-cultural differences in infant and toddler sleep. Sleep Medicine 2010; 11: 274-280.
3) 厚生労働省：健康づくりのための睡眠ガイド 2023，2024.
4) 川邉貴子・吉田伊津美：演習保育内容「健康」―基本的事項の理解と指導法―，pp.25-26，2023.

5）公益社団法人日本眼科医会：STOP！弱視見逃し～3歳児眼科健診における屈折検査の導入と精度管理に向けて～，https://www.gankaikai.or.jp/school-health/stop_amblyopia.pdf（2024/10/31確認）．
6）教育機器編集委員会編：産業教育機器システム便覧，p.4，1972．
7）文部科学省：令和4年度学校保健統計，2023．
8）D I Flitcroft：The complex interactions of retinal, optical and environmental factors in myopia aetiology，Prog Retin Eye Res.2012 Nov;31(6)．
9）日本経済新聞：子どもの近視に予防の可能性 外遊び2時間で発症減，https://www.nikkei.com/nstyle-article/DGXMZO24824350Z11C17A2000000/（2024/10/31確認）．
10）Lisa A Jones, Loraine T Sinnott, Donald O Mutti, Gladys L Mitchell, Melvin L Moeschberger, Karla Zadnik：Parental history of myopia, sports and outdoor activities, and future myopia，Investigative ophthalmology & visual science 2007 Aug;48 (8)，2007．
11）Kathryn A Rose, Ian G Morgan, Jenny Ip, Annette Kifley, Son Huynh, Wayne Smith, Paul Mitchell：Outdoor activity reduces the prevalence of myopia in children，Ophtalmology.2008 Aug;115 (8)，2008．
12）Pei-Chang Wu・Li-Chun Chang・Yu-Zhen Niu・Min-Li Chen・Li-Ling Liao・Chueh-Tan Chen：Myopia prevention in Taiwan，Annals of eye science Vol3(2)，https://aes.amegroups.com/article/view/4010/4715（2024/10/31確認）2018．
13）服部伸一・足立　正・嶋崎博嗣・三宅孝昭：テレビ視聴時間の長短が幼児の生活習慣に及ぼす影響，小児保健研究63（5），pp.516-523，2004．
14）American Academy of Pediatrics POLICY STATEMENT：Media Use by Children Younger Than 2 Years，PEDIATRICS (128)，2011．
15）加納亜紀・高橋香代・片岡直樹：テレビ・ビデオの長時間視聴が幼児の言語発達に及ぼす影響，日本小児科学会雑誌108（11），pp.1391-1397，2004．
16）加納亜紀・高橋香代・片岡直樹：3歳児におけるテレビ・ビデオ視聴時間と発達との関連，日本小児科学会雑誌111（3），pp.454-461，2007．
17）日本小児科医会：子どもとメディア問題に関する啓発資料，https://www.jpa-web.org/dcms_media/other/media2006_poster01.pdf，2004．
18）長谷川　大・前橋　明：保育園幼児の生活状況と体力・運動能力との関連－テレビ・ビデオ視聴時間とのかかわりを中心に－，幼少児健康教育研究15（1），pp.32-48，2009．
19）栗谷とし子・吉田由美：幼児のテレビ・ビデオ視聴時間，ゲーム時間と生活実態との関連，小児保健研究67（1），pp.72-80，2008．
20）五味葉子・前橋　明：動画視聴が幼児の生活習慣とそのリズムに及ぼす影響，レジャー・レクリエーション研究97，pp.33-49，2022．
21）五味葉子：動画視聴が幼児の生活習慣とそのリズムに及ぼす影響と問題改善策の検討，2023年度 早稲田大学博士学位論文，2023．
22）石井雅子・多々良俊哉・羽入貴子：幼児のスクリーンタイムが視覚機能に与える影響

（会議録），新潟医療福祉学会誌20(1)，p.73，2020．
23) American Academy of Pediatrics：Media Use in School-Aged Children and Adolescents，https://publications.aap.org/pediatrics/article/138/5/e20162592/60321/Media-Use-in-School-Aged-Children-and-Adolescents?autologincheck=redirected（2024/10/31確認）2016．

第3章 子どもの体力を育む

　体力とは何かについては、多くの考え方があり、様々な定義がなされていますが、ここでは、体力とは、人間が存在し、活動していくために必要な身体的能力であると考えてみましょう。つまり、英語のphysical fitnessということばに相当します。このような意味での体力は、大きく2つの側面にわけられます。一つは、健康をおびやかす外界の刺激に打ち勝って健康を維持していくための能力で、病気に対する抵抗力、暑さや寒さに対する適応力、病原菌に対する免疫などがその内容であり、防衛体力と呼ばれます。もう一つは、作業やスポーツ等の運動をするときに必要とされる能力で、積極的に身体を働かせる能力であり、行動体力と呼ばれます。

　つまり、体力とは、種々のストレスに対する抵抗力としての防衛体力と、積極的に活動するための行動体力を総合した能力であるといえます。行動体力は、体格や体型などの身体の形態と機能に二分されますが、以下にその機能面について簡単に説明してみます。

1．行動を起こす力

（1）筋力（strength）

　筋が収縮することによって生じる力のことを言います。つまり、筋が最大努力によって、どれくらい大きな力を発揮し得るかということで、kgであらわします。

（2）瞬発力（power）

パワーということばで用いられ、瞬間的に大きな力を出して運動を起こす能力を言います。

2．持続する力

持久力（endurance）と言い、用いられる筋群に負荷のかかった状態で、いかに長時間作業を続けることができるかという筋持久力（muscular endurance）と、全身的な運動を長時間継続して行う呼吸・循環機能の持久力（cardiovascular／respiratory endurance）に、大きくわけられます。

3．正確に行う力（調整力：coordination ability）

いろいろ異なった動きを総合して目的とする動きを、正確に、かつ円滑に、効率よく遂行する能力のことで、協応性とも、しばしば呼ばれることがあります。また、平衡性や敏捷性、巧緻性などの体力要素と相関性が高いと言われています。

（1）協応性（motor coordination）

身体の2つ以上の部位の運動を、1つのまとまった運動に融合したり、身体の内・外からの刺激に対応して運動したりする能力を指し、複雑な運動を学習する場合に重要な役割を果たします。

（2）平衡性（balance）

バランスという言葉で用いられ、身体の姿勢を保つ能力をいいます。歩いたり、跳んだり、渡ったりする運動の中で、姿勢の安定性を意味する動的平衡性（dynamic balance）と、静止した状態での安定性を意味する静的平衡性（static balance）とにされます。区別さらに、物体の平衡を維持する能力、例えば、手の平の上に棒を立てて、そのバランスを保つ平衡性もあります。

（3）敏捷性（agility）

身体をすばやく動かして、方向を転換したり、刺激に対して反応したりする能力を言います。

（4）巧緻性（skillfulness）

身体を目的に合わせて正確に、すばやく、なめらかに動かす能力であり、いわゆる器用さ、巧みさのことを言います。

4．円滑に行う力

（1）柔軟性（flexibility）

からだの柔らかさのことで、身体をいろいろな方向に曲げたり、伸ばしたりする能力です。この能力が優れていると、運動をスムーズに大きく、美しく行うことができます。

（2）リズム（rhythm）

音、拍子、動き、または、無理のない美しい連続的運動を含む調子のことで、運動の協応や効率に関係します。

（3）スピード（speed）

物体の進行する速さを言います。

5．いつ、運動したらよいか

とくに、体温の高まりがピークになる午後3時頃から、戸外で積極的にからだを動かせば、健康な生体リズムを維持できます。低年齢で、体力が弱い場合には、午前中にからだを動かすだけでも、夜早めに眠れるようになりますが、体力がついてくる4歳、5歳以降は、朝の運動だけでは足りません。体温の高まるピーク時の運動も、ぜひ大切に考えて取り入れてください。午後4時前後

の放課後の時間帯は、最も動きやすい時間帯（ゴールデンタイム）なのです。

　生活が遅寝・遅起きで夜型化している子どもの体温リズムは、普通の体温リズムから数時間後ろへずれ込んでいます。朝は、本来なら眠っているときの体温で起こされて活動を開始しなければならないため、からだが目覚めず、体温は低く、動きは鈍くなっているのです。逆に、夜になっても、体温が高いため、なかなか寝つけないという悪循環になっています。このズレた体温リズムを、もとにもどす有効な方法を2つ紹介しますと、①朝、太陽の陽光を浴びることと、②日中に運動をして心地よく疲れることです。

6．年齢に応じた運動のポイント

　運動は、体力づくりだけでなく、基礎代謝の向上や体温調節、あるいは脳神経系の働き等、子どもたちが健康を保ち、成長していく上で、重要な役割を担っています。幼児、小学生、中学生へと進む中で、発育発達上、それぞれの年代の特徴に適した運動刺激のポイントがあるので、年代別に少し説明しておきます。

　幼児期は、脳や神経系の発育が旺盛ですから、そういうところに刺激を与えるような運動をさせてあげることが大切です。例えば、バランス感覚を養うためには平均台や丸太を渡ったり、片足立ちが効果的ですし、敏捷性をつけるには、すばやい動きで逃げたりする追いかけっこや鬼ごっこ等のあそびが効果的です。それから、巧緻性（器用さ）や空間認知能力をつけるには、ジャングルジムやトンネルを上手にくぐり抜けるあそびが良いでしょう。とにかく、子どもをしっかり持ち上げられる幼児期に、わが子と関わってしっかり親子体操をするのが一番理にかなっています。

　そして、子どもが幼児期の後半に入って体力がついてくると、朝に遊んだ分の疲れは、昼に給食を食べたらもう回復します。ですから、午後にもうひと山、あそびをしっかりさせて、夜に心地よく疲れて眠れるようなからだにすることが必要です。このように、夜につなぐような運動が重要になる年代です。

　小学校の低学年になると、身のこなしが上手になってくるので、ドッジボー

ルはとても良い運動です。運動する機会をしっかりもたせて、からだづくりや体力づくりに励んでほしい年代です。

　高学年になったら、だんだん技に磨きがかかる年代ですから、ボールをうまくコントロールして投げたり、取ったりして、ゲーム的な運動ができるようになります。

　中学生になると、内臓を含めて、からだがしっかりできてくるので、持久的な活動ができるようになります。ですから、日中、ちょっと長い時間、運動することで、より強い筋力をつけ、体力を向上させていける時期と言えます。

　それから、すべての年齢レベルで、それぞれの能力や体力に応じて、家の手伝いをして、生活の中でからだを動かす内容（荷物を持ったり、野菜を運んだり、配膳を手伝ったり）を努めて取り入れていくとよいでしょう。お手伝いは、結構よい運動刺激になります。

7．体力を向上させるために

　一日の流れの中で、親ができることは、子どもが帰ってきて、寝て、起きて家を出るまでの、早寝早起きの習慣づくりです。でも、ただ「寝なさい、寝なさい」って言っても、なかなか寝てくれません。それは、寝られるからだをつくっていないからです。夜早く寝られるからだをつくるには、日中、太陽の出ている時間帯にしっかりからだと心を動かして心地良く疲れさせることが必要です。

　疲れたというぐらいの運動をすると、筋肉に負荷が加わって、より強い筋力が発揮できて、体力がついてきます。これをトレーニング効果と言います（図3－1）。でも、軽過ぎる運動では疲れません。リフレッシュになった、気分転換になったという程度ではなく、疲労感が得られるぐらいの運動刺激によって、体力はついてきます。でも、その疲れは、一晩の睡眠で回復することが健康のための条件です。それには、睡眠明けの朝の子どもの様子を確認することが大切です。

　体力をつけ、運動スキルを向上させることによって、運動能力が高まり、スポーツをより楽しく行うことを可能にし、自己実現の機会が増えていきます。

```
食事（栄養）と睡眠（休養）のほか、
体力を増強させて健康を維持し、元気に活動するのに役立つのは、運動！
運動やスポーツで、身体を適度に使うことが大切

（栄養・休養・運動の基本的生活習慣づくり）

レクリエーション効果（気分転換・疲労回復・家庭生活への寄与）
        ↓
トレーニング効果（疲労感）：体力向上
        ↓
オーバートレーニング（過労）
        ↓
       病気
```

図3－1　生活と運動の効果と質の影響
〔前橋　明：生き生きとした子どもを育む秘訣，食育学研究11(2)，p.6，2016〕

（1）知っておくとためになる、子どもに必要な4種類の運動

　子どもたちが必要とする運動には、4つの種類があります。一つ目は、走ったり、跳んだりして移動するタイプの運動です。二つ目は、丸太渡りや平均台渡りのようにバランスを取る運動。三つ目は、キャッチボールのような物を操作する運動。四つ目は、鉄棒や雲梯にぶら下がって頑張るといった、からだを移動せずに行う運動です。

　つまり、移動、平衡、操作、非移動の4つのタイプの運動やあそび環境を意識した運動刺激が子どもたちのからだの成長には必要なのです。鉄棒は得意だけど、移動するのが苦手なら、楽しいあそびの中で、「鬼ごっこやかけっこをしよう」って誘えば、バランスのとれた動きのスキルを身につけて、運動能力もバランスよく高まっていきます。

（2）基本運動スキル（4つの運動スキル）

1）**移動系運動スキル**：歩く、走る、這う、跳ぶ、スキップする、泳ぐ等、ある場所から他の場所へ動く技術です。

2）**平衡系運動スキル**：バランスをとる、渡る等、姿勢の安定を保つスキルです。

3）**操作系運動スキル**：投げる、蹴る、打つ、取る等、物に働きかけたり、操ったりする動きの技術です。

4）**非移動系運動スキル（その場での運動スキル）**：ぶらさがったり、その場で押したり、引いたりする技術です。

（3）運動時に育つ能力

1）**身体認識力**：身体部分（手、足、膝、指、頭、背中など）とその動き（筋肉運動的な動き）を理解・認識する力です。自分のからだ（部位）が、どこにあり、どのように動き、どのような姿勢になっているかを見極める力です。

2）**空間認知能力**：自分のからだと自己を取り巻く空間について知り、からだと方向・位置関係（上下・左右・高低など）を理解する能力です。

【文　　献】
1）前橋　明：幼児体育―理論と実践―「初級」第6版，大学教育出版，2019．

第4章
子どものからだの異変とその対策

1．遅い就寝

　21世紀に入り、保育園幼児の就寝時刻が平均して午後9時50分を過ぎたのに対し、幼稚園幼児は午後9時30分過ぎになりました[1]。保育園幼児は、幼稚園幼児よりも約20分、寝るのが遅く、また、午後10時以降に就寝する子どもたちも4割を超えました。地域によっては、5割を超えたところも出てきました。育児の基本である「早寝」が大変困難になってきています。なぜ、子どもたちはそんなに遅くまで起きているのでしょうか。

　午後10時以降の活動で最も多いのは、やはり「テレビ・ビデオ視聴」でした。テレビを正しく見ることについて、保護者の意識を高めると同時に、子どもをなるべく早くテレビから離すべきでしょう。同時に、外食や親の交際のために、子どもたちを夜間に連れだすことも控えてもらいたいものです。

　9時間程度しか眠らない幼児は、翌日に精神的な疲労症状を訴えること[2]や力が十分に発揮されないこと[3]が明らかになっています（図4－1）。やはり、夜には、10時間以上の睡眠時間を確保することが、翌日の元気さ発揮のためには、欠かせません。最もよいのは、午後9時より前に寝て、午前7時より前に起床する「早寝・早起きで10時間以上の睡眠をとった子どもたち」です。朝食をきっちりとらない子どもも心配です。幼稚園幼児で約5％、保育園幼児で約15％の幼児が欠食しており、イライラ感を訴えてしまいます。朝食を食べても、朝食の開始時刻が遅く、食事量が少ないため、排便をすませて登園する子どもが3割にも満たない状況になっています。また、テレビを見ながらであったり、1人での食事になっていた

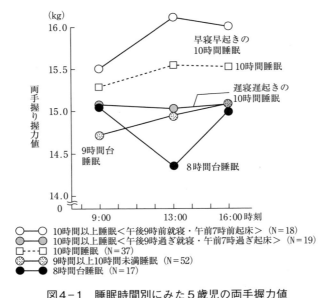

図4-1　睡眠時間別にみた5歳児の両手握力値
〔前橋　明：データから発見する子どものからだ『子どもの生活リズムの乱れと運動不足の実態』保健室87, pp.11-12, 2000〕

りして、この習慣は、マナーの悪さや集中力のなさ、そしゃく回数の減少のみならず、家族とのふれあいの減少にまでつながります。せめてテレビを消して食事をする努力が必要でしょう。

　保護者の悩みとして、子どもの睡眠不足のほかに、肥満や偏食、疲労、運動不足も多く挙げられていますが、こうした悩みは、生活の中に運動を積極的に取り入れることで、解決できそうです。運動量が増せば、心地よい疲れをもたらして睡眠のリズムが整い、食欲は旺盛になります。これらの習慣化によって、登園してからの子どもの心身のコンディションも良好に維持されます。

　何よりも、起床時刻や朝食開始時刻の遅れを防ぐには、就寝時刻を少しずつ早めるべきです。これによって、朝の排便が可能となります。そして、子どもたちが落ちついて、生活を送ると同時に、豊かな対人関係を築くことができるようになっていきます。

2．生活リズムに乱れ

　起床、食事に始まり、活動（あそび・勉強など）、休憩、就床に至る生活行動を、私たちは毎日、周期的に行っており、そのリズムを「生活リズム」と呼んでいます。私たちのまわりには、いろいろなリズムが存在します。例えば、朝、目覚めて夜眠くなるという生体のリズム、郵便局の多くが午前9時に営業を始めて午後5時に終えるという「社会のリズム」、日の出と日の入という「太陽と地球のリズム」等があり、私たちは、それらのリズムとともに生きています。

　原始の時代においては、「太陽と地球のリズム」が、すなわち、「社会のリズム」でした。その後、文明の発達に伴い、人類の活動時間が延びると、「社会のリズム」が「太陽と地球のリズム」と合わない部分が増えてきました。現代では、24時間の勤務体制の仕事が増え、私たちの「生活のリズム」も、「社会のリズム」の変化に応じ、さらに変わってきました。夜間、テレビやビデオに見入ったり、保護者の乱れた生活の影響を受けたりした子どもたちは、睡眠のリズムが遅くずれています。原始の時代から「太陽と地球のリズム」とともに培われてきた「生体のリズム」と子どもたちの生活リズムは合わなくなり、心身の健康を損なう原因となっています。深夜に、レストランや居酒屋などで幼児を見かけるたびに、「午後8時以降は、おやすみの時間」と訴えたくなります。

　子どもは、夜眠っている間に、脳内の温度を下げて身体を休めるホルモン「メラトニン」や、成長や細胞の新生を助ける成長ホルモンが分泌されるのですが、今日では、夜型化した大人社会の影響を受け、子どもの生体リズムは狂いを生じています。その結果、ホルモンの分泌状態が悪くなり、様々な生活上の問題が現れています。

　例えば、「日中の活動時に元気がない」「昼寝のときに眠れない」「みんなが起きるころに寝始める」「夜は眠れず、元気である」といった現象です。これは、生活が遅寝遅起きで、夜型化しており、体温のリズムが普通のリズムより数時間後ろへずれ込んだリズムとなっているということです。そのため、朝は、眠っているときの低い体温で起こされて活動を開始しなければならないため、ウォーミングアップのできていない状態でからだが目覚めず、動きは鈍いのです（図4-2）。逆に、夜

になっても体温が高いため、なかなか寝つけず、元気であるという悪循環を生じてきます。さらに、低体温や高体温という体温異常の問題[4]（前橋、2001）も現れてきています。これは、自律神経の調節が適切に行われていないことを物語っており、もはや「国家的な危機」といえます。

幼児の生活リズムの基本ですが、就寝は遅くとも午後９時（で

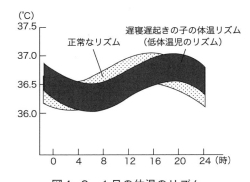

図4-2　１日の体温のリズム
〔前橋　明：子どもの心とからだの異変とその対策について，幼少児健康教育研究10(1)，pp.3-18，2001〕

きれば、午後８時）頃までに、朝は午前７時頃までには自然に目覚めてもらいたいものです。午後９時に眠るためには、夕食は遅くとも午後７時頃までにとる必要があります。時に夜遅く寝ることもあるでしょうが、朝は常に一定の時刻に起きる習慣をつくることが大切です。朝の規則正しいスタートづくりが、何より肝腎なのです。

みんなで、将来の日本を担っていく子どもたちの健康づくりを真剣に考えていかねばなりません。今こそ、子どもたちの生活リズムの悪化に歯止めをかけるときです。

3　増える体温異常

近頃、保育園や幼稚園への登園後、遊ばずにじっとしている子や、集中力や落ち着きがなく、すぐにカーッとなる子が目につくようになりました。おかしいと思い、保育園に登園してきた５歳児の体温を計ってみますと、36℃未満の低体温の子どもだけでなく、37.0℃を越え37.5℃近い高体温の子どもが増えていたのです。調査では、約３割の子どもが、低体温か高体温である[4,5]ことがわかりました。朝の２時間で体温変動が１℃以上変動する子どもの出現率も増えてきました。

そこで、体温調節がうまくできないのは自律神経の働きがうまく機能していない

からと考え、子どもたちの生活実態を調べてみました。すると、「運動・睡眠不足」「朝食を十分にとっていない」「温度調節された室内でのテレビ・ビデオ視聴やゲームあそびが多い」という、生活習慣の乱れと睡眠リズムのずれが主な共通点としてみられました。

　保護者の方からは、不規則な生活になると、「ちょっとできなかったりしただけで、子どもがカーッとなったり、物を投げるようになった」と教えていただきました。先生方からは、「イライラ、集中力の欠如で、対人関係に問題を生じたり、気力が感じられなくなったりしている」とのことでした。生活リズムの崩れは、子どもたちのからだを壊し、それが心の問題にまで影響してきているのでしょう。生活のリズムが悪いと、それまで反射的に行われていた体温調節ができにくくなります。

　そこで、私は「問題解決のカギは運動量にある」と考え、子どもたちを戸外で思いきり遊ばせてみました。その結果、登園時の体温が36℃台と36℃未満の低体温の子どもたちは、午前中の運動あそびによる筋肉の活動で熱を産み、体温が上がりました（図4-3）。一方、登園時の体温が37℃以上であった幼児の体温は下がりました。低体温の子も高体温の子も、その体温は、ともに36℃から37℃の間に収まっていったのです。からだを動かして遊ぶことで、幼児の「産熱」と「放熱」の機能が活性化され、体温調節能力が目を覚ましたのでしょう。

　さらに、体温異常の子どもを含む181人に、毎日2時間の運動を継続的に18日間行いました。これによって、体温調節のうまくできない子どもが半減したのです（図4-4）。その際に取り組んだ運動のプログラムを、表4-1に示しておきます。

　飛んだり、跳ねたりすることで、筋肉は無意識のうちに鍛えられ、体温は上がります。その結果、ホルモンの分泌がよくなり、自然に活動型の正常なからだのリズムにもどるのです。今の幼児には、運動が絶対に必要です。そのためには、大人が意識して、運動の機会を努めて設けていくことが欠かせません。

4．乳児期からの脳機能のかく乱

　最近、子どもも大人も、キレやすくなっているように思います。子どもだけでなく、大人もイライラしている人が増え、簡単にキレて大きな犯罪に結びつくことが

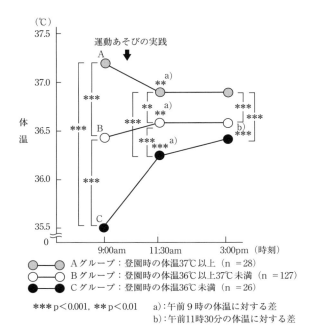

　登園時の体温が37℃より低いBとCグループの幼児は、午前中の運動的なあそびの後に、いわゆる筋肉活動を通して産熱し、体温は上昇した。
　それに対し、登園時に37℃以上のAグループでは、午前中に3,209歩の歩数を確保し、B・Cの幼児よりも歩数が200〜400歩程度多いにもかかわらず、その体温は低下した。
　このことにより、登園時の体温が37℃以上であった幼児の放熱機能は、登園後の身体活動により活性化され、体熱放散への対応が速く、体温の低下を導いたものと推測された。

図4-3　登園時（午前9時）の体温別にみた5歳児の体温の園内生活時変動
〔前橋　明：子どものからだの異変とその対策，体育学研究49（3），p.202，2004〕

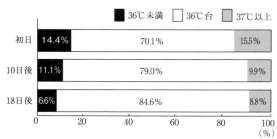

図4-4　5歳児181名に対する18日間の運動実践による体温区分人数割合の変化
〔前橋　明：子どものからだの異変とその対策，体育学研究49（3），p.203，2004〕

表4-1　保育園における運動プログラム

運動プログラムの条件設定
①　朝、8時50分になったら、外に出る。
②　保育者も、子どもといっしょに遊ぶ。
③　各自の目標をもたせ、それに取り組む姿を認めたり、みんなの前で紹介したりしてほめる。
④　子どもたちの意見を聞きながら、みんなであそびのルールを作ったり、あそびの場を設営したりする。
⑤　子どもたちが自発的にあそびを展開するきっかけをつかんだら、保育者はできるだけ早い時期に、主導権を子ども側に移行していく。
⑥　異年齢で活動する機会を多く与える。
⑦　手づくり遊具を作って、子どもたちが活動的に遊ぶことができるように工夫する。
⑧　保育室にもどる前には、みんなで片づけをする。
⑨　毎日、正しい生活リズムで過ごすように、子どもと確認し合う。

〔前橋　明：健康福祉科学からの児童福祉論，チャイルド本社，p.39，2003〕

多くなってきました。その原因は、いろいろ考えられますが、基本的には、「現代人の生活のリズム」が、人間、本来がもっている「生物としてのからだのリズム」と合わなくなってきて、その歪みがいろいろな問題を起こしているようです。

　最も大きな問題は、睡眠リズムの乱れだと思います。赤ちゃん時代、子どもたちは寝たり起きたりをくり返して、1日16時間ほど眠っています。一見、赤ちゃんは昼夜に関係なく眠っているようですが、昼と夜とでは、眠り方が少々異なっているのです。

　実は、日中、部屋にささやかな陽光が入る中で眠ることで、赤ちゃんは少しずつ光刺激を受けて、昼という情報を脳内にインプットし、生活のリズムを作っています。ところが、今は、遮光カーテンの普及で、昼でも部屋の中を真っ暗にできたり、逆に夜は遅くまでテレビの光刺激を受けての情報が脳内に入ることによって、昼夜に受ける刺激の差が非常に少なくなっています。つまり、乳児の頃から、昼夜の違いを理解し、生活のリズムを作ってくれる脳機能に、かく乱が生じているのです。

　さらに、1歳ぐらいになると、一日中、しかも夜遅くまで、テレビをつけている環境の中で寝たり起きたりをくり返していきます。2歳ぐらいになると、テレビだ

けでなく、自分でビデオを操作することができはじめ、夜でも光刺激を受ける時間がグーンと長くなります。そして、幼稚園に通い始める前には、子どもの昼夜のリズムは大変おかしくなっています。

　人間は、本来、太陽が昇ったら起きて活動し、太陽が沈んだら眠りますが、夜型社会になって、子どもたちのからだの方の対応が追いつかなくなっているのです。そのために、今の子どもは乳児期から睡眠のリズムが乱されていることと、生活環境の近代化・便利化によって、からだを使わないですむ社会になってきたことで、体力が高まらないだけでなく、からだにストレスをためやすい状況になっています。

　要は、子どもにとって、太陽のリズムに合わせた生活を大切にしてやり、昼間にはしっかり陽光刺激を受けさせて、戸外で活動させることです。もちろん、このことは赤ちゃん時代から、大切にする必要があります。

【文　　献】

1）前橋　明ほか：乳幼児健康調査結果（生活・身体状況）報告、運動・健康教育研究 12(1)，pp.69-143，2002．
2）前橋　明・石井浩子・中永征太郎：幼稚園児ならびに保育園児の園内生活時における疲労スコアの変動，小児保健研究 56(4)，pp.569-574，1997．
3）前橋　明：子どもの生活リズムの乱れと運動不足の実態，保健室 87，pp.11-21，2000．
4）前橋　明：子どもの心とからだの異変とその対策について，幼少児健康教育研究 10(1)，pp.3-18，2001．
5）子どものからだと心白書編集委員会：子どものからだと心白書 2003，ブックハウス・エイチディ，2003．
6）前橋　明：輝く子どもの未来づくり，明研図書，2008．

第5章

子どもの生活と運動

1．心地よい空間

　昭和の子どもたちは、道路や路地でよく遊んでいました。遠くへ遊びに行くと、あそびの種類が固定されましたが、家の前の道路で遊んでいれば、あそびに足りない道具があっても、すぐに家から持ってくることができていました。石けりに飽きたらメンコを取りに帰り、メンコに飽きたら空き缶をもらいに帰って、缶けりを始めました。遊び場が遠くにある場合、道具や必要なものを取りに帰って再び集まろうとすると、どうしても時間がかかってしまいました。だから、家から近い遊び場は、それがたとえ道路であっても、居心地の良い空間だったのです。

　また、道路や路地もアスファルトでなく土だったので、絵や図を描いたり、ゲームをしました。もちろん、地面を掘り起こして、土あそびもできましたし、雨が降ると、水たまりができるので、水あそびをすることもしばしばでした。地面は、あそびの道具でもあったのです。相撲をしても、アスファルトやコンクリートと違い、転んでもさほど痛くなく、安全でした。保護者は、家の台所から子どもたちの遊んでいる様子が見えるため、安心していました。いざというときに、すぐに助けることができました。

　子どもは長い間続けて活動できないし、また、休息の時間も短く、活動と休息を短い周期でくり返します。集中力の持続が難しい幼児期にはなおさらです。そうした意味からも、家の近くの路地は、子どもたちにとって短い時間であそびを発展させたり、変化させることのできる都合の良い場所だったのです。

　今日は、住宅街の一角に必ず、緑を整えた落ちつける公園があります。しかし、

単に地区の1か所に安全なスペースを用意して「子どものための遊び場を作りましたよ」と呼びかけても、子どもたちはあまり遊ぼうとしないのです。自由にはしゃぐことができなければ、子どもは自由な活動を自制してしまうのです。「静かにしなければ迷惑になる」「土を掘ってはだめ」「木登りや球技は禁止」といった制約のついた空間は、子どもの遊び場には適しません。

確かにこうした禁止事項は、公園の美観を維持し、利用者の安全を大切にするためには必要ですが、成長期の子どもの発育・発達にとって決して好ましいことばかりではないのです。やはり、子どもには自然の中で木に縄を掛けて、木と木の間を渡ったり、地面を掘って基地を作ったりするといった、子ども自身の豊かなアイデアを試みることのできるあそびの場が必要なのです。あそびの実体験を通して得た感動は、将来にわたる学習のよりいっそうの強化因子となり、子どもの内面の成長に大きく寄与します。そして、そこから自ら考え、学ぼうとする姿勢が大きく育まれていくのです。

2．ガキ大将の役割

今日、都市化や少子化のあおりを受けて地域のたまり場あそびが減少・崩壊し、ガキ大将（子どものあそび集団のリーダー）の不在で、子どもたちが見取り学習をしていたモデルがいなくなりました。運動のスキルは、放っておいても身につくものだと考えている人が多いですが、これは大変な誤解です。

かつては、園や学校で教えなくても、地域のガキ大将があそびをチビッ子たちに自然に教え、見せて学習させていました。子どもたちは、見たことができないと、仲間から馬鹿にされるので、泣きながらも必死に練習しました。時には、あそびの仲間に入れてもらいたいがために、お母さんに頼んで陰の特訓をした子どもたちも多くいました。運動スキルの習得には、それなりの努力と練習があったのです。

今は、そんなガキ大将や年長児不在のあそびが多いわけですから、教わること・練習することのチャンスに恵まれない子どもたちでいっぱいなのです。保護者や保育者の見ていない世界で、運動スキルや動作パターンを、チビッ子たちに教えてくれていたガキ大将という、あそびの先生の代わりを、いったい誰がするのでしょう

か？

　つまり、異年齢集団でのたまり場あそびの減少・崩壊により、子ども同士のあそびの中から、いろいろなことを教わり合う体験や感動するあそび込み体験のない中で、今の子どもは、必要なことを教えなければ、学んだことの活用もできない状態になってきています。

　保護者だけでなく、保育者・教師も、子どもたちの見本となって、運動スキルや動作パターンを見せていく機会を真剣に設けていかねばならないと考えます。運動スキルの学習は、字を書き始める作業と同じで、お手本を見ただけでは、うまくいきません。手やからだを支えたり、持ってあげたりして、いっしょに動いてあげないと、習いはじめの子どもにはわかりませんし、スキルが正しく身につきません。場所と道具を揃えたあそび環境だけを作って、子どもの自発性を高めていると思いこんで満足していたらダメなのです。あそびの基本型を教えたり、運動を指導したりすることは、大切なことなのです。

　したがって、子どもたちが自発的にあそびを展開していくためには、まず、基本となるあそびや運動の仕方を、かつてのガキ大将やあそび仲間にかわって実際に紹介したり、教えたりする必要があります。そして、子どもたちが自発的にあそびを展開したり、バリエーションを考え出したりして、あそびを発展させるきっかけをつかんだら、大人は、できるだけ早い時期に、主導権を子ども側に移行していく基本姿勢が大切です。

　今、子どもたちは、保護者や保育者、教師に、「動きの見本を見せる努力」と「子どもといっしょにダイナミックに遊ぶ活動力や熱心さ」を求めているのです。

3．戸外で汗の流せる「ワクワクあそび」のススメ

　あそびを通して、友だち（人）と関わり合う中で、成功と失敗をくり返し、その体験が大脳の中でフィードバックされていくと、大脳の活動水準がより高まって、思いやりの心や将来展望のもてる人間らしさが育っていきます。

　また、ワクワクして熱中するあそびの中で、子どもたちは運動エネルギーをしっかり発散させて、情緒も安定し、さらに時間の流れや空間の認知能力をも発達させ

ていきますが、この機会が保障されないと、小学校の高学年になっても、興奮と抑制のコントロールのできない幼稚型のままの状態でいることになります。つまり、興奮することもなく、あるいは、興奮だけが強くなって抑えが効かない状態で、人との交流も非常に下手で、将来の計画を培うことも不得手となるのです。つまり、大人に向かう時期になっても、押さえがきかなく、計画性のない突発的な幼稚型の行動をとってしまうのです。

なお、「子どもたちの姿勢も、近年、悪くなってきた」と言われており、その原因としては、テレビを見る姿勢が悪い、注意してくれる大人がいない、体力が弱くなって姿勢を維持できない等の理由が挙げられています。しかし、悪い姿勢の子どもが増えてきたことは、単に生活環境や姿勢を保つ筋力低下の問題だけではないような気がします。思うに、前頭葉の働きが弱くなっているがゆえに、脳の中で、「良い姿勢を保とう」という意志が起こらなかったり、そういう意志が持続しなかったりしていることも、大きな原因の1つでしょう。

子どもたちと相撲や取っ組み合いのあそびをしてみますと、子どもは汗だくになって、目を輝かせて何度も何度も向かってきます。今も昔も、子どもはいっしょです。そうやって遊び込んだときの子どもは、興奮と抑制をうまい具合に体験して、大脳（前頭葉）を育てているのです。しかし、今の子どもは、そういう脳やからだに良いあそび体験へのきっかけがもてていないのです。

世の中に便利な物が増えて、生活が快適になってきますと、その中にどっぷり浸かる人が増えてきます。生活の中で一番育ちの旺盛な幼少年期に、からだを使う機会がなくなると、子どもたちは発達しないうちに衰えていきます。

今の子どもは、放っておけば自然と成長するのではなく、悪くなることの方が多くなった気がします。便利で快適な現代生活が、発育期の子どもたちの発達を奪っていきますので、今こそ、みんなが協力し合って、子どもたちの心とからだのおかしさに歯止めをかけなければなりません。

そのためには、まず、子どものあそびを大切にした3つの共通認識をもつことが大切です。

① あそびの中の架空の緊急事態が、子どもたちの交感神経を高め、大脳の働きを良くします。

② あそびの中では、成功体験だけでなく、失敗体験も、前頭葉の発達には重要です。
③ 子どもたちには、日中にワクワクする集団あそびを奨励しましょう。1日1回は、汗をかくくらいのダイナミックな外あそびが必要です。

4．運動量の確保

　健康に関する重要な課題の1つとして、生活リズムの確立に加え、「運動量の確保」が挙げられます。とくに、子どもにとって、活動意欲がわくホルモンが分泌されて体温が高まっていく時間帯の戸外あそびは極めて重要で、そのころの身体活動が成長過程における必須の条件といえます。

　では、幼児にはどのくらいの運動量が必要なのでしょうか？「歩数」を指標にして運動の必要量を明らかにしてみます。調査[1]（前橋、2001）によると、午前9時から11時までの2時間の活動で、子どもたちが自由に戸外あそびを行った場合は、5歳男児で平均3,387歩（図5-1）、5歳女児2,965歩（図5-2）でした。室内での活動は、どの年齢でも1,000～2,000歩台で、戸外での活動より少なくなりました。

　また、自然の中で楽しく活動できる「土手すべり」では、園庭でのあそびより歩数が多く、5歳男児で5,959歩、5歳女児で4,935歩でした。さらに、同じ戸外あそびでも、保育者がいっしょに遊んだ場合は、5歳男児で平均6,488歩、5歳女児で5,410歩と、最も多くの歩数が確保されました。環境条件（自然）と人的条件（保育者）のかかわりによって、子どもの運動量が大きく増えることを確認しました。

　戸外あそびを充実させることで、子どもたちは運動の快適さを身につけます。その中で、人や物、時間への対処をしていくことによって、社会性や人格を育んでいくのです。1日の中で、子どもたちが最も活動的になれるのは、生理的にみると、体温が最も高まっている午後3時から5時頃です。この時間帯にも、4,000～6,000歩は確保させたいものですが、近年は仲間や空間が少なくなっていますので、せめて半分の2,000～3,000歩程度は動く時間を保障したいものです。

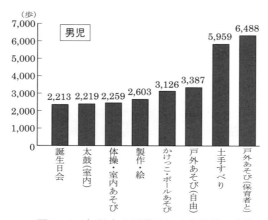

図5-1　午前中の活動別にみた幼児の歩数
〔前橋　明：幼児期の健康管理—保育園内生活時の幼児の活動内容と歩数の実態—,
聖和大学論集29, pp.77-85, 2001〕

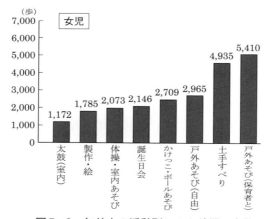

図5-2　午前中の活動別にみた幼児の歩数
〔前橋　明：幼児期の健康管理—保育園内生活時の幼児の活動内容と歩数の実態—,
聖和大学論集29, pp.77-85, 2001〕

　午前11時から午後3時頃までの生活活動としての約1,000歩を加えると、1日に7,000～10,000歩を確保することが可能になります。そのためにも、魅力的なあそびの環境を提供し、保育者や保護者があそびに関わっていくことが、近年、とくに重要になってきました。

　運動あそびの伝承を受けていない現代っ子ですが、保育者や保護者が積極的に子

どもとのあそびに関わっていけば、子どもと大人が共通の世界を作ることができます。そして、「からだ」と「心」の調和のとれた生活が実現できるのではないでしょうか。

5．遅寝遅起きの夜型の子どもの生活リズムは、外あそびで治る

　保育園や幼稚園に登園しても、無気力で、遊んだり、勉強したりする意欲がない。落ち着きがなく、集中できない。すぐイライラしてカーッとなる。そういった不機嫌な子どもたちが増えていますが、その背景には、夜型生活、運動不足、食生活の乱れからの心やからだの異変があります。

　こういう子は、きまって寝起きが悪く、朝から疲れています。そこで、運動の実践で、自律神経を鍛え、生活のリズムを築き上げる自然な方法をおすすめします。とくに、本来の体温リズムがピークになる午後3時から5時頃が動きどきです。この時間帯に戸外でからだを使って遊んだり、運動したりすると、おなかがすいた状態で夕食を食べ、夜は精神的に落ち着いて心地よい疲れを生じて早く眠くなります。そして、ぐっすりと眠ることにより、朝は、機嫌よく起きられます。

　実際、午後3時以降に積極的に運動あそびを取り入れた高知県吾川村の保育所では、「夜8時台に寝つく子どもが増え、登園時の遅刻も激減した」という報告がされています。また、教育委員会のバックアップを受けて、村ぐるみの子育て活動へと発展しています。

　今日の子どもを取り巻く環境は、冷暖房にテレビ、ビデオと、室内環境が豊か過ぎます。しかも、テレビやビデオをお迎えが来るまで見せている保育園も多くみられるようになってきました。幼稚園や小学校から帰っても、あそび仲間が集えず、個別に家庭での室内あそびを余儀なくされている子どもたちが増えています。これら環境の問題が、子どもたちの生活リズムに合った活動を、かえって邪魔しています。

　要は、体温の高まりがピークになる午後3時頃から、戸外で積極的にからだを動かせば、健康な生体リズムを取りもどせます。低年齢で、体力が弱い場合には、午

前中にからだを動かすだけでも、夜早めに眠れるようになりますが、体力がついてくる4歳から5歳以降は、朝の運動だけでは足りません。体温の高まるピーク時の運動も、ぜひ大切に考えて取り入れてください。

　幼少児のからだを整えるポイントは、次の4点です。

① 体温の高まりがピークになる午後3時から5時頃は、しっかりからだを動かす。

② 夕食をしっかり食べて、夜9時前には寝る。

③ 朝7時前には起きて、朝食を摂り、排便をする。

④ 午前中も、できるだけ外あそびをする。

【文　　献】

1）前橋　明・石垣恵美子：幼児期の健康管理―保育園内生活時の幼児の活動内容と歩数の実態―，聖和大学論集 29，pp.77-85，2001．

2）前橋　明：輝く子どもの未来づくり，明研図書，2008．

第6章

乳幼児や障がい児の感覚あそび、知覚・運動訓練から体育指導へ

1. 運動の起こる仕組みから、障がい児の抱える問題を探ろう

　子どもたちの前で、○印を描いて見せて、同じように○印を描いてもらう際、きちんと○印を描けている場合は、外界からの情報の入力（感覚器・知覚神経）、大脳での意識・判断、大脳からの命令による出力（運動神経・筋肉・骨）のいずれも問題なく機能していることになります。

　しかし、○印がうまく描けなかった場合、子どもに見本の○印と同じであるか否かを確認し、きちんと、問題点が答えられる場合は、入力や脳も機能には問題はありませんが、出力に問題があることになります。

　このような子どもに対しては、ゆとりの時間や何回も挑戦可能との指示を与えることで、問題が改善できれば、機能向上の可能性は大いにあると考えます。

　しかし、子どもに確認しても、子どもの方がわからない場合は、①入力（感覚器・知覚神経）の問題、または、②脳の問題、あるいは、③入力と脳のあわせた問題のいずれかに疑いをもつことになります。

　以上のことから、身体運動の発現は、外界からの刺激となる情報を、まず、受容器（目・耳・手など）で受け止め、その情報は知覚神経を通って大脳に運ばれていき、大脳ではその情報をしっかり受けとめ、判断し、すべきことを、運動神経を通って筋肉に伝えることで、筋肉が収縮し、付いている骨をいっしょに動かすことによって、運動や行動が生まれていきます。

　そして、思うように運動ができたかどうかという点について、次の刺激の際

にフィードバックされながら、反省・調整していくことで、さらなる良い動きを作っていきます。

　このように、各過程が大切であり、連携し合うことで、よい動きを作っていくメカニズムとなっています。そして、運動スキルを獲得・さらなる向上を期待するのであれば、子どもの生活リズムを整えてすっきりとしている状態で、技術練習に向かうようにさせることが重要です。

2．感覚の大切さと感覚訓練

　子どもたちの中には、感覚に遅れがあったり、鈍麻、過敏になりすぎたりしている子どももいます。そのため、感覚に遅れのある子どもたちには、感覚を磨くことが大切になってきます。感覚の中でも、手のひらや、手の指、足の裏、口唇、舌、顔面などの受容器は、情報の入り口として非常に重要です。

　感覚器へ刺激を与えて、受容器としての機能を鍛えるために、日常のあいさつにおいて握手をしたり（手のひら）、風を送ったり（皮膚）、ボールプールに入ったりして、脳や神経への刺激と活性化を図ることで、子どもたちの身体部分（手・足・ひざ・指など）とその動き（筋肉運動的な動き）を理解する「身体認識力」が育つようになっていきます。身体認識力がついてくると、鏡の前で、鏡に映った自分やからだを見ながら、鏡あそびをし始めます。

　そして、しだいに自分のからだと自己を取り巻く空間について知り、からだと方向、位置関係（上下・左右・前後・高低など）を理解する「空間認知能力」が育つようになっていきます。

3．運動のために必要な保護動作や姿勢維持のバランス能力の獲得

（1）保護動作の獲得

　「空間認知能力」が育つと、ジャングルジムやすべり台などの遊具で、安全に遊ぶことができるようになりますが、転倒する可能性も出てきます。転倒時

に、自分のからだを守れるように、「保護動作」を獲得しておく必要があります。

　なかなか手が前に出ない子どもに対しては、ロールマットに寝転がり、手を前に出した状態で前後に揺らしたり、それでも手が前に出ない場合は、子どもの好きな遊具を前に置いて、前に出した手を遊具に触らせてあげたりすることにより、ケガや事故を防ぐ「保護動作」誘発と獲得の訓練になります。

（2）平衡感覚の獲得

　転ぶ前には、しっかりとした「平衡感覚」を獲得しておく必要があります。そのための方法として、バランスボールの揺れの刺激によって平衡感覚を養ったり、バランスボールの中に立ってキャッチボールを行ったりする訓練が有効です。

　また、天井から吊るされたロープにタイヤをつけ、そこにうつ伏せて揺れることにより、からだの使い方やバランスのとり方を学ぶ方法もあります。
家庭でも、バスタオルに子どもを乗せ、ブランコのように揺らすことで、子ども自身も揺れの刺激を感じたり、バランス感覚を身につけたりすることに繋がっていきます。

　でんぐり返りや片足とびができない、階段を一段一足の交差パターンで降りられない、小学生になっても片足立ちができない、ブランコで立ちこぎができない、線上を歩いたり、走ったりできない、といった子どもには、重力に対して自分のからだをまっすぐに保つという「立ち直り反射」や「平衡反応」を強化することが重要です。

　また、身体知覚に問題があると、自分の空間的位置をとらえることと、それに応じたからだの動かし方がスムーズに行われないので、高いところや不安定なところを恐がることがあります。そのような子どもには、全身運動を取り入れ、自分のからだの大きさや長さ、幅などがこれくらいという感覚であるボディーイメージをつくらせたり、逆さ感覚を育てたりしながら、恐怖心を取り除くようにしていきます。

　・高い高い、逆さ感覚をつかませるぐるぐる回し

- 大玉乗り、ハンモック、不安定な位置に慣れさせるゆりかご運動
- 平均台や床に置いたロープに沿っての歩行練習
- 鉄棒、ハンモック、トランポリン等を使って、回転したり激しく動いたりした後で、からだのバランスが保てるようにし、立ち直り反射の促進を図ります。
- 小さくなって鉄棒の下をくぐったり、物をよけて進んだりするゲーム等をして、自分のからだの大きさを感じ取らせる働きかけをします。

4．障害別にみた障害の内容と発達や運動の特徴

（1）知的障がい児

　知的障害は、知的発達の遅滞の程度が、意思疎通が困難で、日常生活において支障があり、援助を必要とする子どもたちのことを言います。知的障がい児の発達の大きな特徴は、発達のスピードが健常児と異なることです。身長と体重は、全体的に低く、最も身長の伸びる時期（最伸急期）は、男子で5～6歳、女子で8～9歳と、健常児に比べてとても早い時期に一気に背が伸びます。したがって、この時期に、適切な栄養摂取や運動の機会が必要でしょう。

　また、知的障がい児の運動能力は、健常児に比べて平衡機能の著しい遅れが目立つ一方で、つかんだものはなかなか手放さないというように、筋力面は長けていることがあります。また、通常は、運動によって、笑う、叫ぶ、話すという感情表現を通して、全身の感覚機能が発達していきますが、知的障害の場合、知的に遅れや障害があると、奇声は別として、思い切り感情を出す、例えば、怒りをぶつける、おかしくて大声をだす等の機会が少なく、感情やからだの心肺機能、とくに肺が育っていかず、かたくなになりがちです。

　したがって、大声で笑う、声を出す、叫ぶ、深呼吸すると、リラックスできるようになっていきます。「声を出す」ことは、運動指導の第一歩と考えることができます。

(2) 聴覚・言語障がい児

　聴覚障がい児とは、聴覚系機能に障害があるために、補聴器を利用しても、通常の話し声を理解することが不可能か、著しく困難な子どもたちのことを言います。また、言語障がい児とは、コミュニケーションの過程において、言語学的・生理学的レベルの障害や知的障害などの知能、運動障害と付随した障害があり、言語がまったく表出されないか、あるいは不自由で、思うように相手に理解されにくいことがあります。

　したがって、聴覚・言語障害は、耳が聞こえないために話す機会が減り、おのずと言語に障害が起きるという関連がみられます。とくに、聞こえの悪い子どもほど、呼吸が浅く、息の調節が下手になってきます。これは、通常、健常者は口の開け方、息を調節しながら音声を発していますが、話すことをしていないと、息を調節する機会が減るため、このようになります。

　聴覚・言語障がい児の体力・運動能力は、平衡能力のうち、その場での静的平衡能力は劣りませんが、動きを伴う動的平衡性は劣るという特徴があります。また、いくつかの動きを組み合わせる協応動作の発達にも遅れがみられるため、音楽に合わせてなめらかに踊るといったリトミックやダンス、あるいは、旗を振って「よーいドン！」というように、旗が振り上げられるのを目で見て確認すると同時に走り出すような動きは苦手です。単に走る、跳ぶという動きはできますが、目と手と足をいっしょに協応させて動かす発達が遅れるため、タイミングをつかむ能力が劣るということです。つまり、子どもたちは、目と耳の両方を使って、外からの情報を受け入れて、動きにつなげているのです。

(3) 視覚障がい児

　視覚障害とは、矯正視力が0.3未満を指します。まったく見えない場合は全盲と呼ばれますが、実際には、生まれたときからまったく見えない子どもはほとんどいません。今いる所の明暗や人が通るくらいは、なんとなくわかることが多いようです。

　視覚障がい児は、視覚の欠損によって視覚的刺激が少ないために、行動範囲や身体活動が制限されます。そのような視覚障害による運動能力の特徴をみま

すと、おもに瞬発力や敏捷性、持続力に遅れがみられます。瞬発力は、瞬時に筋力を発揮する力ですから、目標となるものや方向を目で見定めて動くときに、それが見定められないために、瞬発力を思い切って効率よく発揮できないのです。

また、敏捷性は、動きが速いだけでなく、その動きに方向転換が加わることを言いますので、これも視覚からの情報をもとに、すばやく判断して、方向転換を加えながら動くという点で、視覚障がい児にとっては力を発揮しづらいものとなっています。

もう一つ、持久力についてです。これは筋力を発揮し続けたり、動きを継続させたり、くり返したりするので、視覚障がい児は、持久力に遅れがみられることはないように思われるかもしれません。しかし、軽いジョギングをする状況をイメージしてみてください。景色が次々と移り変わり、新しい景色を見たり、季節の変化に気づいたり、美しい自然が視界に入ったりして、視覚からの情報があることで、体力や集中力、気力を長続きさせることが、さらにできますが、その視覚からの情報がないと、ずっと暗い中で、ひたすら手や足を動かすことになります。せいぜい、自分がイメージする景色を思い浮かべることしかできません。これでは、純粋な忍耐力との勝負となりますので、持続させることは、なかなか難しいものとなります。

ただ、このような視覚障がい児の運動能力が劣るのは、体力・運動能力が単に劣っているのではなく、今までにあまり外出しない、あるいは思い切りからだを動かすことをしていないために、二次的障害として出てくると考えるのが妥当でしょう。

（4）発達障がい児

知能に遅れはないけれども、特別な教育的支援を必要とする子どもとして、注目されているLD（学習障害）児、ADHD（注意欠陥／多動性障害）児、高機能自閉症児、アスペルガー症候群の子どもたちは、発達障がい児と呼ばれ、全身運動の不器用さがみられます。

発達障がい児の特徴として、①全身運動の不器用さ（家具やドアに、からだ

をよくぶつける、公園の運動遊具で上手に遊べない、動作模倣が苦手など)、②手の操作の不器用さ、③姿勢の崩れ(姿勢がシャキッとしない、床に寝そべって遊ぶことが多い、落ち着きがない)等が挙げられます。

　そのほか、遊戯やリズム体操などでうまくからだがついていかない、キャッチボールやボール蹴り等の運動が苦手である、ジャングルジムで上り下りするが、くぐることが苦手である等です。このような子どもたちは、「感覚統合」に問題がある場合が多く、そのための運動を促すことが有効です。

　感覚統合とは、脳が内外からの多くの刺激を有効に利用できるよう、能率的に選択・整理し、組み合わせることを言います。この感覚統合のおかげで、私たちは外界の状況に対して、適切に反応することができます。発達障がい児は、鈍いところはぶつけても痛いと感じず、逆に過敏なところは触れられるだけで非常に痛がったり、逃げていったりします。

　このような特徴をふまえ、発達障がい児に有効な指導や支援は、

①　あらゆる刺激に平等に反応してしまうので、無用な刺激は与えないようにします。

②　気が散りやすいので、不要なものは置かないようにします。

③　メリハリをつけるため、好む活動と苦手な活動の順で指導を組み立てます。

　このほか、感覚系から得た情報を選択・整理し、目的に応じた円滑な動きを向上させる一連の指導「感覚統合訓練(療法)」が行われています。感覚器官の使われやすい順序は、ゆれと関節→触覚→耳→目であるという原則を踏まえて行われれば、効果が得やすくなります。

1)感覚統合に問題のある場合の運動について

　手の操作が不器用であったり、からだがぐにゃぐにゃしていて、姿勢がしっかり維持できなかったり、床に寝そべって遊ぶことが多いという感覚統合に問題がある子どもの場合には、そのための運動を促すことが必要です。

　「感覚統合」の力は、外界の状況に適切に反応できたり、新たな学習を行う際のやり方を工夫したりすることにも繋がっています。今まで使ったことのない遊具も、たいていの子どもは、誰かに教わらなくても遊び方を自分で見いだ

すことができますが、感覚統合に失敗している子どもは、発達・行動・学習に不都合な問題が生じてしまいます。このような時、専門機関において、「感覚統合訓練（療法）」が行われています。

　子どもは、とくに運動あそびにおいて、様々な姿勢や動き、全身運動、手足の複合運動、目と手の協応運動などが自然にくり返されるため、脳や中枢神経系の機能が高まり、必然的に運動に関する調整力が発達します。このような経験は、粘り強く健康な生活を保持していく態度や習慣、能力をつけていくことに発展していきます。

2）感覚あそびから全身の運動へ

　からだに触れたものに過敏に反応したり、歩いたり、走ったり、跳んだりする動きがぎくしゃくしている、スキップや縄跳びができない、ボール運動が苦手であるといった子どもたちには、身体知覚に問題がある場合が多くみられます。これは、感覚統合に問題があるということで、触覚、および、からだの向きや傾きを感じ取る感覚器官と、それに応じて、からだを動かす筋肉や関節の連携がスムーズに行われず、自分のからだの動きや方向を把握できなくなっているのです。そのために、からだの動きがぎこちなくなったり、からだ全体を協調させる運動が難しくなったりしています。

　そこで、このような子どもたちには、まず触覚による刺激を促すことが基本となります。触覚受容器への刺激は、脳で処理され、私たちが外界を知るための触覚機能へと高まっていきます。また、刺激に対して、からだを動かすことにより、立ち直り反応が促進され、身体意識の形成が促されます。さらに、触・圧刺激は、情緒の安定にも効果があります。

　次の段階として、からだの動きを意識的に言葉で言わせたり、考えさせたり、見せたりしながら、模倣や自らの活動をさせることが必要となります。そのような日常的な積み重ねが身体意識を養い、全身を使ったスムーズなからだの動きにつながっていきます。

　次に、有効な感覚あそびや運動あそび、活動の一例を示してみます。
　① 触・圧刺激を用いたあそびを多くさせます。
　　・風や熱（ドライヤー）、水や湯（シャワー）

風や水の勢いを調節することにより、様々に刺激の強さを変化させ、触感覚を促進します。
・水あそび、ボールプール、砂あそび（砂、泥、ボールの代わりに、紙、スポンジ等）、フィンガーペインティング、粘土などの感覚あそび
・マットレスや布団の上に寝かせ、さすったりくすぐったりします。
　　マットレスや布団の間に、子どもをはさむ、指導者が上から軽く押さえる触・圧刺激を与えます。過敏に反応する子どもには、背臥位よりも腹臥位にして、足のようなからだの末梢部から刺激を与えていきます。末梢の触・圧刺激は、覚醒水準に影響を与えるとともに、快・不快の情動を引き起こします。
② 回転、加速度、揺れ、上下の動きを感じたり、感覚を刺激したりするようなあそびを多くさせます。
　　これは、前庭感覚、固有感覚の統合に効果があり、からだの立ち直り反応も促進させます。トランポリンや滑り台、傾斜のマットでの転がりあそびも有効です。
③ 遊具に合わせた、いろいろなからだの動かし方を体験させます。
　　平均台やトンネル、はしご、マット等をコース上に配置し、巡回して動くサーキットあそびが有効です。
④ 身体知覚を高めるあそびやゲームを取り入れます。
・ボールのかわりに風船を使って、からだのいろいろな部位で運んだり、突いたりします。
・ボールの弾みに合わせて、からだを動かします。人のポーズや姿勢の模倣あそびをします。
・音楽に合わせた姿勢の変換あそびをします。リトミックは、有効です。
・各自が背中につけたリボンを取り合って遊びます。
・的あてゲームやボウリングあそび等を取り入れ、ボールの扱い方に慣れさせます。

３）手先の不器用さとの関連

小さな物を指先でつかめない。閉じた丸が描けない。ボタンがとめられない。

これらも、いわゆる感覚統合に問題があるために起こる現象で、目から入る刺激を受け取り、からだの動きへと伝える器官の連携がスムーズに行われないため、細かな運動をコントロールすることが困難になっているのです。

このようなときは、手指を使うあそびを取り入れて、いろいろな感覚を発達させるような動作の訓練を行うことが必要となります。例えば、指あそびや粘土、積み木あそび、びんのふたの開け閉め、折り紙、はさみを使った活動、買い物の荷物持ち、食器洗い等の活動です。

ただし、基本的な考え方として、手先が器用になるには、その前提条件として、体幹がしっかりし、肩や肘の動きが滑らかでなければなりません。ですから、手先の不器用さの改善についても、まずは、からだ全体の運動発達を心がけなければなりません。

4）多動に対しての工夫

落ち着きがなく、目が離せない、手が離せない、短時間に次々とあそびを変える、自分の順番を待てない、着席行動がとれず、活動中に立ち歩く等の多動に対しては、規制だけでは改善は望めません。かといって、決定的な指導法があるわけではありませんので、子どもの様子を見て、次のような活動を選択し、組み合わせて20～30分行うと、効果的です。

① 感覚を調整する、ごろごろあそび、マットでの横転、乾布まさつ
② からだのイメージをつくる、椅子くぐり、椅子わたり、ひもまたぎ、ひもくぐり
③ 合図に合わせて動くというルールを設定しての運動、上体おこし
④ 静止する、待つ、寝かせる、バランスボールに乗る
⑤ 過緊張をゆるめる、押し・ゆるめる運動や足ゆらし
⑥ バランスをとる、片足立ちや、つま先歩き、かかと歩き
⑦ ゆっくり動く、高ばい
⑧ 協応運動である、四つばい
⑨ 一定のペースで動き続ける、大人といっしょに歩く歩行運動
⑩ 用具を上手に使う、足での輪なげ、キャッチボール、ボウリング

指導にあたっての配慮事項ですが、あらゆる刺激に対して平等に反応してし

まうので、無用の刺激を与えないことが大切です。また、気が散りやすいので、不必要な物は置かないこと。メリハリをつけるため、好む活動と苦手な活動の順序に配慮すること。とくに集中させたい活動は、最後にもっていく。体育館やプレイルームでの活動の場合、自分の居場所がわかるように、フープを置いたり、床にテープを張ったりして、印を与えることが必要です。また、目標達成にあたる姿が見られたら、その場で、すぐ大いに誉めることが大切です。

　多動の子どもは、物事をするのに、行き当たりばったりになる傾向が強いので、好ましい行動が見られたときは大いに誉めることが大切です。さらに、衝動的に行動する前に、これから自分がする行動を、言葉で表現するように習慣づけることで、行動のコントロールがしやすくなります。活動の始まりと、終わりをはっきりと知らせることが求められます。

　なお、指導したことでパニックを起こしかけたときは、その場から遠ざけ、気持ちが落ち着くのを待って静かに話しかけ、落ち着いた後、活動を続けます。その子どもの実態に合わせて、最初は短時間を目標にし、徐々に時間をのばしていくとよいでしょう。

5．あそびの種類

　保育、教育、療育の現場において、「①コーナーあそび、②組み合わせあそび、③障害物あそび、④障害物競争、⑤サーキットあそび、⑥サーキット訓練」が行われています。

　「①コーナーあそび」とは、一定区域の小区画に設営されたあそび場のことです。子どもたちが自分で好きなあそびを選択し、自由にコーナーで楽しい運動あそびの体験がもてるようにすることが良いです。

　「②組み合わせあそび」とは、遊具やあそびを組み合わせることで、1つのまとまりのあるあそび場を構成したあそびのことです。そこでのあそびを通して、基本的な運動スキルを向上できるようにしたり、子ども自身が進んで遊びたくなる環境設営を心がけたりすることが大切です。

　「③障害物あそび」とは、スタートとゴールを設けて、その間の走路を妨げ

るように障害物を配置し、障害物でつくられた課題を克服してゴールに到達するあそびのことです。そして、これを競争として行う活動を「④障害物競争」と言います。

「⑤サーキットあそび」とは、発着場所が同じ自動車レース「サーキット」から名前をとったあそびで、スタートからゴールまでの間に様々な運動課題をバランスよく設定し、そのコースを複数回、巡回して遊ぶあそびです。これを訓練として行う活動を、「⑥サーキット訓練」と言います。

【文　　献】
1）前橋　明：幼児体育の魅力，幼児児や障がい児の感覚あそび・知覚・運動訓練から体育指導へ，大学教育出版，pp.51-67，2023．
2）前橋　明：障がい児の健康づくり支援，大学教育出版，pp.1-144，2023．
3）前橋　明：外あそび推進ガイド，ミネルヴァ書房，pp.54-58，2024．

第7章

「食べて、動いて、良く寝よう!」
運動のススメ

1. 子どもの生活習慣とそのリズム

(1) 朝の排便の重要性

　朝の排便は、日々の健康づくりと日常生活づくりにおいて非常に重要な要素です。その主な理由をあげますと、①体内に生じた老廃物の排出、②消化器系のリズムの整調、③一日のすっきりした開始、④エネルギーレベルの向上、⑤腸内環境の改善、⑥代謝の促進、⑦生活習慣の改善が考えられます。一つずつ見ていきますと、

① 体内に生じた老廃物の排出

　　朝の排便は、夜間の消化活動によって生成された老廃物や毒素を排出することができます。つまり、朝の排便によって、老廃物や毒素が体内に滞留することを防ぐわけです。

② 消化器系のリズムの整調

　　毎朝、同じ時間に排便をする習慣をつけることで、消化器系のリズムが整い、便秘を防ぐことができます。規則正しい排便習慣は、消化器の健康維持に寄与します。

③ 一日のすっきりした開始

　　朝に排便することで、一日の始まりをスッキリと迎えることができます。これは、心理的なストレスの軽減にもつながっていきます。

④ エネルギーレベルの向上

　　朝の排便によって体内の老廃物が除去されると、エネルギーレベルが向

上し、日中の活動がより活発になります。これは、園生活や学習、諸活動において、集中力を高めることに役立ちます。
⑤ 腸内環境の改善
定期的な朝の排便は、腸内の善玉菌と悪玉菌のバランスを保つのに役立ちます。これにより、腸内環境が改善され、全身の健康が促進されます。
⑥ 代謝の促進
朝の排便は、代謝を促進します。代謝が活発になることで、食べ物の消化や栄養の吸収が効率的に行われるようになります。
⑦ 生活習慣の改善
朝の排便習慣をもつことは、他の健康的な生活習慣（例：早寝早起きやバランスの取れた食事、運動エネルギーの発散など）と関連しています。これらの習慣が相互に作用し合い、全体的な健康を向上させます。

これらの理由から、朝の排便は、日々の健康管理において極めて重要です。適切な食事（量と質）、十分な水分摂取、そして規則正しい生活習慣、朝のゆとり時間、トイレに入って座る習慣、日々の身体運動の実践を通じて、朝の排便習慣を維持することを推奨します。

（2）朝の排便の出ない理由と対応策

朝の排便が出ない子どもには、いくつかの理由が考えられます。それらの主な原因と対応策を紹介します。

1）理由

① 食生活の不均衡
食物繊維が不足していると、便が固くなり、排便が難しくなります。水分不足も、便秘の原因となります。
② 運動不足
からだを動かすことで、腸の動きが活発になります。運動不足は、腸の動きを鈍らせます。
③ ストレスや環境の変化
入園や入学など、新しい生活リズムの変化が心理的に影響することがあ

④　トイレの習慣
　　朝の忙しい時間帯にトイレに行く時間が取れない、または、トイレに行く習慣がついていないことがあります。

２）対応策
① 　食生活の改善
　　食物繊維を多く含む食事を心がけましょう。例えば、野菜、果物、全粒穀物、豆類などが良いです。また、水分補給をしっかり行うこと。1日に少なくとも1.5〜2リットルの水を飲むように促します。
② 　適度な運動
　　毎日、運動する時間を確保できるように応援しましょう。例えば、散歩でも結構です。もちろん、公園の遊び場でのあそび、自転車乗り等も良い運動です。
③ 　リラックスできる環境づくり
　　ストレスを減らすために、リラックスできる時間や空間を提供することが大切です。朝の時間に余裕をもたせるよう、夜に準備をしておく工夫をすると良いでしょう。
④ 　トイレの習慣づけ
　　毎朝、トイレに行く時間を決め、リラックスして排便できるように促します。無理に排便を強要すると、そのプレッシャーが逆効果になる場合があります。
⑤ 　医師に相談
　　便秘が続く場合や他の健康上の問題が疑われる場合は、小児科医に相談することをお勧めします。場合によっては、専門的なアドバイスや治療も必要です。

　これらの方法を試しながら、子どもが無理なく排便できるようにサポートしていきましょう。

2．快便のススメ：「主菜と副菜」を整え、「朝食の量と時間的ゆとり」を大切にしよう！

　夜型社会が進む中で、朝、排便がないために、ボーッとして、意欲や元気のない子どもが目立っています。子どもの排便の実態をつかもうと、幼児の生活習慣調査をしますと、「朝、排便をしない」、あるいは「朝の排便の習慣が定着していない」幼児は約8割にものぼりました。

　さて，便は、食べものが体内で消化吸収された残りかすで、長い腸を通って出てきます。つまり、腸の中に満ちるだけの食べものの残りかすがなければなりません。朝食を欠食すると，1日2食となり、腸内の残りかすの量が満たされず、便秘しがちになります。食べものの残りかすでできた便が腸内で一定の量にならないと、排便のための反射を示しませんから、便の重さを作る食事内容であることが求められます。朝食を食べなかったり、食べてもスナック菓子であったりすると、重さも量も不足します。とくに，菓子パンとソーダ水という具合に食事内容が簡便なものですと、食物の残りかす（食物残渣）ができにくく、便秘がちになります。

　なお、便は、ほどよい柔らかさが必要です。とくに、朝の水分補給は大切です。みそ汁をはじめとするスープ類をしっかり摂る朝食を意識してください。卵や魚、肉などのたんぱく質の主菜だけに偏ると便秘がちになりますが、野菜や芋、海草でつくる副菜は排便を促します。つまり、心地よい排便を促すためには、食事に主菜と副菜の両方が整っていることが大切なのです。

　排便の不調は、十分な量の朝食摂取と排便のための時間的なゆとりを捻出することで解決できそうです。そのためには、就寝を早めることによって改善できるところが多く、早めに就寝して十分な睡眠時間と質のよい睡眠を確保し、翌朝の快い目覚めによって、朝食時の食欲や朝のゆとりがもてるようになります。つまり、朝起きてすぐは，食欲が湧きません。早起きをして、胃が空っぽのところへ食物を入れれば、その刺激を脳に伝えて大腸のぜんどう運動が始まり、便意をもよおします。また、朝食を食べても、出かけるまでに30分程の時間がなければ、排便までにはいたらないことが多いです。

3．排便リズムの乱れ

　朝食を抜くと、イライラする。幼児であれば、積み木を放り投げたり、おもちゃを雑に扱ったり、友だちを後ろからボーンとどついたりする行動が目立ってきます。今日、朝食を毎日食べている保育園幼児はほぼ8割で、約2割の子が、毎日、朝ごはんを食べていないか、不定期摂取ということです。

　私たち大人は、朝・昼・晩と3食を食べて生活を支えているわけですが、幼児はグーンと成長していきますから、子どもが成長するためには3食では足りません。しかも、胃は小さいし、腸の働きは未だ弱いから、一度に多くの食を取りこめないので、おやつでその不足分を補う必要があります。よって、おやつも食事の一部と考えてほしいのです。つまり、幼子にとっての食事は、1日4食～5食が必要なのです。それなのに、メインの1食を抜いている幼児が増えているのは心配です。小学校でも、毎朝、食べて登校している児童は、約8割しかいなくなりました。

　さらに、もっと問題なことがあります。それは、例えば、6歳の男の子で85％の子が朝食を食べていますが、朝に排便があるのはたった21％なのです。人間が食物を食べると、消化の良い物で、7時間ほどでうんちになります。じっくり消化していくと、24時間前後はかかります。夜10時間ほど寝るとするならば、夕食で食べたものの中で消化のよい食物の残りかすは、翌朝にはもう大腸に着いています。そして、朝の胃は、空っぽです。

　その空っぽの胃に、朝の食べ物が入ると、胃は食べ物が入ったことを脳に伝えます。すると、今までに消化吸収された残りかすを出すために、脳が腸に命令を与え、腸が蠕動運動を始めて、食物残渣を押し出そうとします。そのときに、腸内に満ちるだけの残りかすのある方が良くて、大腸に刺激が伝わると、じわじわと押し出すわけです。満ちるだけの残りかすをためようと思うと、お菓子だけでは、腸内に満ちるだけの残りかすによる重さと体積がつくれません。内容の良い物を食べないと、うんちに結びつかないのです。

　アンケート調査をすると、朝ご飯を子どもに食べさせてなくても、「食べた」と答えるような親の嘘が、ときにみられます。ところが、うんちについては、

比較的、親は正直に答えてくれます。朝、うんちが出ないことが、そんなに悪いとは思っていないからでしょう。したがって、アンケートで私が注目しているのは、朝の排便があったかどうかということです。

今は、排便を家で済ませから、朝をスタートさせることもできなくなって、体調もスカーッとしないままの登園・登校になっている子どもが多いわけです。これでは、午前中の活動力が低下しても不思議ではありません。動きが減ると、1日の運動量が少なくなり、体力も高まりません。

4．加齢に伴う体温リズムの変化

近年の特徴は、夜型生活の中で、子どもたちが睡眠リズムを乱して食が進まなくなり、欠食や排便のなさを生じています。その結果、午前中の活動力が低下し、動けなくなります。そして、睡眠の乱れや欠食、運動不足になると、オートマチックにからだを守ってくれる脳や自律神経の働きがうまく機能しなくなり、自律神経によってコントロールされている体温調節がうまくできなくなっていくのです。

結局、子どもたちの睡眠リズムが乱れると、摂食のリズムが崩れて朝食の欠食・排便のなさへとつながっていきます。その結果、朝からねむけやだるさを訴えて午前中の活動力が低下し、自律神経の働きが弱まって、昼夜の体温リズムが乱れてきます。

そこで、体温リズムのことを知っていただくと、育児や保育、教育に役立つ、いろんなことがわかってきますので、生活リズムづくりに役立つ体温の話をさせていただきます。

乳幼児期には、体温調節機能が未発達のために、外部環境の影響を受けて、体温は変動します。一般に、生後3日間ぐらいは、比較的高温の時期が見られ、漸次下降して、100日を過ぎると、およそ37℃から、それ以下となり、120日ぐらいで安定します。そして、2歳～3歳頃より、生理的な日内変動がみられ、1日のうちに、0.6～1.0℃の変動を示すようになります。日常生活では、体温は一般に午前3時頃の夜中に最も低くなり、昼の午後4時頃に最高となる一定

のリズムが築かれます。このような日内変動は、ヒトが長い年月をかけて獲得した生体リズムの1つです。例えば、午後4時前後の放課後の時間帯は、最も動きやすい時間帯（ゴールデンタイム）なのです。

　ところで、生活が遅寝・遅起きで夜型化している子どもの体温リズムは、普通の体温リズムから数時間後ろへずれ込んでいます。朝は、本来なら眠っているときの体温で起こされて活動を開始しなければならないため、からだが目覚めず、体温は低く、動きは鈍くなっているのです。逆に、夜になっても、体温が高いため、なかなか寝つけないという悪循環になっています。このズレた体温リズムを、もとにもどす有効な方法を2つ紹介しますと、①朝、太陽の陽光を浴びることと、②日中に外あそびや運動を行って心地よく疲れさせることです。

5．低体温のからだへの影響

　朝、起きて体温が低いということは、からだが起きている状態ではないということ、脳も覚醒していない状態で活動をしなければならないということです。したがって、いろいろな活動をしても、無気力でやる気が出ず、実際に覚えきれなかったり、やりきれなかったりするわけです。ウォーミングアップができていないということです。あわせて、朝食の欠食をし、日中に運動が足りないと、産熱や放熱の経験が少なくなり、自律神経が鍛えられず、体温は適切にコントロールされなくなって、夜の眠りも浅くなります。

6．体温リズム改善の方法

　体温リズムの改善には、「早寝・早起き（生活リズムの向上）」が基本となります。今日、午後10時を過ぎて就寝している幼児の割合が約4割を超えるわが国の現状は、国家的な危機です。ぜひ、子どもの「睡眠」をはじめとした「健康的な生活習慣とそのリズム」というものを、幼少児期から大切に考えてもらいたいです。

夜型化した子どもの起床や朝食開始の遅れを防止する具体策は、就寝時刻を現状よりも1時間早めることでしょう。これによって、充実した毎日の生活を体験させるために必須の条件である朝食の摂取と朝の排便が可能となり、登園後の生活の中で、子どもたちは情緒の安定と対人関係の充実をより一層図っていくことができるようになるでしょう。つまり、子どもたちの生活リズム上の問題点を改善するには、「就寝時刻を早めること」ですが、そのためには、まずは、朝食を食べさせて、日中の運動体験の機会をしっかりもたせることです。これが、体温を上げ、自律神経の働きを良くすることにつながっていきます。

　中でも、日中、太陽の下で戸外運動を積極的に取り入れることは、子どもたちの体温を上げたり、汗をかいて放熱したりする経験を十分にもたせてくれ、脳や自律神経の働きをいっそう高めていきます。とくに、「午後の戸外あそび時間を増やして運動量を増加させ、心地よい疲れを誘発させること」、そして、「だらだらと遅くまでテレビやビデオを見せず、健康的な視聴をさせるよう心がけることが、生活リズムの向上には極めて有効と考えます。

7．普段の生活で心がけること

　一日の始まりには、からだをウォーミングアップさせてから、子どもを園や学校に送り出したいものです。早寝・早起きでリズムをつくって、起床とともに体温をだんだん上げていく。朝ごはんを食べて体温を上げて、徒歩通園とか、早めに学校に行ってからだを動かして熱をつくって体温を上げる。ウォーミングアップができた状態（36.5℃）であれば、スムーズに保育活動や授業（集団あそびや勉強）に入っていけます。

　早寝、早起き、朝ごはん、そして、うんちを出してすっきりしてから、子どもを園や学校に送り出します。これが子どもの健康とからだづくりの上で、親御さんに心がけていただきたいポイントです。

　また、就寝時刻を早めるためには、「子どもたちの生活の中に、太陽の下での戸外運動を積極的に取り入れること」、とくに、「午後の戸外あそび時間を増やして運動量を増加させ、心地よい疲れを誘発させること」、「調理時間の短縮

第7章 「食べて、動いて、良く寝よう！」運動のススメ　71

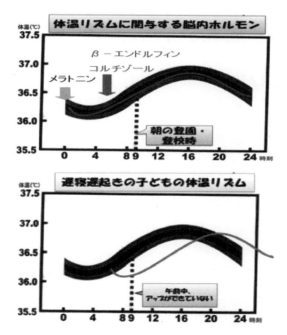

図7-1　体温リズムに関与する脳内ホルモンと遅寝遅起きの子どもの体温リズム
〔前橋　明：体温リズムと子どもの生活―心身ともに健康で、生き生きとした暮らしづくりのための知恵，小児歯科臨床16(6)，pp.16-22，2011〕

や買い物の効率化などを工夫し、夕食の遅れを少しでも早めること」、そして、「テレビ・ビデオ視聴時間を努めて短くして、だらだらと遅くまでテレビやビデオを見せないこと」が有効と考えます。ただし、メディアの健康的な利用方法の工夫に力を入れるだけでは、根本的な解決にはなりません。つまり、幼少年期より、「テレビやビデオ、ゲーム等のおもしろさ」に勝る「人と関わる運動あそびやスポーツの楽しさ」を、子どもたちにしっかり味わわせていかねばなりません。

　子どもの場合、学力や体力に関する問題解決のカギは、①毎日の食事と、②運動量、③交流体験にあると考えますので、まずは、朝食を食べさせて、人と関わる日中のあそびや運動体験をしっかりもたせたいものです。それが、子どもたちの心の中に残る感動体験となるように、指導上の工夫と努力が求められ

ます。

　心とからだの健康のためには、小学校低学年までは午後9時までに、高学年でも午後9時半までには寝かせてあげたいものです。とにかく、就寝時刻が遅いと、いろいろな悪影響が出て、心配です。集中力のなさ、イライラ感の増大とキレやすさの誘発、深夜徘徊、生きる力の基盤である自律神経系の機能低下、意欲のなさ、生活習慣病の早期誘発などを生じます。

8．生体リズムに関与する脳内ホルモン

　ヒトが夜に眠り、朝に起きて活動を行うためには、ホルモンの働きがしっかりしていなければなりません。夜中には、眠るための松果体ホルモン（メラトニン）が出され、朝には活動に備え、元気や意欲を引き出すホルモン（コルチゾールやβ－エンドルフィン等）が分泌されなければ、眠ることや元気に活動することはできないのです。

　これらのホルモンの分泌時間のリズムや量が乱れると、脳の温度の調節もできず、時差ぼけと同じような症状を訴え、何をするにしても全く意欲がわかなくなります。健康な状態では、睡眠を促すメラトニンの分泌が、午前0時頃にピークとなり、脳内温度（深部体温）が低下します。ですから、神経細胞の休養が得られ、子どもたちは、良好な睡眠がとれるということです。

9．午睡の役割

　午前中に遊びこんだ子どもの脳温は高まり、その勢いでオーバーヒート気味になります。これを防ぐために、脳を休める昼寝（午睡）があるのです。体力がついてくると、寝なくても大丈夫になっていきますが、まだまだ大脳の働きが弱く、体力レベルの低い幼少児には、脳温を一時下げて通常の体温リズムにもどす、言い換えれば、脳を休める昼寝（午睡）が必要なのです。

　もし、一律に午睡を排除すると、体力レベルの低い子どもは脳温のコントロールができなくなっていきます。夜に早く眠らせるために午睡をさせないよ

うにすると、計算的には昼間の睡眠がなくなるわけですから、夜に早目の就寝が期待されますが、それは大脳機能が未熟な上に、必要な時間帯にクールダウン（体温調節）をさせてもらえないわけですから、のちのち自律神経の機能低下やホルモンの分泌リズムを乱す誘因にもなっていくことが懸念されます。

したがって、幼い幼児期においては、午前中のあそびで生じた脳温の高まりを、まずはオーバーヒートしないように下げる午睡を大切にしていくことが大切ですし、体力レベルの高まった子どもに対しては、無理に寝ささなくてもいいけれども、脳を休憩させる静かな時間「クワイエットタイム」の確保をお勧めします。

10. 睡眠と覚醒のリズムがさらに乱れると、どうなるのか

中・高校生になっても、生活リズムが悪いと、睡眠と覚醒のリズムがますます乱れ、生体のリズムも崩れて、ホルモンの働きが悪くなり、眠るためのメラトニンや、元気や意欲を引き出すコルチゾールやβ-エンドルフィンの分泌の時間帯が乱れて、体温調節がさらにできなくなります。結果的に、夜間は脳の温度が下がらず、神経細胞の休養が不十分となり、睡眠時間は長くなっていきます。当然、朝、起きることができないから、午後になって、やっとコルチゾールやβ-エンドルフィンが分泌されると、少し元気が出てくるというわけです。もちろん、能力としては極端に低下していますので、結果的には、疲れやすさや持久力低下、疲労感の訴えの高まり、集中力低下、ぼんやり、いらいら、無気力、不安、うつ状態を引き起こしていくのです。

また、近年は、幼児期からいろいろな種類のお稽古ごとが増え、脳が処理すべき情報量の増加とそれに反比例した睡眠時間の減少（睡眠不足）が、子どもたちの持続的な緊張状態をつくり上げています。この状態がさらに慢性化し、重症化すれば、睡眠は浅くなり、疲労回復もできず、能力は極端に低下します。そして、将来、勉強に全く集中できず、何も頭に入らなくなり、日常生活も困難となって、家に閉じこもるようになっていきます。

11. 健康生活への提言

　睡眠リズムが乱れたり、運動不足になったり、食事が不規則になったりすると、メラトニンという脳内ホルモンの分泌の時間帯がずれてきます。また、朝、起こしてくれるホルモンが出なくなり、起きられません。つまり、寝ているわけですから、日中、家に引きこもって、学校に行けない状態になるわけです。脳温を高め、意欲や元気を出させてくれるホルモンが、ずれて夕方くらいから分泌されるようになると、夜に活動のピークがくるというような変なリズムになってしまうのです。言い換えれば、朝、起床できず、日中に活動できない、夜はぐっすり眠れない、という生活になっていきます。

　要は、睡眠のリズムが乱れてくると、朝ご飯が食べられない、摂食のリズムが崩れていきます。エネルギーをとらないと、午前中の活動力が低下し、運動不足になってきます。そして、自律神経の働きも弱まってきて、体温リズムの乱れを生じ、やがて、ホルモンの分泌のリズムも崩れてきます。こういう状態になってくると、子どもたちは、体調の不調を起こして、精神不安定にも陥りやすくなって、勉強どころではありません。学力低下や体力低下、心の問題を引き起こすようになっていきます。

　つまり、睡眠、食事、運動の機会が子どもたちの生活に保障されないと、脳や自律神経の働きが悪くなって、オートマチックにからだを守ることができなくなるのです。意欲もわかず、自発的に、自主的に行動できなくなっていくのです。教育の世界で言う「生きる力」は、医学・生理学で言うと「自律神経の機能」なのです。ぜひ、子どもたちの「睡眠」、「食事」、「運動」というものを、大切に考える大人たちが必要です。もし、自律神経の機能低下を生じたならば、運動療法をお勧めします。何も、スポーツをしろというのではないのです。スポーツができるくらいだったら、問題はありません。自律神経の機能低下を生じると、動こうという意欲すらもてなくなるのです。散歩やからだ動かしに誘いながら、おなかがすき、そして、眠れるように、ゆっくり導くのです。

　子どもたちの活動力や体力の低下を防ぐために、睡眠と食事に家庭の協力がいるし、活動力が低下している子どもたちをどういうふうに受け入れて、どう

いうふうに保育や教育実践の中で、より良い状況にしていくか、より良い学習効果が得られるようにするにはどうしたらよいか等、園や学校現場での模索や研究が大いに必要になってきます。

　意欲をもって、自発的に、自主的に動ける子ども・考える子どもを期待するならば、早寝・早起き「睡眠」、朝ごはん「食」に、「運動」刺激が生活の中になくてはなりません。運動や外あそびは、自律神経機能の発達に不可欠なのです。つまり、自律神経機能を高めないと、意欲をもって自発的に勉強に取り組むなんてできません。そのためには、「早寝・早起き・朝ごはん」という国民運動に、「運動」を入れなければ、片手落ちなのです。

　つまり、「食べて」「動いて」「よく寝よう」なのです。是非とも、動きの大切さを導入したキャンペーンを打ち出して、実行に移してもらいたいのです。こうして、将来を担う子どもたちが、健康的な生活を築き、いきいきと活躍してもらいたいと願っています。

　子どもたちの脳や自律神経がしっかり働くようにするためには、まずは、子どもにとっての基本的な生活習慣を、大人たちが大切にしていくことが基本です。その自律神経の働きを、より高めていくためには、次の3点が大切です。

① 子どもたちを、室内から戸外に出して、いろいろな環境温度に対する適応力や対応力をつけさせること。

② 安全なあそび場で、必死に動いたり、対応したりする「人と関わる運動あそび」をしっかり経験させること。つまり、安全ながらも架空の緊急事態の中で、必死感のある運動の経験をさせること。具体的な運動例をあげるならば、鬼ごっこや転がしドッジボール等の楽しく必死に行う集団あそびが有効でしょう。

③ 運動（筋肉活動）を通して、血液循環が良くなって産熱をしたり（体温を上げる）、汗をかいて放熱したり（体温を下げる）して、体温調節機能を活性化させる刺激が有効です。これが、自律神経のはたらきを良くし、体力を自然と高めていくことにつながっていきます。

　では、日中に運動をしなかったら、体力や生活リズムはどうなるのでしょう。生活は、一日のサイクルでつながっていますので、生活習慣（生活時間）の一

つが悪くなると、他の生活時間もどんどん崩れていきます。逆に、生活習慣（時間）の一つが改善できると、次第にほかのことも良くなっていきます。

　つまり、日中、太陽の出ている時間帯に、しっかりからだを動かして遊んだり、運動をしたりすると、お腹がすき、夕飯が早くほしいし、心地よく疲れて早めの就寝へと向かいます。早く寝ると、翌朝、早く起きることが可能となり、続いて、朝食の開始や登園時刻も早くなります。朝ごはんをしっかり食べる時間があるため、エネルギーも得て、さらに体温を高めたウォーミングアップした状態で、日中の活動や運動が開始できるようになり、体力も自然と高まる良い循環となります。

　生活を整え、体力を高めようと思うと、朝の光刺激と、何よりも日中の運動あそびでの切り込みは有効です。あきらめないで、問題改善の目標を一つに絞り、一つずつ改善に向けて取り組んでいきましょう。必ず良くなっていきます。「一点突破、全面改善」を合言葉に、がんばっていきましょう。

12. 幼児期の排便の大切さ

　幼児期の子どもたちに向けて、「食べて、動いて、よく寝よう！　プラス朝うんち」や「早寝、早起き、朝ごはん＋朝うんち」等といった、朝に排便することが大切というメッセージが存在します。その理由がわかりますか？　その理由には、①便意のメカニズムを活かした生活リズムづくりと、②子どもたちの日中の活動を大切にすることの２つが関係していると考えます。
　まず、便意のメカニズム[1]について、流れをお伝えします。

　空の胃の中に食物が入る
　→ 胃の粘膜が刺激を受け、脳に情報が伝わる
　→ 脳が指令を出して大腸が収縮運動を始める
　→ 大腸の中にあった便が、肛門に近い直腸へ送り出される
　→ 直腸の粘膜が刺激されて、脳に情報が伝わる
　→ 便意が起こる

　簡単にまとめるならば、「胃に食べものが入ると、大腸が動いて、肛門に向かってうんちを押し出そうとし、「うんちしたいよ！」という信号が脳に送られる」ということです。つまり、朝食時の胃は空っぽに近いため、胃への刺激は強く感じやすく、脳への信号が便意を感じやすいとされており、排便習慣を作りやすいタイミングと言えます。便意を催したら、我慢せずに、トイレに行くことが大切ですし、朝から排便が出なければ、便をからだに抱えたまま、登園することとなり、スッキリとしない状態が続きます。
　次に、子どもたちの活動面について考えてみましょう。登園後に、子どもたちが便意を催した時、自由に行けるタイミングや環境であれば良いですが、もしかすると、あそびを中断しなければならなかったり、友だちの目が気になったりして、スムーズにトイレに行けない状況にあるのかもしれません。さらに、小学校に進学すると、学校では、勉強の時間、休み時間、食事の時間などが決められていて、短い休み時間でトイレに行かねばならない状況になるかもしれ

ません。そして、学校のトイレは、子どもたちにとって落ち着ける場所でしょうか。それらを総合的に考えると、朝に排便をすませる方が、慣れた家のトイレを使えますし、午前中の子どもたちの勉強や活動も安心して行えると思いませんか。

　先行研究[2]からも、登園前に排便をする幼児と降園後に排便をする幼児の生活リズムを比較すると、登園前に排便をする幼児の方が、就寝時刻が早く、睡眠時間が長く、起床時刻が早いといった生活リズムが良い傾向にあることがわかっています。さらに、10時間以上睡眠・午後9時前就寝・午前7時前起床・朝食ありの幼児を朝の排便の有無で分けた研究[3,4]では、朝の排便のある幼児の方が、朝・昼・夕の握力値が高い、つまり、日中に、しっかり力を発揮できることがわかっています。これらのことから、幼児にとって健康的な生活リズムづくりや生活習慣を整えるために、朝の排便を推奨します。

　もう1点、便意が起きた時にトイレに行けなかった場合に、便をがまんすることで、便秘につながっていきます。便をがまんすると、脳が「便を出さない信号」を送り、本来出るはずだった便は、体内に留まり、便の水分は失われ、硬くなっていきます。そして、それが続いていくと、便秘にもつながっていきます。「便秘は万病のもと[5]」とも言われ、お腹の痛みやおならが出る「お腹の異常」や口臭や体臭が強い等の「においのトラブル」「お肌のトラブル」「免疫力の低下」等の負の影響がでたり、便秘を放っておいたり症状が悪化したりすると、腸や肛門に関する病気を引き起こすリスクも出てきます。さらに、アメリカの研究[6]によると、便秘症の人と便秘症でない人の生存率を比較したところ、調査をはじめて15年後に、便秘症の人の生存率が8割未満であったと報告され、便秘症は死につながる病気と考えられています。また、5歳以上の小児期に来院した便秘患児の25％程度が成人の便秘へ移行するというデータ[7]もあります。ぜひ、適切な排便について家族で見直し、大人も子どももいっしょに、排便習慣を整えていくことが必要と考えます。

　4歳未満の小児では、以下の項目の少なくとも2つが1ヵ月以上あることが、慢性機能性便秘症の診断基準[7]として用いられていますので、お伝えしておきます。

① 1週間に2回以下の排便
② トイレでの排便を習得した後、少なくとも週に1回の便失禁
③ 過度の便の貯留の既往
④ 痛みを伴う、あるいは硬い便通の既往
⑤ 直腸に大きな便塊の存在
⑥ トイレが詰まるくらい大きな便の既往

（随伴症状として、易刺激性、食欲低下、早期満腹感などがあります。大きな便の排便後、随伴症状はすぐに消失します。乳児では、排便が週2回以下、あるいは硬くて痛みを伴う排便で、かつ診断基準の少なくとも1つがある場合、便秘だとみなされます。）

ここで注目したいのは、④の「硬い便通」です。つまり、うんちが硬いことをさしていますが、単に排便があるだけではなく、その状態も、便秘がどうかの判断基準になるということです。

便の状態を判断する1指標として、英国ブリストル大学のHeaton博士が、1997年に提唱した「ブリストル便形状スケール」という国際的な分類指標[8]が存在します。大便の形状と硬さで、7段階に分類する指標で、各スコアの特徴は、以下のとおりです。

タイプ1：硬くてコロコロの兎糞状の便
タイプ2：ソーセージ状であるが硬い便
タイプ3：表面にひび割れのあるソーセージ状の便
タイプ4：表面がなめらかで柔らかいソーセージ状の便
タイプ5：はっきりとしたしわのある柔らかい半分固形の便
タイプ6：境界がほぐれて、ふにゃふにゃの不定形の小片便、泥状の便
タイプ7：水様で、固形物を含まない液体状の便

このうち、タイプ3～5が、一般的には、良いうんちとされており、タイプ1・2が便秘のうんち、タイプ6・7が下痢のうんちとなります。したがって、上記指標を参考に、単純に排便の有無だけでなく、出た際の、うんちの状態に

気をくばることが、必要と言えるでしょう。

13. 徒歩通園と散歩のススメ

（1）徒歩通園

　子どもたちが健康的な生活を送るためには、幼児期からの運動あそびが必要で、からだを動かすことは、運動機能の発達のみならず、規則正しい生活習慣づくり[9]に効果的です。また、夜型化した子どもたちの生活リズムの改善には、朝に陽光を浴びることや、午前と午後に戸外での運動あそびを取り入れて、日中にからだを動かす時間を増やすことで、子どもたちに心地よい疲れを抱かせ、夜間には自然に眠たくなるからだにさせる[10]ことが推奨されています。

　毎日くり返して行われる運動である徒歩通園は、幼児が自発的に自然とからだを動かすことができ、幼児の1日の生活全般において身体活動量を多くし、適度に疲れを感じさせ、早寝につながるような生活習慣を身につけることが期待できます。片道500m超の徒歩通園の幼児は、就寝時刻や朝食開始時刻と夕食開始時刻が早く、早寝ができていて、テレビ・ビデオ視聴時間を短く維持[3]することにつながることがわかっています。また、毎日の身体活動量で、カウプ指数による「普通体型」の幼児の割合が最も多く、排便状況も朝に排便をする幼児の割合が多いと報告[11]されています。そして、徒歩通園は、子どもたちが陽光を浴びながら歩くという身体活動になっており、身体のコンディションや自律神経機能を整えることに役立っていると考えられます。さらに、毎日の徒歩通園で外気にふれることで、外界の変化に対する適応力や抵抗力をつけるとともに、体温リズムを整え、すっきりした気持ちで、園での教育活動に集中できることが期待できます。

　そして、徒歩にて帰宅し、昼からの身体活動が多くなることで、空腹を促して、早めの夕食をとり、夕食後は、心地よい疲れで、早めに寝つくことができ、ひいては、翌朝の早起きにつながっていくでしょう。現代は、車や自転車通園が主となっていますが、親子のスキンシップや子どもたちの健康づくりに良いことづくしの徒歩通園をぜひ奨励してください。

(2) 散歩

　散歩は、身体活動量を増やすことのできる運動であり、体力づくりはもちろん、基礎代謝の向上や体温調節、脳・神経系の働きに重要な役割[12]を担っています。また、午前中の散歩によるからだ動かしは、筋肉の緊張度が大脳の機能をより高め[13]ていき、陽光を浴びて運動することにより、その他の園での午前中の教育活動に集中できる[13]状態をつくることにつながります。また、保育園や認定こども園における午後の散歩は、心地よく疲れさせてくれて、帰宅後に夕飯をたくさん食べて、早寝につながり、結果的に長い睡眠時間の確保につながることが期待できます。15時から17時の間に汗をかくくらいの運動がホルモンの分泌バランスをよくし、自律神経機能（体温調節機能）を促進させる[14]ことから、午後の散歩も生活リズムの整調に好影響を及ぼすことが期待できます。

　また、散歩は、季節感が味わえるような所で友だちといっしょに景色を見たり、みんなで歌を口ずさんだりすることで、仲間と同じ経験をし、感動をともにすることができて情緒の開放を図る絶好の機会となるでしょう。

　散歩の最中に、自然にふれることは、動植物の名前を覚えたり、昆虫を捕まえてふれたり、室内ではできない経験が期待できます。また、外の自然にふれて、四季の変化を五感で感じることができ、その自然が幼児期の環境教育の格好の教材となり[15]、自然にふれることで子どもたちの感性が研ぎ澄まされ、認識力や思考力および表現力[15]が培われます。散歩を通して、木の実や葉などの収穫を楽しんだり、自然の観察を楽しんだりできるような大人からの言葉かけが極めて重要です。

　園庭が狭く、子どもたちが外で遊ぶスペースがない園は、散歩で身体活動量を増やし、近くの公園に出かけて遊ぶことを推奨します。さらに、3歳未満児のクラスは、複数人の保育者が配置されているので、午前も午後も散歩へ行く機会を無理なくもてる年齢です。午後も積極的に散歩を子どもたちに楽しませるとよいでしょう。

（3）散歩を通しての言葉の獲得

　言葉を覚える時期の乳幼児期は、子どもの指さしや表情の機微をとらえ、「わんわん、いたね」「今日はピンク色の花が咲いているね」「ヘリコプターだね、パラパラと音がするね」「高ーいお空だね」等と、子どものしぐさや発語に応答してあげ、共感してあげることで、子どもの満足感を味わわせ、大人との信頼関係を養います。特に、3歳未満児の散歩では、応答的な言葉かけを積極的に行ってほしいと願います。

【文　献】

1）宍戸洲美：子どもの健康管理（3）朝の排便習慣をつけるコツ，https://benesse.jp/kyouiku/201008/20100805-2.html（2024年9月21日確認）．
2）泉　秀生・前橋　明・町田和彦：朝の排便時間帯別にみた保育園5・6歳児の生活実態，厚生の指標58（13），pp.7-11，2011．
3）前橋　明：データから発見する子どものからだ　データを徹底分析　子どもの生活リズムの乱れと運動不足の実態，保健室87，pp.11-21，2000．
4）前橋　明・石垣恵美子：幼児期の健康管理―幼児の身体活性化のための条件―，聖和大学論集. A, 教育学系 / 論集編集委員会編（28），pp.73-81，2000．
5）中島　淳：便秘の影響，イーベンnavi―便秘のお悩みサイト―，EAファーマ株式会社，https://www.e-ben.jp/55-2-influence/（2024年9月21日確認）．
6）Joseph Y Chang, G Richard Locke 3rd, Meredythe A McNally, Smita L Halder, Cathy D Schleck, Alan R Zinsmeister, Nicholas J Talley: Impact of functional gastrointestinal disorders on survival in the community, Gastroenterol. 105(4), pp.822-832, 2010.
7）日本小児栄養消化器肝臓学会・日本小児消化管機能研究会：小児慢性機能性便秘症診療ガイドライン，pp.14-16，2013．
8）稲森正彦・飯田　洋・日下部明彦：慢性便秘の診断の実際―病歴聴取、身体診察、検査―，日本内科学会雑誌108，pp.16-21，2019．
9）前橋　明：近年の子どもたちの抱えるからだの問題と改善策『生活リズム向上作戦「食べて、動いて、よく寝よう」運動のススメ』，食育学研究10（1），pp.16-20，2014．
10）前橋　明：近年の保育園児の身体活動量と睡眠との関係，保育と保健14（2），pp.24-28，2008．
11）山梨みほ・前橋　明：徒歩通園の距離が幼児の生活習慣とそのリズムに及ぼす影響，レジャー・レクリエーション研究83，pp.84-87，2017．
12）前橋　明：今日から始めよう子どもの生活リズム向上大作戦，明研図書，p.11，2012．
13）前橋　明：保育における運動と健康―保育研究の立場から―，日本体育学会第47回大

会号,p.110,日本体育学会,1996.
14) 前橋　明・松尾瑞穂・長谷川大・泉　秀生：幼児の健康づくりシステムの構築―幼児の生活実態から検討した生活リズム向上のためのレクリエーション活動の提案―,幼児体育学研究2(1),pp.77-81,2009.
15) 河内勇樹・嶽山洋志・美濃伸之：幼稚園および保育所における五感を通じた自然体験の現状,ランドスケープ研究74(5),pp.647-650,2011.

第8章
健康づくり行事「運動会」を振り返り、その意義と役割を学ぼう

1．運動会の夜明け

　運動会の歴史を調べてみますと、1874（明治7）年3月21日、東京・築地の海軍兵学寮にて、イギリス海軍士官の指導で導入されたアスレチックスポーツ「競闘遊戯」会が最初のようです。この遊戯会の遊戯番付は、第1から第18まであり、行司（審判）は、英国中等士官シントジョン氏、下等士官シプソン氏、チップ氏の3名でした。種目の中には、現在の150ヤード走を「すずめのすだち」、幅跳びを「とびうをのなみきり」、高跳びを「ぼらのあみごえ」、棒高とびを「とんぼのかざかへり」、競歩を「かごのにげづる」、2人3脚を「てふのはなおび」等と呼んでいました。しかし、イギリス人がいなくなるとともに、止んでしまったようです。

　その4年後の1878（明治11）年、「少年よ大志を抱け」の言葉を日本の青年たちに残したクラーク博士の影響による運動会が札幌で行われました。それが、札幌農学校（後の北海道大学）の「力芸会」でした。この会は、第1回遊戯会と名づけられ、わが国最初の日本人による運動会として記録に残されています。力芸会と呼ばれたのは、実施した運動のことを「力芸」と呼んだことによるようです。

　種目には、100ヤード走、200ヤード走、10マイル走、1マイル走、半マイル走、走り幅跳び、走り高跳び、棒高跳び、ハンマー投げ、2人3脚、竹馬競争、提灯競争、蛙跳競争、じゃがいも拾い、競争、食菓競争（パン食い競争の原型）等がありました。今日の陸上競技種目やレクリエーション的種目も採用

されていたことから、札幌農学校の運動会でとりあげられたタイプの種目は、今日までの長い間、親しまれ続けていることがおわかりでしょう。また、じゃがいも拾い競争や食菓競争が行われたということは、農民の生活やあそびが積極的に種目としてとり入れられた様子が伺えます。

　現在の日本の学校における「運動会」というものの模範となり、全国的に広く影響を与えた運動会の起こりというと、やはり、当時、巨大な権威と権力が集中していた東京での運動会ということになるでしょう。

　1883（明治16）年、英人ストレンジ教授の尽力により、東京大学にて運動会が開かれました。このストレンジ教授は、日本体育界の恩人ともいうべき人で、彼の指導によって、わが国の学校体育の萌芽期に外国のスポーツが学校生活にとり入れられただけでなく、運動会が学校行事として確固たる地位を占めるまでに発展させたという貴重な功績を残された人です。

　東京大学の運動会は、学部、予備門合同の陸上運動会で、その種目は、100ヤード走、220ヤード走、440ヤード走、880ヤード走、ハードルレース、走り幅跳び、走り高跳び、棒高跳び、クリケットボール投げ、砲丸投げ、慰め競争（敗者による競争）の12種目で今日の陸上競技大会に似ており、レクリエーション的種目は見られませんでした。

　また、この運動会には、次のような競争者心得がつくられていました。

1．競走ハドラノ音ヲ以テ発スルコト
1．競走ノ長サハ埒ノ内規リ（ライン内の距離のこと）ニテ量ルコト
1．各競技ヲ始ムル前ニ鈴ヲ嶋ラシムベシ
1．杵飛（棒高跳び）、長飛（幅跳び）、高跳び、クリケット玉投ケ方、大砲玉（砲丸）投ケ方、槌(ハンマー)ノ投ケ方ハ各競技者二度宛其技ヲ試ムルヲ許ス
1．競技中故意ニ他ノ競技者ノ妨ヲナスモノハ当日中総テ他ノ競争ニ入ルヲ禁ズベシ

　以上の心得は、競技というものが、公平に、かつ公正に、はっきりとしたルールによって行われるべきであるというストレンジ教授の考えをあらわしたものといえるでしょう。

ストレンジ教授の考え方は、1884（明治17）年に開かれた東京大学レースクラブの「ボートレース」のときにも、はっきりと示されていました。一例をあげてみますと、勝った者に賞品を与えず、その代わりに、メダルを授与したことです。日本人的感覚からいくと、勝者に対し「よくやった、ほうびをとらせるぞ」という昔からの伝統的なやり方で競技の気分を盛り上げることが普通でしたが、ストレンジ教授は、当時の日本人に対し、次のようなことを教えてくれました。

(1) 苦労して練習し、全力をあげて試合をすること
(2) きちんとしたルールにしたがって、公平・公正に試合をすること
(3) 試合の記録を大切にすること
(4) 賞品をあてにしないこと

つまり、賞品をめあてとしないで、競技すること自体に価値があることで、そのためには、正確な計時や記録を残し、公正でかつ公平に競技をすすめなければならないということでした。

このときの考え方は、日本のスポーツ界に強い影響を与えており、日本のアマチュアスポーツの基礎ともなった考え方だと思います。

1886（明治19）年5月19日、東京大学の競技運動会が行われました。競技運動会の種目としては、競走、クリケット、球投げ、高跳び、砲丸投、幅跳び、棚飛び競走（ハードル走）、棒飛び、槌投、三脚競走、慰め競走などがあり、今日の運動会よりは陸上競技会というべきもののようでした。

1887（明治20）年、帝国大学の渡辺洪基総長は帝国大学春期短艇競漕会での祝辞の中で、日常生活における正しい運動のあり方と人間としての心身の調和的発達のための正しい運動の必要性を強調しました。そして、特定の日にこれを全員が実行し、その具体的な姿を広く、多くの人にも見せるということは意味があると訴えました。

さらに、祝辞の最初に、春と秋の二季に運動会を行うことを告げ、水陸の運動を奨励しました。これが、定期的行事としての運動会のはじまりともいえるものです。

1888（明治21）年、石川県の各学校は、文部大臣森有礼の学校視察の歓迎準

備のために、子どもたちに兵式体操を練習させ、同年の春に金沢市、石川郡、河北郡の一市二郡の小学校児童の連合運動会を開きました。そして、10月の視察の際、大臣の臨場する運動会を第2回とし、秋季の連合運動会を開きました。場所は、金沢市の北の海岸である普正寺の浜でした。そこで、大臣に見せたのが隊列運動と亜鈴運動、徒手体操、木銃と背のうを担った運動と行進で、それは本物の軍人に負けないようなきびきびとした動作で、大臣が大変ほめ、喜んだそうです。

　森有礼大臣が奨励した、こういう運動会の形式は、長く日本の小学校に生き続けました。例えば、運動会の練習では、運動場への入退場をやかましくいう風習が、今日でも多くの学校で行われているのも、そのなごりといえそうです。

　森有礼大臣が学校教育の中に兵式体操を奨励し、軍隊的な形式を導入した理由は、すすんで行動しようという国民性をつくりあげるのに、軍隊のやり方を利用するのが一番良いと考えたからでしょう。言いかえれば、日本国民に従順、友情、威儀の徳を身につけさせるとともに、軍隊の忠誠という精神の中に統一国家としての日本のイメージをいだいていたのでしょう。さらに、そのことは、後の学校教育と体育の軍国主義化への道を切り開くものであったようです。

　こうして、集団行動訓練としての兵式体操奨励と、1894（明治27）年からはじまった日清戦争での戦意高揚策、1900（明治33）年3月に公布された小学校令による遊戯の重視などによって、運動会は急速に小学校へ普及していき、学校での代表的な行事の一つになっていきました。

　小学校の運動会は、当時、学校規模が小さかったせいか、近隣の学校が集まって行う連合運動会が多かったようです。そのため、競争心を通じての志気高揚の図れる学校対抗や紅白対抗などの方式が多くとり入れられていました。なお、運動会に出場するために、各学校がその会場に歩いて集合していたことが、「遠足」のはじまりとなっています。

2．明治末～大正期にかけての運動会

　明治の末から大正期にかけては、体操の重視により、各小学校に体操場が設備されたり、小学校への就学率が増えて、学校規模が大きくなっていったため、各小学校単位で運動会を開催することが可能となり、学校対抗の競技会形式よりも学校内における学年対抗や校内のレクリエーション的な色彩を帯びる形式になっていきました。

　また、家族や地域住民の参加も容易となり、地域住民の関心をひときわ集めるようになってきました。つまり、当時の運動会は、子どもたちや教師ばかりでなく、保護者、その他の関係者が集まって楽しく一日を過ごすとともに、一体の感を体得して親睦を深めることを目的とするようになっていったのです。そして、運動会は、次第にその学校の最大の催し物として発展し、地域住民の行楽の日となるとともに、お祭りの日の形ともなってきました。

　とくに、お祭り的になっていった大きな原因は、明治末期から行われだした地方改良にあるのではないかと考えます。以前は、「村の鎮守」単位で行われていた祭り等の活動も、行政村単位の中で設立された小学校が、村の鎮守の代理機能をはたすことができるようになったからでしょう。つまり、地方改良との関連で、村の鎮守が変質し、行政村社の祭りを補うものとして、小学校の運動会が地域の人々からの関心を大きく集めたのではないかと考えます。

　こうして、日本の運動会は、地域社会に開かれた祭り的色彩をもちながらも、富国強兵のための基礎教育活動として、さらに発展していったわけですが、この頃になると、以前の武士の子も、農民の子もいっしょに活動する世の中になってきたわけですから、運動会の中にも当然、農民の伝統行事の応用の種目と武士の格闘的競技の応用の種目を、共に見ることができることに注目していただきたいのです。

　農民の伝統行事の応用として、その年の米の作柄を占う神事の一つとして発生したものが綱引き、武士の格闘的競技の応用として旗差物を奪い合う武士の競争に起因するものとして発生したのが騎馬戦です。とくに騎馬戦は、士気高揚の格闘的競技としての改良案として、当時では、大変重要な競技であったよう

に感じます。

3．大正中期頃以降の運動会

　大正中期頃からは、運動会において、万国旗の使用が定着し、明治以降の日本人の外国に対する深甚な関心のありようを示しているようです。

　こうして、運動会は伝統的な遊戯的要素を盛り込んだ地域社会の行事となり、外国流のスポーツや競技大会と日本の伝統との結びつきを深めていきました。今日でも、この形式のものが大部分を占めているようです。とくに学校は、社会施設の一つであり、運動会は、地域社会と学校を結ぶ機会であることから、運動会の企画や運営に際しては、地域社会との結びつきを考えることは有効であり、必要でもあることが、日本の運動会では重要視されているようです。

　ところで、幼稚園での運動会の歴史についての文献や資料はなかなか見られませんが、1876（明治9）年に、東京女子師範学校（現在のお茶の水女子大学の前身）に附属して幼稚園が開設されて体操遊戯が行われていますから、その後、運動会が開かれているものと考えられます。

　記録に残っている古いものといえば、徳島大学附属幼稚園70年史に「明治29年8月、春秋両期に運動会を挙行する。本年は、とくに遊戯具、運動具を増加する」とあり、運動会に必要な用具が整備された記録が残っています。

　また、お茶の水女子大学附属幼稚園の歴史の中に、1926（大正15）年7月「秋の運動会は、女高師と附属校園の合同で、陸軍戸山学校運動場で行われた」という記録も残されています。

　幼稚園や保育園での運動会は、日本の教育の流れ、とくに小学校での教育の影響を多分に受け、今日に至っています。

第9章

人間らしさへの道
―子どもたちが人間らしく思いやりや理性のある人間に育つには―

1．ゲージさんの事故

　アメリカ人のゲージさんは、仕事では、鉄道工事現場の主任をしており、人柄からも皆から慕われていました。しかし、仕事中、不運にも、前頭葉を鉄の棒が貫くという事故にあいました。前頭葉と側頭葉を合わせた前頭連合野が傷つきました。3か月の入院・治療の結果、知能や運動能力、記憶はしっかりしていました。そこで、現場に復帰してもらったものの、感情や理性のコントロールができず、また、工事の計画もしっかりもてない状況になっていました。つまり、人間らしさとまとめられるような理性や感情のコントロール、集中力、幸福感、達成感、将来展望などを失っていました。

　前頭葉では、責任感や創造性といった人に特徴的な高いレベルの心を生み出していることがわかったのです。子ども時代に、前頭葉を発達させることが必須です。人とチンパンジーは、前頭葉の大きさの差によって、その働きに差が出ているのです。子どもの前頭葉を発達させていくためには、対人的なあそびが大切です。しかし、現代の子どもは、対物的なあそびを多くするため、体力面以外でも、人間らしさが発達しにくいような状況にあります。昭和時代の子どもたちは、漫画を読むにしても、一冊の本の漫画を皆で共有して、内容や感想を共有していました。

2．稲穂の教訓

秋の収穫時に、「太陽の下、稲穂が垂れている」ことを、「稲は春先から太陽の恵みによって守られ、育てられてきた。稲も収穫の時を迎えて、太陽（親）に、これまで大きく育ててくれてありがとうと、頭を下げて感謝している」と、説明しています。

3．五右衛門風呂の教訓

円形の五右衛門風呂の中で、祖母とお湯集めの競争をした時の話です。

筆者が、子どもの頃、どんな勝負でも、祖母に対して勝てる自信がありました。負けたら、「祖母の言うことを聞く」という条件で競争を行いました。

お湯に胸までつかり、お湯を自分の胸の高さまで、できるだけ多く集めたら勝ちというルールでした。私は、お湯を集めるのに、両手を広げて、お湯を胸元まで必死で引き寄せましたが、胸元はくぼみ、お湯は、肩や脇から抜けて、一向に集まらないという結果でした。一方、祖母は、平泳ぎのようにお湯を外に押し出すことを始めだしました。すると、円形の五右衛門風呂の中のお湯は、胸元に戻って集まるという結果となり、私の負けでした。

その時、祖母は、一言。何でも、自分のものにしようと、集めると脇から出て行く、友だちが困っていたら、自分ができることをしてあげ、自分がもっているものを分けてあげなさいと諭してくれました。おもちゃを独り占めにしがちであった自身に、人に親切にすること、仲良くすることの大切さを教えてくれた思い出です。

また、心の育ちの面では、幼少期から人と関わり、悪いことをしたら叱られるという経験が必要ということでした。

4．人間らしさを育む適正時期

　オオカミ少女のカマラさんは生まれてから狼に育てられ、8歳で発見・保護されました。カマラさんは18歳で亡くなりましたが、それまで一度も笑うことはなかったようです。幼児期を人との交流の中で育たなかったカマラさんは、言語的知性が発達していないだけでなく、人間らしさが育っていなかったと言えます。

　また、他の例で、ルパング島から生還した小野田元少尉、グアム島から生還した横井元軍曹は、30年ほど、人から離れて生活していても、人間らしさが失われていなかったという例です。この2人は、幼少年期に、きちんと人と関わり、生活してきたおかげだと言えるでしょう。

5．子どもたちが一番活発に動けるとき

　午前9時から午前11時までの2時間の中で、幼児の歩数の調査をすると、今日の幼児の戸外あそびやかけっこ等の記録は上位に位置していますが、5,000歩には及びません。しかし、これらを優に超える活動がありました。それらは、「土手すべり」と保育者とともに遊ぶ「戸外あそび」でした。これらは6,000歩近くも、動くというものでした（p.48）。

　自然環境の中で活動することや、保育者がいっしょに動くことで、活発な運動ができるということです。子どもには、やはり自然環境と人と関わりながら遊ぶことが重要なのでしょう。身体活動量が上がることで、お腹もすき、食のリズムがとれ、夜もよく眠ることができるのです。子どもたちの運動量を増やすためには、先生だけでなく、お母さんやお父さん等、人と関わっていくことが大切なのです。

6．まとめ

(1) 将来に向けた計画性を育むためには、幼少時期より夢や目標をもたせること。
(2) 子ども同士で十分に遊ばせ、理性や社会性を育てること。
(3) 大人が干渉しすぎることなく、主体性や独創性を大切にし、一生懸命に取り組んでいることを好きにさせること。
(4) 自然探究や昆虫最終などを経験させ、集中力や探究心などを高めさせること。
(5) 幸福感や達成感のために、しっかり褒めること。
(6) 人間らしさを育むためには、子どもたち同士が関われる集団づくりが必要であり、異年齢がおススメです。そして、父親がしっかりとした規範を示すことや、伝統的規範も、体育をはじめとする教育を通して身につけることが大切です。

第10章

発達と運動、親子ふれあい体操のススメ

　親子ふれあい体操は、いいことがいっぱいあります。道具が必要なく、からだだけを使って運動ができ、親子の体力づくりに役立ちます。子どもが親を独り占めにできる、心の居場所づくりにも寄与します。ふれあうことで、親と子のコミュニケーションづくりに役立ち、言葉の発達を促し、社会性づくりにも寄与していきます。お金をかけずに、運動ができます。お互いの体重を貸し借りし合って、身体認識力を高め、空間認知能力を育て、ひいては、安全能力を向上させることができます。動き方を工夫することで、知的面の発達・成長にも繋がっていきます。室内でも、十分な運動量を確保でき、あわせて運動エネルギーを発散させて、情緒の解放を図ります。

　近年、弱くなっている逆さ感覚や回転感覚、支持感覚を磨くことができます。部屋の中で行う時は、窓を開けて風通しを良くして行いましょう。体操が終わったら、手洗いやうがいをして、汗をしっかり拭くようにしましょう。

1．4カ月から2歳ごろまでの運動

（1）4カ月～7カ月頃の運動

　4カ月～7カ月の運動についてですが、乳児の扱いに少し慣れてきた4カ月頃からできる体操を紹介していきます。

　生後4カ月で、赤ちゃんの脇の下を支え立たせると、喜んでピョンピョンと、脚で床を蹴るようになります。生後5カ月近くになって、赤ちゃんの両足を持って寝返りをさせようと働きかけると、上半身はどうにか自分の力で返すこ

とができるようになります。寝返りは、この働きかけを何度か続けていくことによって、できるようになります。

赤ちゃんが寝返りを打つことを覚えてハイハイの姿勢になると、動いている人の姿や動くおもちゃをしっかり見つめて、動きを追うようになります。また、仰向けの状態から手を引いて起こそうとすると、腕を曲げ、一生懸命に自ら起きようとします。さらに、両手を持って立たせると、しばらく脚を踏ん張って立つようにもなります。

(2) 6カ月〜8カ月頃の運動

6カ月頃には、ハイハイをし始めようとします。前へ進むより、後ずさりの方が簡単で、早くできます。前へ進む方は、床を蹴る要領の体得が、今一歩、難しいようです。前進するハイハイを促す働きかけとしては、赤ちゃんの前方に、赤ちゃんの興味のあるおもちゃを置いて動機づけるとよいでしょう。それも、手が届きそうなところに置くことがポイントです。赤ちゃんがおもちゃを取ろうと踏ん張った時に、赤ちゃんの両足の裏を軽く押して蹴りやすくします。つまり、赤ちゃんが踏ん張った時に力が入るように、赤ちゃんの両足の裏に手を添えて援助します。

7カ月頃には、お母さんの支えなしで、足を投げ出して少しの間、座っていられるようになります。これを一人すわり、または、「えんこ」と言います。こうした経験をしていくうちに、生後8カ月頃には、ハイハイで前進できるようになってきます。このハイハイができるようになると、行動範囲が広がり、いろいろなことを行ってみたくなります。また、つかまり立ちができ、支えて歩かせることも可能になります。

(3) 9カ月〜12カ月頃の運動

9カ月〜10カ月頃には、片手を添えると、片手を持って歩かせることもできるようになります。11カ月〜12カ月では、まったく支えなしで立てるようになります。ただし、これらの運動は、生後の外的刺激と乳児自身の意欲から獲得される運動ですので、自然のまま放置していては起こらないことを頭に入れ

ておいてください。そのためには、運動機能を発達させるための練習が必要となってきます。

　ここで紹介する親子ふれあい体操が、そのために一番理にかなっている刺激であり、働きかけだと思います。

（4）1歳～1歳3カ月頃の運動

　1歳～1歳3カ月の運動についてです。伝い歩きが始まったら、両手を支えて前方への歩行練習をさせ、前方への足踏み運動の感覚を覚えさせることが大切です。そして、自力で少しずつ前進し始めます。

　立位での活動の始まるこの時期に、いろいろなバランスあそびに楽しく取り組んでいきましょう。これらのあそびの経験が、安全に活動できる基礎づくりになっていきます。揺れる膝の上でバランスを取ったり、リズミカルに立ったり、座ったり、歩いたりして、平衡性やリズム感を養います。親と子のコミュニケーションづくり、快の体験と情緒の解放をしっかり図ってください。

（5）1歳4カ月～1歳7カ月頃の運動

　1歳4カ月～1歳7カ月頃の運動です。立ち上げてもらったり、逆さにしてもらったり、回してもらったりして、見える世界が変わってきます。空間認知能力がどんどん育っていきます。とても喜びますが、親子の信頼関係と、これまでのあそび体験が未熟だと、怖がります。子どもの成長や体調に合わせて、無理をさせないように気をつけてください。

　動きや働きかけのポイントとしては、急に子どもの手足を引っ張らないようにすること、子どもが手足に意識が向くように、声をかけてから行うことが大切です。歩行が始まって、よちよちとぎこちない歩き方をしていた子どもでも、1歳6カ月を過ぎる頃から、いろいろな環境の下で、しっかり歩けるようになっていきます。歩幅の乱れもなくなり、でこぼこ道や坂道などもゆっくりではありますが、歩けるようになり、また、障害物もまたぐことが可能になります。さらに、しゃがんだりくぐったりを喜んでするようになります。

（6）1歳8カ月〜2歳頃の運動

　布団の上で、じゃれつきあそびを十分に経験させておくと、1歳8カ月〜2歳の運動は、とても完全に楽しく無理なく展開できます。走り出す子どもも見られるようになりますが、走り出した子どもは動き回ろうとする衝動的な気持ちが強すぎるため、走っていて急に止まったり、方向を変えたりすることは、まだまだ難しいようです。これらのことは、2歳の中頃にやっとコントロールができるようになっていきます。

　運動発達の可能月齢は個人差が大きいので、月齢にこだわらず、これらの順序を正しくおさえて発達刺激を与えていけば、多少遅れていても、心配はいりません。また、反対に早ければ早いほど、良いというものではありません。つまり、適切な時期にそれぞれの運動発達が起こるよう、個々の子どもの実態に合った援助をしていきたいものです。

2．幼児期の親子体操

　幼児期の親子体操について、幼児期における運動は、体力運動能力の基礎を養い、丈夫で健康なからだをつくります。からだを力いっぱい動かした後の爽快感、できなかったことができるようになる達成感などを感じ取ることにより、運動への意欲が育まれます。

　幼児期は、発育・発達に個人差がとても大きく現われます。注意することは、他の子と比較するのではなく、できなかったことができるようになる成長を見守っていくことが大切です。

　幼児期には、いろいろな動きを経験してもらいたいものです。ごみ捨てや買い物袋運び、雑巾しぼり、ゴミ集め、テーブル拭き、窓ふき等のお手伝いは、とてもいい運動になります。子どもの体調に合わせて、無理なく、周囲の物に気をつけて、安全に行ってください。また、就寝前の運動は、体温を上げ、逆に眠れなくなりますから、夜の運動はやめましょう。親子ふれあい体操をきっかけに、お父さんも、お母さんも、お子さんといっしょに運動する習慣を身につけてみてはいかがでしょうか。皆さん、頑張ってみてください。

3．ふれあいの大切さを、母親の母性行動から考える

　母親の母性行動（愛）というものは、母親がわが子に母乳を与えながら世話をすることによって、自然な形で神経学的機構にもとづいて「母性の維持」がなされるのです。つまり、産後（直後）からは、子どもからの乳房への吸啜刺激で母性行動が維持されるので、母と子を決して離してはならないのです。吸啜刺激とは、赤ちゃんが乳房を吸うときに、母親が受ける刺激のことです。出生直後から、わが子と同室でいっしょに過ごすことができれば、授乳による吸啜刺激を受けて母親の母性行動が維持され、そして、母子相互のかかわり合いにより、母性行動が円滑に確立されていきます。延長保育や休日保育、夜間保育などの保育サービスが全国的に増えてきましたが、母親の母性行動の発現と維持の面からみると、少しずつ母親を子どもから離しているようです。子どもと母親を離す方向に向かいすぎれば、母親の母性行動が育たない方向に向かうのです。大西鐘壽氏によると、生殖・妊娠を支える時期には、卵胞ホルモン（エストロゲン）、黄体ホルモン（プロゲステロン）、プロラクチン、オキシトシン等のホルモンが母性行動の発現を促進するので、妊娠期間中の母性意識は、ホルモン・内分泌系によって発現・維持されているとのことです。それが、産後、神経系のコントロールに置き換わって母性行動となるため、産後は、子どもと離れない生活、スキンシップのもてる活動が、母子にとって大切なことになるのでしょう。

　行政や保育園は、母親を子どもからできるだけ離さない生活の方法や支援のあり方を考え、そのあり方をベースにして、お母さん方に子育ての望ましい方法や具体的な育児のあり方を指導・助言して、子育て支援をすすめていただきたいのです。やむを得ない場合には、それぞれの状況下で、母子の時間をできるだけ多く確保する支援企画が求められるわけです。ですから、親子ふれあい体操は、母子が出会ったときに、できるだけ質の良いふれあいをもたせてくれる、素晴らしい活動なのです。

　したがって、子どもから母親を離す方向にばかり向いているようではだめなのです。子どもを母親から離さないことを基盤にして、育児方法や母親の健康

管理・ストレスマネージメント等について支援してくれる保育現場の先生方は、ありがたい人たちなのです。口うるさいかもしれませんが、わが子とできるだけいっしょに過ごすようアドバイスをしていただける先生に感謝です。

そして、母親がより良い心身のコンディションを保ちつつ、子育てに臨んでもらえるよう援助してくれることこそが、「本当の子育て支援」といえるのではないでしょうか。そして、子育て支援の施策の中では、子どもの利益が最大限に尊重されますことを心より願っています。

4．家庭でできる親子ふれあい体操の魅力

わが国では、子どもたちの学力低下や体力低下、心の問題など、からだと心の両面における問題が顕在化しており、それらの問題の背景には、幼少児期からの生活リズムの乱れや親子のきずなの乏しさが見受けられています。こうした問題に加えて、子どもの生活の中で、エネルギーの発散や情緒の解放を図るために必要な「からだを思い切り動かして遊ぶ機会」が極端に減ってきている問題があります。それが、コロナ禍においては、ますます拍車がかかっていました。

また、今日、便利さや時間の効率性を重視するあまり、徒歩通園よりも車通園をし、歩くという運動量の確保も難しく、親子のふれあいやコミュニケーションの機会が減り、体力低下や外界環境に対する適応力も低下している様子がみられています。加えて、テレビやビデオ、スマホの使いすぎも、対人関係能力や言葉の発達を遅らせ、コミュニケーション力の乏しい子どもにしてしまう危険性もあります。

要するに、近年は、コロナ禍による外出自粛や運動規制の影響を受けての、さらなる運動不足と、テレビ・ビデオをはじめとするデジタルデバイス利用促進の影響を受けて、子どもたちの生活リズムが、ますます遅く、夜型になっていることを、懸念しています。遅寝・遅起きの子が増え、睡眠習慣が乱れると、自律神経の働きが弱まり、体温リズムがずれる状態が生じ、ますます生活リズムの悪循環が進んでしまいます。放課後に外で遊び、ご飯を食べて、お風呂に入ってバタンキューとなる昭和時代の子どもの生活は、理にかなっていたよう

です。
　そこで、乳幼児期から、親子のふれあいがしっかりもて、かつ、からだを動かす実践をあえて行っていかねばならないと考えます。つまり、「親子ふれあい体操」の実践を勧めたいのです。親子でいっしょに体操をして汗をかいたり、子どもにお父さんやお母さんを独り占めにできる時間をもたせたりすることは、体力づくりだけでなく、子どもの心の居場所づくりにもつながっていきます。親も、子どもの動きを見て、わが子の成長を感じ、喜びを感じてくれることもできます。他の家族がおもしろい動きをしていたら、参考にして、知的面の発達もみられます。
　そして、子どもがんばっていることをしっかりほめて、自信をもたせるかかわりも芽生えだします。子どもにも動きを考えさせて、創造性を培う働きかけも見られます。動くことで、子どもたちはお腹がすいて食事が進み、夜には心地よい疲れを得てぐっすり眠れるようになります。このように、親子ふれあい体操の実践は、食事や睡眠の問題改善、いわゆる生活リズムや知的な面の向上、心の問題の予防・改善にしっかりとつながっていきます。
　ところが、保育園・こども園・幼稚園で、参観日にお父さんやお母さんが来られたとき、「子どもたちのために、いっしょに親子体操をしよう」というような取り組みがいろいろなところで見られるものの、多くが行事だけに終わっているのが現状です。参観日のときだけにするのでは、生活化していきません。小さい頃から、親子体操や親子のふれあいあそびの体験をしっかりもたせることで、「人とふれあうこと」がテレビやビデオより「楽しい、おもしろい」という心の動く体験をしっかりもたせてもらいたいのです。そうしないと、テレビやビデオの魅力に負けてしまいます。いったん人と関わる魅力を感じて感動体験をもてば、テレビやビデオを見ていても、友だちに「いっしょに外で遊ぼう」と誘われれば、人と関わるあそびのおもしろさを知っているので、すぐに出ていくものです。しかし、今は、どうしても負けています。
　そこで、私たちは、今、親子ふれあい体操ポスターの冷蔵庫作戦を全国展開で行っています。冷蔵庫作戦とは、A4判くらいの紙に親子体操のイラストを描き、ポスターを作って、それを冷蔵庫に貼るというものです。冷蔵庫という

のは、保護者も子どもも必ず開けます。子どもが冷蔵庫に貼ってある親子ふれあい体操のポスターを見て、「お母さん、これを、いっしょにしようよ！」という訳です。すぐにできるような親子ふれあい体操のメニューが描かれているので、手軽に実践しやすいです。作戦をたてて、「イヤー、これはお母さんにはできないよ。あなたは大きくなって重くなったから、お父さんが帰ってきたら、してもらおうね」と言いながら、お父さんをうまく巻き込んでいく、お父さんにもしてもらうのも良いアイデアでしょう。

　もう一つは、トイレ作戦と言い、ポスターを便座の前の壁に貼っておくものです。お父さんが便座にすわって前を見ると「おっ、こんなあそび、俺も小さいときにしてもらったなあ。でも、自分は全然してやっていないなあ」等と思いながら見てもらい、参考にしてもらいます。一つでも、子どもにしてみようかなと思ってもらえれば、しめたものです。

　冷蔵庫作戦やトイレ作戦で、若いお父さんやお母さん方に、また、あそびの伝承がなされていない方々に、そういうメッセージを投げかけていくことで、子どもが求めていることに気づいてもらい、すべき内容も簡単にわかっていただけるのではないでしょうか。

　さて、早稲田大学前橋研究室では、親子ふれあい体操の指導を定期的に全国各地で実施していくことで、各家庭において、親子ふれあい体操を生活の中で日常的に実践できるようになることを期待しています。このような活動が各地で広まり、わが国の子どもたちの体力づくり、知的面（創造性）や社会性の育成、家族のコミュニケーションづくりへとつながり、活動自体が国民的な健康運動となって広く展開されていくことを願っています。

　親とからだを動かすことの楽しさを体験した子どもは、きっと勉強にも楽しく取り組んで、さらに家族や社会の人々とのコミュニケーションがしっかりとれる若者に成長していきます。

【文　　献】
1）前橋　明：ふれあい体操, かんき出版, pp.1-143, 2014.

第11章

幼児に対する運動指導上の留意事項

　運動を、幼児に指導するにあたって、指導上、大切な留意事項を整理します。指導を、導入場面、展開場面、整理場面の3つの場面に分けて、検討した指導上の留意事項をまとめてみます。

1．導入場面の留意事項

(1) 安全な環境設定

　十分な空間を確保し、まわりの人や物に当たらないかを確認してから、安全に指導を始めましょう。また、安全についての約束事は、始める前に話し合っておきましょう。なお、子どもの服装が乱れていれば、安全のため、整えてから始めましょう。指導する場所が屋内か屋外か、また、広さが大きいか、小さいかの違いに応じて、指導内容や方法を変えていくことは必要です。もちろん、危機管理も必要で、屋内であれば、ガラスや家具の位置、屋外であれば落ちているものや穴があいていたりしないか、砂埃はまっていないか等は、とくに意識して、指導前にとり除ける危険なものについては、拾ったり、動かしたりしておきましょう。また、狭い室内で指導する場合、子ども同士の衝突事故を防ぐために、人数を半分に分けて指導を行ったり、その場で動ける内容を導入したりする必要があります。

(2) 服　装

　運動を行う時の服装として、①動きやすい服装であるか、②厚着をしていな

いか、③屋外では、帽子をかぶっているか、④靴をきちんと履いているか、靴の後ろを踏んでいないか、⑤マットや器械系の運動時に、頭部にヘアーピンをつけていないか等をチェックして、問題があれば、それらの問題点を正してから始めることが大切です。

　指導者自身が、自分の身だしなみに注意することも忘れないようにしてください。子どもたちに、「シャツをズボンにしまいなさい」と言いながら、指導者自らがファッションにこだわり、シャツを出しっぱなしにすることのないように、また、床面で靴下履きのままで指導しないように、気をつけましょう。滑って転んで、大ケガをします。まして、子どもの補助は危なくてできません。まずは、子どもたちの模範となろうとする意識をもつことが大切です。

　なお、子どもたちの顔やからだに、自分の腕時計やアクセサリーをひっかけたりしないように、腕時計やアクセサリーは、はずして指導しましょう。首からかけている笛のヒモにも、要注意です。ヒモが子どもに巻きついたりしないように、笛を首からぶら下げての実技指導は控えましょう。フードつきのウェアーでの指導も、視界を妨げたり、動きを止めたりする可能性があるため、控えましょう。子どもたちの顔やからだをひっかいて傷つけたりしないように、爪を切りそろえておくことも重要です。

（3）指導者の立ち位置

　屋外で指導を行う場合には、太陽の位置や風向きに注意することが必要です。話を聞く子どもたちに、太陽光や風が直接、正面からあたるような指導者の立ち位置は、子どもがまぶしかったり、寒かったりして、集中力をそぐことになります。子どもたちが、太陽や風を背にして位置できるように心がけましょう。また、子どもたちの前に、楽しそうに遊ぶ他の子どもたちがいたり、車の出入りが目に入ったりすると、子どもたちの注意がそちらに移ってしまい、集中力が奪われますので、子どもたちの正面には、指導者以外に、注意の向くような人や物がないように、指導者は立ち位置を決めて下さい。

　年少の子どもたちを指導する場合には、集合時に、決まった立ち位置、つまり、指導者が立つ位置を固定しておくと、わかりやすさと安心感を与えるので、

よいでしょう。指導者の声が発せられた際に、「先生はこの方向にいるだろう」という子どもたちの予測がしやすくなることで、子どもたちの集散が早くなって効率の良い時間がつくりやすくなります。

（4）準備運動

　準備運動のことを、英語で「warming up」と言います。つまり、全身を動かして、体温を上げることです。そうすると、筋肉の血液循環を良くし、エネルギー供給をスムーズにしていきます。運動効率を良くするからだの状態を作り上げることですから、ケガや事故の防止にもつながるコンディションづくりになります。心臓に遠いからだの部分から動かし、しだいに全身を動かして、関節の可動域も広げていきましょう。

　対面で行う場合、動きの方向において、左右、前後など、常に反対を意識して指導することが大切です。また、時計まわりに走ったら、次には半時計まわりに走る等、反対の方向への動きを取り入れることは、バランスの良い発達を促すことに繋がり、指導内容のふくらみや広がりにも有効に働きます。

（5）グループ分け

　雪あそびやスキーに出かけるときのグループ分けは、日常行っているグループ分けを基本にしておくのが良いでしょう。緊急時に、新しいメンバーでは、子どもは急な対応や、そこにいる子、いない子の判断や見極めはできません。さらに、指導側も、必ず、子どもをみる人と、連絡に回る人の、1グループに最低2人の指導者の確保が求められます。

2．展開場面の留意事項

（1）用具・器具の使い方

　用具・器具は、保健衛生上、きれいに、かつ、衛生的に長く保持できるように、丁寧に扱うとともに、安全保持上、正しく使いましょう。マットを引きずっての準備や片づけはしないように気をつけましょう。障がい児に対して、

マットを使用する場合は、事前の消毒や清掃の必要な時が多々ありますので、気をつけてください。また、マットを足で動かすこともしないように気をつけて下さい。

（2）恐がる子に対する配慮

　恐がる子どもに対しては、無理にさせるようなことは避け、また、できないことでも、がんばって取り組んでいるときは、座るだけでも、見るだけでも、できた場合には、その努力に対してほめたり、励ましたりする言葉をしっかりかけてあげましょう。

　子どもへの対応についてですが、話す時は、子どもの目を見て話し、みんなの前でも勇気を出して表現できるように優しい口調でゆっくりと話して、子どもを応援することが必要です。子どもの気持ちが穏やかになるように、話す時は子どもの目を見て話し、みんなの前でも、優しくゆっくり応援していきましょう。

（3）運動量

　寒いときは、からだが温まるように、動きの多いものにしましょう。指導者の話が長い場合、子どものからだは冷えて、かじかんで、技術すら練習できない状態になります。

　また、課題が難しかったり、通路が狭かったり、選択するコースがなかったり、割り当てられた人の人数が多すぎたり、用具が少なかったりすると、待ち時間が長くなり、運動量が激減します。限られた時間の中で、待ち時間を少なくし、効率的に動けるように配慮して、運動量を確保する工夫が必要です。

（4）示範・補助

　指導者が子どもに動きを見せる時は、わかりやすく大きく、元気に表現することが大切です。そうすると、子どもの方に、してみようという気持ちが出てくるはずです。先生が大きな動きで示範を見せていくと、子どもたちも一生懸命に、伸び伸びと動けるようになります。子どもに動きを見せる時は、大きく

元気に表現することが大切です。とくにしっかり伸ばすところは伸ばし、曲げるところは十分に曲げることが大切です。そうすると、子どもの方に、頑張ってみようという気持ちが出てくるはずです。しかし、子どもは、大人の悪い癖も真似ます。見本に示す動きは、しっかりした、正しい動きが良いでしょう。手を大きく上げて深呼吸をしてほしいけれども、先生がちょっと手を抜いて小さな腕の動かし方をすると、子どもも同じ小さな動きをするようになります。伸びる時にはしっかり伸びることが大切です。

　子どもたちに、指導の見本を見せても、わからないところが出てきます。子どもにとって、わからないところは、具体的に子どものからだを動かしたり、触ったりして教えると、動きが理解しやすいでしょう。一斉に指導するだけでなく、巡回して見て回り、子どもたちのたちの様子を見て、実際に子どものからだを動かしたり、触って示したりしてあげると、動きの理解がしやすくなるということです。また、一生懸命にしようとしている子どもにしっかりと対応することが大切です。

　とくに、子どもがわからないところは、具体的に子どものからだを動かしたり、触ったりして教えると、動きが理解しやすいでしょう。また、補助してくれたり、助けてくれたりする大人のからだの大きさや力強さを、子どもに感じさせることも大切です。子どもは、大人の力の強さや頼もしさを実感し、いっそう安心して、信頼して関わってきます。でも、力の加減もしてください。主の指導者がいる場合の補助は、あくまでも、子どもたちが、主の指導者に注目できるように、また、主の指導者の指導の邪魔にならない立ち位置や補助のタイミングに気をつけてください。道具の出し入れの補助についても、子どもたちの正面で、子どもたちの注意を乱すような動きをしたり、音を立てたりして、指導の邪魔になる等、動きや音の面で、指導環境を乱さない配慮が必要です。もちろん、補助者同士の不必要なおしゃべりも禁止です。

（5）技術習得

　低年齢の子どもほど、言葉で説明をするより、示範して見せることが一番わかりやすいです。

動きは、簡単で、しかも、しっかりからだを動かせるものが良いですが、時々、からだを上下させたり、まわしたりして、方向も変えてみましょう。

やる気と自信が必要ですから、大げさに誉めてあげましょう。しかし、ただ誉めるのではなく、何が良くて、何がタメなのかをしっかり説明をすることが大切です。幼児期の後半くらいになると、自分たちで行動できるようになるので、見守ることが必要になってきます。任せることで、責任感も身についてきますので、良いヒントを与えることが求められます。

(6) 集中力の持続

幼児が集中できる時間は、長くありません。1回の指導では、30分〜長くても60分くらいを目安とすることが多いですが、子どもの年齢や天候、季節の影響も受けます。

また、1種目の活動は、10分〜15分くらいの目安で考えていきましょう。長続きは無理なので、短時間で内容を切りかえながら進めていくことが求められます。

課題は、単純なものから複雑なものへ、少しずつ難易度を増すように配慮してもらいたいですが、時に、課題を難しくして、適度な緊張感をもたせることは、動きに対して集中させたり、新鮮さをもたせたりする点で重要です。

子どもたちを指導者に引きつけ、集中した時間にしていくためには、声の大きさが重要になります。大きな声で引きつけるだけではなく、あえて声を小さくして、「何を言ったのかな？」と、子どもたちに興味をわかせ、集中させる方法もあります。

(7) 楽しい雰囲気づくり

笑顔で活動して楽しい雰囲気を作り、子どもたちに「楽しさ」や「明るさ」を感じさせることが、大きなポイントです。また、指導者もいっしょになって、心から楽しんで活動することと、活動のおもしろさや楽しさを共感することが大切です。指導者自身が楽しそうで明るい表情で向き合うと、子どもたちの表情も明るくなっていきます。子どもたちに緊張感を感じてもらうために、指導

者が表情を変化させていくようなテクニックも必要となります。ただし、子どもたちに恐怖心をもたせてしまうような表情は、つくらないように心がけましょう。

また、指導者は、子どもの興味を引く話し方やわかりやすい言葉遣いを大切にしましょう。また、話すときは、子どもの目を見て話すようにしましょう。

言葉でのやりとりが難しい子どもに対しては、いっしょに動いたり、手本を見せたりしながら指導をすることが理解を促す良い方法となります。

（8）満足感

やさしいものから難しいものへと、段階的指導をします。幼少児には、スモールステップで進めると、「わかった」「できた」という思いがもてるようになり、満足感に繋がります。また、子どもたちをあまり待たせない工夫が必要です。子どもの並ばせ方、用具の位置などの工夫によって、心理的に待たせないようにしましょう。

用具を使って、子どもたちがどのように遊んでいるのかを観察したり、既成概念にとらわれたりせず、あらゆる角度から、柔軟な発想をもつことが、子どもたちに満足感をもたせる上で必要です。

（9）やる気の奮起

子どもの工夫した動きや体力づくりにつながるような良い動きを見つけた場合には、その動きをとり上げてしっかり誉めて、子どもに教育的な優越感を与えましょう。

一生懸命しようとしている子どもに、しっかりと対応することが大切です。上手にできている場合やがんばっている場合、工夫している場合は、しっかり誉めていきます。そうすると、子どもたちはやる気をもったり、誉められたことで自信につながったりします。

私の失敗した思い出で、前に出てきた子どもの姓を間違えて、女の子なのに、「○○君」って、声をかけた時、その子にとても辛い思いをさせた経験があります。子どもの姓を間違えないように、名前を呼んであげてください。

それから、名前を聞いた時のことですが、聞き取れなかったので、子どもに何回も名前を聞くと、子どもが怒った反応をしました。名前をしっかり聞き取れるのがよいのですが、聞き取れない場合は、次の質問を用意して、「じゃあ、年はいくつ？」というふうに、進めていくことも大切です。そんなテクニックも、時には必要で大切なことは、話す時は子どもの目を見て話すことです。
　グルーグでのあそびは、1グループの人数をあまり多くしないようにします。年齢によって、お勧めのグループの人数は異なりますが、4歳以上になったら、協力することやチームの和を意識させるために3～4人のグループ、ルールや規制を理解させるときは10人くらいまでのグループがよいでしょう。

(10) 主体性や自発性、創造性の育成

　どうしたら、上手にできるかというアドバイスを与えることも重要ですが、時間を与え、子どもたち自身に解決策を考えさせることも大切です。
　要は、答えを早く教えすぎないように気をつけることが必要です。主体的な子どもに育ってもらうために、すべての答えを与え過ぎず、ちょっと考えて自ら答えを見つけられるような関わりをしてもらいたいものです。大人の思う通りにならないことを叱りすぎず、逆に褒めて、そして、認めていくような関わりが、子どもたちの主体性を育みます。
　また、身近にある道具や廃材を利用しても、楽しい運動やあそびに役立つことを、子どもたちに知らせることも大切です。指導者自身が、日頃から、身近にあるものを用いて、どのような手づくりの用具や遊具が創作できるかを考案する努力や製作するプロセスを見せることも大切です。

(11) 危険に対する対応

　用具や器具の安全な使用方法とともに、どれくらいの使用方法があるかを、日頃から知っておきましょう。用具や器具は、どんな形状や重量なのか、それらについての知識を習得しておくことが、安全な運動の展開には必須です。例えば、マットの耳（持ち手の部分）をマットの下に入れて、子どもたちが手足を引っかけないように、マットを敷いてください。

危険な悪いことをした子を注意する時は、そうしたことがなぜいけないのか、どうしていけないのかを、ストレートに伝えることが大切です。また、幼児期は、頭が大きく、重心が高い位置にあることを理解しておく必要があります。したがって、頭が大きく、転倒しやすいからだの特徴を念頭においた指導の実践が求められます。

(12) 競　争

競争的な運動では、他人との比較ばかり行うのではなく、自己の記録に挑戦させること、例えば、前回より、今回は回数を多く跳ぶ、速く走る、または、遠くへ跳ぶ等、子どもの内発的動機づけを高めていくことを大切にしたいものです。

リレー形式の運動あそびは、勝敗にこだわり、一見、盛り上がります。しかし、負けた場合は、原因を追求して個人攻撃になることは避けねばなりません。リレー形式の運動あそびをさせる場合は、人数や男女の割合を同等にする等の配慮が必要です。

(13) 安全管理・安全指導

子どもが運動する上で、安全管理や安全指導は、必須です。とくに、運動遊具の劣化点検をしっかり行って、子どもたちの指導に臨んでほしいです。安全点検のポイントですが、まず、運動場に設置された固定遊具の支柱あたりの地面を掘ってみると、支柱が錆びていることがあります。また、木であれば、腐っています。こういうことは、土を掘ってみないとわからないことですので、大きな事故を招く危険性があります。定期的な点検の中で、こういうポイントをチェックして下さい。劣化する遊具の部分ですが、腐食しやすい部分は、溶接部の腐食です。あるいは、遊具を接合させている接合部の腐食も起こりやすいです。また、ブランコを取り付けて、そして、ギコギコとすり減るようなところの摩耗や破損もよくありますので、気をつけて点検してください。

また、ロープが張られている遊具は、長い間、外で雨風にさらされていると腐ったり、使うと切れたりしますので、こういう部分から、子どもたちが大き

なケガを誘発しますので、ロープの破断については、十分、チェックをしていただいて、修理・改善のお願いをしたいと思います。子どもたちにも、「こういう状況を見たら、先生に伝えてね」と、日頃からの安全指導も必要です。

　ブランコを取り付けている土台となる基礎工事のコンクリートの部分が、地面の上に出ている場合は、とくに気をつけて下さい。子どもたちがよく動くと、どんどん土が取れていきますので、こういうときの基礎工事部分の露出は、土の中に埋めることが大事です。

3．整理場面

（1）整理運動
　主の活動で、動いて使った筋肉の緊張をほぐして、呼吸を整え、心身をリラックスさせていきます。疲労の蓄積を軽減させ、次の活動に円滑に進めるようにします。とくに、からだの面では、緊張した筋肉から、動きを円滑に行う筋肉の柔らかさを復活させたり、いろいろな方向に曲げたり、伸ばしたりするからだのやわらかさを、あわせて確保しておきましょう。「疲れたからしない」ということなく、整理運動までしっかりできる子は、いろいろな方向からの動きを作り出せる、柔らかくバネのある身体能力を高めていけます。習慣化させましょう。

（2）後片づけ
　いろいろな用具や遊具を使用した後は、子どもたち自身で片づけを行う習慣をつけたいものです。子どもにとって、操作が難しい重量のある物や危険性を伴うもの、倉庫や器具庫に収納が難しい物などについては、指導者が片づけるべきですが、ボールやコーン、マット、タイヤ等、子どもたちが安全に運べるものについては、指導者の監督のもと、子どもたちが協力し合って、いっしょに運ぶことは可能でしょう。

　また、指導のテクニックの一つとして、ゲーム感覚で、片づけを最後に行う方法もあります。

（3）活動のまとめ

　指導者が計画したねらいを、わかりやすい言葉で、子どもたちとやり取りをして、反省・評価をしてあげましょう。頑張ったこと、工夫したこと、よく動けたことを認めてほめ、逆に、うまくいかなかったこと等も聞いてあげ、改善方法のヒントを投げかけて、次回の活動へとつないで終えましょう。

（4）運動後の安全、保健衛生

　運動中に、転んだ子どもやひざをすりむいた子ども等を覚えておいて、終了後に、再度、ケガの程度や状態を確認し、手当てや要観察などの状態に応じた処置や対応をしていきましょう。また、手洗いやうがい、汗拭きを指示し、習慣づけましょう。暑いときには、汗をしっかり拭きとってから着替えることも覚えさせましょう。

4．子どもたちが外で安全に遊ぶための工夫

　子どもたちが戸外で安全に遊べるための工夫を、5つにわけて、まとめてみます。

(1) 保護者の配慮としては、①子どもたちのあそび場を見守る、②防犯と被害対策の教育をする、③子どもの居場所を把握しておく、④日頃から近所づきあいをする、⑤休日は子どもと遊ぶ、⑥子どもとの間で安全上のルールをつくる。

(2) 子どもたちの心得としては、①「いってきます」「ただいま」のあいさつをする、②行き場所を伝えてから、あそびに行く、③危険な場所を知っておく、④一人で遊ばない、⑤明るい場所で遊ぶ、⑥人通りの多い所で遊ぶ、⑦家族との約束事を守る。

(3) 学校の配慮としては、①安全マップを作り、危険か所を子どもに教える、②校庭を開放する、③校庭の遊具を充実させる、④地域や保護者と情報を交換する、⑤仲間を思いやれる子を育てるために、道徳教育を充実させる、⑥幼児と児童、生徒が関わり、互いを知る機会を作る。

(4) 地域の方々の配慮としては、①買い物や散歩時に、子どものあそび場に目を向ける、②110番の家を把握し、その存在を広める、③子どもたちとのあそびのイベントを企画し交流する。困ったときに手をさしのべられる関係づくりをしておく。

(5) 行政の配慮としては、①子どもが遊べる公園は、交番や消防署など、安全管理者の勤務地や大人の目が届く場所の近くに設置する、②注意を呼びかけるポスターを作る、③非常ベルや防犯カメラを公園や遊園地などの子どものあそび場の一角に設置し、安全を見守り、緊急保護をしやすくする、④不審者の育たない国をつくる。教育に力を入れる。

保護者と子どもとの間で、外で遊ぶときのルールを決め、子どもたちが被害にあわないように予防策を話し合うことや、地域の人々との交流と見守りにより、子どもたちに安全な遊び場を提供していくことで、子どもたちが元気に外で遊ぶことができるでしょう。

5．生活や家庭、園内での留意事項

(1) 生活リズムの確立

幼児期には、健康的な生活リズムを確保するために、子どもの健康福祉で推奨する午後9時までには就寝させ、朝は7時までには起床、夜間には連続した10時間以上の睡眠[1]を確保することが、健康生活のために必要であるとされています。生活リズムの整調のためには、日中の運動あそびの実践が極めて有効であり、その運動あそびを生活の中に積極的に取り入れていくことで運動量が増し、夜間は疲れて就寝時刻が早まり、子どものたちの睡眠のリズムは整っていきます。翌朝は、すっきりと目覚め、朝食後に排便をして登園することで、午前中から元気に活動することができ、食欲も旺盛になることが期待できます。健康的な生活のリズムを習慣化することによって、子どもたちの心身のコンディションも良好に維持されて、心も落ち着き、カーッとキレることなく、情緒も安定していくのではないでしょうか。

生活は、前橋[1]によると、「1日の生活時間のサイクルでつながっているの

で、1つの生活時間が悪くなると、どんどん崩れていく。しかし、生活の節目の1つ（とくに運動面）が良い方向に改善できると、次第に他のことも良くなることが期待できる」と述べられています。そのため、幼児期には、園内や生活時間内（登園前や帰宅後）に運動量を高める工夫をし、夕食開始時刻や就寝時刻などを早めていきたいものです。

（2）家庭における運動あそびの生活化と習慣化

家庭においては登園前や帰宅後に親子でふれあう機会を設け、運動あそびが生活化や習慣化されることをおススメしたいです。具体的な活動としては、登園までにできる活動としては草花の水やりや家族やペットとの散歩などがあり、それらの活動を生活化や習慣化をすることで、体力・運動能力の向上のみならず、生活習慣の改善も期待できると考えます。なお、帰宅後のあそびは、からだだけを使ってできる親子体操やふれあい体操、力試しあそび、じゃれつきあそび、身近にあるモノ（新聞紙、レジ袋、タオル等）を使った運動があり、短時間の活動の中で、身体活動量を高めるだけでなく、4つの基本運動スキルの向上が期待できそうなため、明記しておきます。

また、保護者に対しての啓発としては、園のお迎え時や帰宅後に家庭や公園で、手軽に親子でできる運動あそびを奨励し、午後あそびの効果と夕食前にからだを動かす必要性を伝え、子どもたちといっしょに汗をかく習慣と環境づくりの重要性を伝えることに注力してください。そして、テレビ・ビデオ視聴やメディアデバイスに打ち勝つ運動あそびの魅力を理解してもらうことや楽しさを感動体験として味わわせることが必要ではないでしょうか。

（3）園内での運動あそびで大切にしてもらいたいこと

園においては、保育者は体温リズムを理解したうえで、子どもたちに日中の運動あそびを奨励し、午前と午後に行う外あそびを充実させてもらいたいものです。また、子どもたちが遊びたくなる園庭づくりを工夫することも、必要だと考えます。

幼児期にふさわしい運動としては、万遍なく偏りのない4つの基本運動スキ

ルを取り入れること、つまり、移動系・非移動系・操作系・平衡系の運動スキルが経験できる運動環境を作ることが重要だと考えます。また、運動能力面では、調整力を高める運動が効果的であり、敏捷性や巧緻性、協応性、平衡性の運動をあそびの中に取り入れてもらいたいものです。

　あそびの内容としては、運動スキルを重視した設定あそびやリレーあそび、複数で行う集団ゲーム、異年齢とのあそび、大縄あそび、ボールゲーム、ふれあい体操など、友だちとの心とからだのふれあいを大切にするあそびを体験させたいものです。集団で行う運動あそびとしては、空間認知能力を養う鬼ごっこやかけっこ、ボール運動などがおススメです。

（4）子どもが自ら進んでからだを動かす機会の設定

　子どもが成長し自立する上で、大人との関わりや子ども同士の集団あそびの中から得られる「心の感動体験」をもつことを重視したいと考えます。しかし、今日は、公園から子どもたちの遊ぶ姿が少なくなり、集団の中で培われる社会性の欠如や小さい子どもや体力的に劣っている友だちを助けたりする機会の減少など、あそびから得られる様々な経験の機会が失われてきていることは見逃せません。

　また、園からの帰宅が遅くなったり、習い事で遊ぶ時間の確保ができなかったりし、子どもの生活の中から、「時間」「空間」「仲間」が減少してきていることを危惧しています。一方で、テレビゲームやインターネット等の室内あそびの普及により、人と関わらない対物的なあそびが増え、人とのふれあいや運動量を増やして体力をつける機会が減ってきたことは否めません。

　さらに、核家族化の進行や地域のつながりの希薄化などを背景に、わが子とどのように関わっていけばよいかがわからず、悩み、孤立感を募らせ、情緒が不安定になっている親の存在も見逃せません。その上、人間関係の希薄化や公園に不審者がいることを心配するとともに、公園や広場で子どもたちのあそびの声や音がうるさいと苦情を寄せる事例も見られ、地域社会の大人が地域の子どもの育ちに関心を払う機会の損失を心配しています。

　「生活習慣とそのリズム」を整えるためには、「休養（睡眠）」「栄養（食）」

「運動（外あそび）」の3つの要素が重要[3)]と言われますが、現在の幼児は帰宅後に外あそび時間を確保することは難しいため、園内生活時間内に外あそびの充実を図ることで運動量を確保し、夜には心地よく、自然に疲れて就寝時刻を早め、夜間に十分な睡眠時間を確保し、朝はスッキリと目覚め、元気に活動できる環境づくりが必要なことを、保育者や運動あそび指導者だけでなく、社会全体で考えていく必要がありそうです。

　子どもが多かった昭和時代を振り返ってみますと、園や学校で教えなくても、地域の公園や空き地には子どもたちにあそびを教えてくれるお兄ちゃんやお姉ちゃんがいたことを記憶しています。そのため、園や学校からの帰宅後は、伝承あそびや集団あそびを学ぶために、公園や空き地には子どもたちが集まっており、あそびは自然に覚え、年長者が年少者にあそびを教え、見せて学習をする姿も見られました。しかし、今は、公園や空き地から子どもたちの遊ぶ姿が減少し、集団活動や異年齢でのあそびが少なくなり、あそびの継承がなされていないことを危惧します。一方、室内あそびやゲーム、スマホ、SNSの普及により、公園に子どもがいても一人で携帯ゲームをする姿が見られるようになりました。

　したがって、あそびの中心は家庭ではなく、園内での保育中の活動に移行しているのではないでしょうか。そのため、子どもたちに直接かかわりをもつ保育者や運動あそび指導者の存在が重視されます。今一度、園でのあそびを見直し、保育者が外でからだを動かして遊ぶことの重要性や必要性を確認するとともに、地域の大人やあそびの専門家により昔から行っている伝承あそびを紹介し、幼児が自ら進んでからだを動かす機会を用意したいものです。そして、子どもたちがあそびに興味を示し、元気に活動する未来に期待します。

（5）保育者や運動あそび指導者に心がけてもらいたいこと

　幼児期は、生涯にわたって必要な多くの運動の基となる多様な動きを幅広く獲得できる極めて大切な時期です。その動きの獲得には、「動きの多様化」と「動きの洗練化」の2つの方向性が考えられるということです。

　「動きの多様化」とは、年齢とともに獲得する動きが増大することです。そ

のため、幼児期において獲得しておきたい基本的な動きには、歩く、走る、跳ぶ、這う等の「移動系運動スキル」、運ぶ、投げる、捕る、蹴る等の「操作系運動スキル」、片足で立つ、渡る、支える等の「平衡系運動スキル」、ぶら下がる、その場で押す、引っ張る等の「非移動系運動スキル」が挙げられます。通常、これらは、からだを動かすあそびや生活経験などを通して、やさしい動きから難しい動きへ、1つの動きから類似した動きへと、多様な動きを獲得していくことになります。

　一方、「動きの洗練化」とは、年齢とともに、基本的な運動の仕方が上手くなっていくことです。幼児期の初期では、動きに「力み」や「ぎこちなさ」が見られますが、適切な運動経験を積むことによって、年齢とともに無駄な動きや過剰な動きが減少し、動きが滑らかになり、目的に合った合理的な動きができるようになります。

　これらのことより、保育者や運動指導者には、「動きの多様化」と「動きの洗練化」を大切に考えて、保育や指導に携わってもいただくことを願っております。

　次に、指導時の注意してもらいたいことは、幼児期の運動は幼児に対し、保育者や運動指導者が一方的に指導するのではなく、幼児が自ら考えて工夫し、興味や関心に基づいて行動することが大切と考えることです。しかし、放置ではなく、幼児の動きに合わせて、必要に応じて手を添えたり、見守ったりして安全を確保するとともに、固定遊具や用具などの安全な使い方や、周辺の状況に気づく等、安全に対する配慮を忘れていけません。

　要は、保育者や運動指導者は、幼児がからだを動かすことが就学前施設での一過性とならないように、家庭や地域にも情報を発信し、園と家庭、地域で子どもを育てるという環境づくりが必要と言えそうです。

　最後に、幼児の運動習慣を整えて生活リズムを良くするポイントを「登園までの朝の生活リズム」「日中の生活リズム」「帰宅後の生活リズム」をまとめ、表に示しておきます（表11-1）。

表11-1　幼児の運動習慣を整えて生活リズムを良くするポイント

項目	運動習慣を整えて生活リズムを良くするポイント
ポイント1 朝の 生活リズム	・スッキリ起床：園活動が始まる2時間前（7時前）には起床し、太陽光を浴びよう！ ・朝の散歩：起床後に、花の水やりや散歩の習慣づけをしましょう。 ・朝食の摂取：朝のゆとり時間を確保し、しっかりと朝食を食べよう！ ・朝の排便習慣：ウンチをしてから登園しよう！（ウンチがでなくても、便座に座る習慣をつけよう） ・歩いて登園：できるだけ朝の陽光や自然を体感するため、徒歩通園を心がけよう！
	起床時刻の遅れから、朝の生活リズムが乱れ、朝食の欠食や排便をせずに登園する習慣化が心配です。 起床時刻の遅れや睡眠不足、朝食の欠食は、不定愁訴による体調不良や精神不安定に陥りやすくなり、学力低下や体力低下の危険性があります。 ◆表を冷蔵庫や壁に貼り、目標が達成できると○印を記入しよう（起床時刻、朝の散歩、朝食摂取、朝の排便など）
ポイント2 日中の 生活リズム	・午前の運動：午前中は外で元気に走り回り、体力づくり活動を行いましょう。 ・午睡の重要性：幼児期は、午前中に遊んでオーバーヒートしている脳を休めるためにも午睡は必要です。 ・午後の運動：午後にしっかりとからだを動かすことで、夜は疲れて早く眠りにつくことができます。 ・外あそびや遊具を利用し、万遍なく4つの基本運動スキルが身につくあそびに挑戦しよう。 ・清掃作業（ゴミ捨て、窓ふき）、片づけ、靴揃え等のお手伝いや階段の昇り降りも良い運動になります。
	日中の生活は、ほとんどが園での活動となります。園活動は、午前だけでなく、午後の体温が一番上がる16時頃の運動あそびが特に重要です。 ◆日々の活動報告を掲示し、午前や午後の活動の様子を毎日保護者に共有することをおススメします。日中の運動量を高める活動を園で実施していることや、家庭でできる実践例を提示することで、園と家庭でともに子どもの健全育成に力を入れていただきたいものです。
ポイント3 帰宅後の 生活リズム	・運動の生活化：親子ふれあい体操は、体力づくり、言葉の発達、社会性を養うにはオススメの活動です。 ・入浴の順番：COVID-19パンデミック以降、帰宅後にすぐに入浴する習慣が見られました。 ・早い夕食：19時までに夕食を食べられる工夫をしよう！ ・早寝の習慣：日中にたくさんからだを動かして、21時までには就寝することを心がけよう！ ・就寝前のNG：就寝前の運動は、体温を上げて眠れなくなるため、運動はNGです。 ・就寝の環境：テレビやスマホの光を避け、静かで、きれいな空気で部屋を暗くして眠れる環境を作ろう！
	運動の生活化のためには、月曜日から土曜日までの帰宅後に、一日1つの親子ふれあい体操を実施し、日曜日は4種行うと、週に10種目の親子ふれあい体操が実施できます。1ケ月で40種目となります。3ケ月の継続をおススメします。 ◆日々の活動内容とチェック欄入りの表を掲示し、毎日できた欄にチェックを入れることはおススメです。 朝7時までには起き、夜間に10時間以上の睡眠時間を確保するためには、21時までの就寝が求められます。 睡眠時間が不足したまま成長すると、園で注意集中が困難になったり、イライラしたりして、じっとできない子になる可能性が高くなります。 ◆帰宅後に行う項目を付箋に記入し、幼児自ら目標を設定し、実践する環境づくりを重要視したいものです。

【文　　献】

1）前橋　明・泉　秀生・松尾瑞穂：保育園幼児の生活と夜10時以降の活動―2011年調査より―，レジャー・レクリエーション研究70，pp.22-25，2012.
2）前橋　明：「食べて、動いて、よく寝よう！」運動のはじまりとその特長，食育学研究17(2)，p.8，2023.
3）佐野祥平・松尾瑞穂・前橋　明：幼稚園幼児の生活要因相互の関連性とその課題―2010年の幼稚園児を対象としての分析―，運動・健康教育研究20(1)，pp.19-23，2012.

第12章

子どもにとっての運動あそびの役割と効果

1．身体的発育の促進

　運動あそびとからだの発育・発達とは、切り離しては考えられません。適度な身体活動や運動実践は、身体的発育を促進します。すなわち、外あそび中の全身運動は、生体内の代謝を高め、血液循環を促進し、その結果として、骨や筋肉の発育を助長していきます。筋肉は、運動によって徐々にその太さを増し、それに比例して力も強くなります。逆に、からだを動かさず、筋肉を使わないと、廃用性萎縮といって、筋肉が細くなり、力も弱くなります。

　つまり、筋肉は運動することによって強化されるのです。砂あそびやボール投げ、ブランコ・すべり台・ジャングルジム等を利用しての外あそびは、特別な動機づけの必要もなく、ごく自然のうちに筋力をはじめ、呼吸循環機能を高め、身体各部の成長を促進していきます。要は、運動あそびをすることによって、運動量が増えて体力や健康が養われ、それらが増進されると、子どもたちは、より活動的な運動あそびを好むようになり、同時にからだの発育が促されていくのです。

2．運動機能の発達と促進

　身体活動をすることによって、それに関連する諸機能が刺激され、発達していきます。しかし、各々の時期に、とくに発達する機能とそうでない機能とがあります。例えば、幼児の神経機能は、出生後、きわめて著しい発育を示し、

生後6年間に成人の約90%に達します。運動機能は、脳・神経系の支配下にありますから、神経機能が急速に発達する幼児期から、外あそびでいろいろな運動を経験させ、運動神経を支配する中枢回路を敷設しておくことが大切です。また、幼児期に形成された神経支配の中枢回路は、容易に消えないので、その時期においては、調整力を中心とした運動機能の開発をねらうことが望ましいといえます。

　運動によって運動機能が発達してくると、自発的にその機能を使用しようとする傾向が出てきます。そのことによって、運動機能はさらに高められ、児童期の終わり頃にはかなりの段階にまで発達していきます。

　こうして、外あそびでの多様な運動経験を通して、子どもたちのからだに発育刺激を与えることができるとともに、協応性や平衡性、柔軟性、敏捷性、リズム、スピード、筋力、持久力、瞬発力などの調和のとれた体力を養い、空間での方位性や左右性をも確立していくことができます。

　つまり、からだのバランスと安定性の向上を図り、からだの各運動相互の協調を増し、全体的・部分的な種々の協応動作の統制を図ることができるようになるのです。そして、からだの均整が保たれ、筋肉の協同運動が合理的に行われるようになると、運動の正確さやスピードも高められ、無駄なエネルギーの消費を行わないようになります。このように、体力や基礎的運動能力を身につけ、エネルギー節約の方法を習得できるようになります。

　また、食品からの摂取のほか、太陽光に当たることで生成されるビタミンDは、たんぱく質の働きを活性化し、カルシウム・リンの吸収を促進し、正常な骨格と歯の発育を促します。脳・神経機能の発達が著しい幼児期に、外あそびや運動を積極的に行うことは、その後の運動能力発達の基盤となり、幼児期以降の身体能力の向上に繋がります。

3．健康の増進

　動的な外あそびを積極的に行うことにより、血液循環が良くなり、心臓や肺臓、消化器などの内臓の働きが促進されます。また、運動をくり返すことに

よって、外界に対する適応力が身につき、皮膚も鍛えられ、寒さに強く、カゼをひきにくい体質づくりにもつながります。

つまり、寒さや暑さに対する抵抗力を高め、からだの適応能力を向上させ、健康づくりに大いに役立ちます。

4．情緒の発達

友だちといっしょに外あそびに興じることによって、情緒の開放と発達が促されます。また、情緒の発達に伴って、子どものあそびや運動の内容は変化します。すなわち、運動と情緒的発達との間にも、密接な相互関係が成り立っているのです。情緒は、単なる生理的な興奮から、快・不快に分化し、それらは、さらに愛情や喜び・怒り・恐れ・しっと等に細かくわかれていきます。そして、5歳頃までには、ほとんどすべての情緒が表現されるようになります。このような情緒の発達は、人間関係の交渉を通して形成されます。この初期における人間関係の媒介をなすものがあそびであり、中でも、外あそびを媒介として、幼児と親、きょうだい同志、友だち等との人間関係がより強く形成されながら、からだも丈夫になっていきます。

そして、外あそび実践は、子どもたちが日常生活の中で経験する不安、怒り、恐れ、欲求、不満などを解放する、安全で有効な手段となっていきます。なお、心身に何らかの障害をもつ子どもの場合、心配で放っておけないということから、運動規制が強すぎたり、集団での運動経験が不足したりしている状態で育っているというケースが比較的多くみられます。自閉児と呼ばれている子どもたちの中には、十分な体力をもちながら、運動エネルギーを不燃のまま自分の殻の中に閉じ込め、それが情緒的にネガティブな影響を及ぼしているケースも、少なくありません。

そこで、こういった経験の不足を取りもどし、子どもたちの中で眠り続けてきた運動エネルギーに火をつけ、十分発散させてあげることが、情緒的にも精神的にも極めて重要です。多動で落ちつきのない幼児についても、同じことがいえます。大きなつぶつぶの汗が出るほど運動した後は、比較的落ちついてく

るものです。多動だからといって、無理に動きを規制すると、かえって、子どもたちを多動にさせていきます。いずれにしても、運動あそびは身体面の発達だけでなく、健全な情緒の発達にとっても重要な意味をもっています。

5．知的発達の促進

　子どもは、幼い頃から外あそびや運動あそびを中心とした身体活動を通して、自己と外界との区別を知り、自分と接する人々の態度を識別し、物の性質やその扱い方を学習していきます。また、対象物を正しく知覚・認識する働きや異同を弁別する力などの知的学習能力も養われていきます。外あそびで、子どもたちは、空想や想像の力を借りて、あらゆる物をその道具として利用します。例えば、大きな石はとび箱になり、ジャンプ台になり、ときには、馬にもなっていくのです。

　このような外あそびは、子どもたちの想像する能力を高め、創造性を養い、知的能力の発達に寄与していきます。運動遊具や自然物をどのように用いるかを工夫するとき、そこに思考力が養われていきます。様々な運動遊具を用いる運動によって、幼児はその遊具の使い方やあそび方、物の意義、形、大きさ、色、そして、構造などを認識し、学習していくのです。知的発達においては、自分の意志によって環境や物を自由探索し、チェックし、試みていくことが重要ですが、ときには指示を与え、物の性質やその働きを教えていくことも大いに必要です。

　そして、運動あそびの中で、成功や失敗の経験を積み重ねていくことが、知的発達の上で大切になってきます。また、友だちといっしょに遊べるようになると、自然のうちに認知力や思考力が育成され、集団思考ができるようになります。そして、模倣学習の対象も拡大し、運動経験の範囲も広くなってきます。子どもたちは、こうして自己と他人について学習し、その人間関係についての理解を獲得していきます。さらに、自己の能力についての知識を得るようになると、子どもたちは他人の能力との比較を行うようになっていきます。

　生理学的にみると、脳の機能は、細胞間の結合が精密化し、神経繊維の髄鞘

化が進むにつれて向上していきます。神経も、適度に使うことによって、発達が促進されるという「使用・不使用の原理」が働いていることを覚えておきたいものです。

6. 社会性の育成

　子どもたちが仲間といっしょに外あそびをする場合、順番を守ったり、みんなと仲良くしたりすることが要求されます。また、お互いに守らねばならないルールがあって、子どもなりにその行動規範に従わねばなりません。外あそびでは、集団の中での規律を理解するための基本的要素、協力の態度など、社会性の内容が豊富に含まれているため、それらを十分に経験させることによって、社会生活を営むための必要な態度が身についてきます。

　つまり、各種の運動実践の中で、指示にしたがって、いろいろな運動に取り組めるようになるだけでなく、仲間といっしょに運動することによって、対人的認知能力や社会的行動力や規範意識が養われていきます。こうして、仲間とともに遊ぶことで、ルールの必要性を知り、周囲への気配りと自己の欲求を調整しながら、運動が楽しめるようになっていきます。

7. 疾病予防・治療的効果

　様々なタイプの運動障害が起こってくるのは、脳から調和のとれた命令が流れない・受け取れないためです。運動障害の治療の目標を、運動パターンや動作、または、運動機能と呼ばれているものの回復におき、その状態に応じた身体活動をさせることによって、筋肉の作用、平衡、姿勢、協調、運動感覚（自分のからだの各部が、どんな運動をしているかを認知できる感覚）、視覚、知覚などの日常における運動を組み立てている諸因子の調和を図ることができるようになります。

　機能の悪さは、子どもがひとりで生活できる能力やあそびを楽しむ能力を奪ったり、抑制したりします。そこで、正常で、効率的な活動パターンを外あ

そびの実践の中で学んでいくことによって、子どもたちは能力に見合う要求を満たすことができるようになります。

　また、言葉を発しない障がい児は、思考や感情を十分に表現できないので、種々の外あそびの中でからだを動かして感情や欲求の解放を図ることができます。

　長時間のデバイス使用は近視発症のリスク要因となることが複数の研究で示されており、屋外で過ごす時間の著しい減少と、デバイス使用時間の増加は、近視発症を引き起こす可能性が高いです。また、長時間のデバイス使用は、姿勢に影響し、子どもの頭部や頸部屈曲を引き起こす可能性があります。１日２時間の屋外活動は、近視の発症や進行を抑制し、子どもの近視リスクを低下させます。また、そのうち１日60分の屋外での身体運動（外での運動あそび）は、循環器系や筋骨格系の発達、自律神経機能の亢進を促します。

8．安全能力の向上

　外あそびで、からだを動かして体力や運動技能を身につけることは、生命を守る技術を習得していることであり、空間認知能力を高め、自己の安全能力の向上に役立ちます。バランスをとりながら移動したり、バランスを崩しても、手が前に出て保護動作が出たり、顎を引いて頭を守ったり、全身の筋力で踏ん張って姿勢を維持させようと努力したりできるようになっていきます。

　また、ルールや指示に従う能力が育成されてくることによって、事故防止にもつながります。

9．日常生活への貢献と生活習慣づくり

　「睡眠をよくとり、生活のリズムづくりに役立つ」「運動後の空腹感を満たす際に、偏食を治す指導と結びつけることによって、食事の指導にも役立つ」「汗ふきや手洗いの指導を導入することによって、からだを清潔にする習慣や態度づくりに役立つ」等、基本的生活習慣を身につけさせることにもつながり

ます。

　いろいろな運動あそび経験を通して、子どもたちにあそびや身体活動の楽しさを十分に味わせることは、日常生活はもちろん、生涯を通じて自ら積極的に運動を実践できるようにします。そして、「からだを動かし、運動することは楽しい」ということを体得させていくことができます。つまり、力いっぱい運動することによって活動欲求を満たし、運動そのものの楽しさを子ども一人ひとりのものとするとき、その楽しさが子どもの積極的な自発性を引き出し、日常生活を通じて運動を継続的に実践する態度へと発展させることができます。

　外あそびの効能として、太陽光を浴びながらの外あそびは、子どもの体内時計を整え、睡眠不足を解消し、生活リズムの悪循環を改善する一点突破口となります。健全な生活リズムと外あそびの実践は、脳や自律神経の発達を促し、体調・情緒の安定を図ります。

第13章

外あそびの魅力と必要性

1．子どものあそび場について

　子どもは、「あそび場と家とが近いところ」「自由にはしゃげるところ」であれば、安心して、あそびを発展させることができます。筆者が子どもの頃は、道路や路地、空き地でよく遊びました。遠くに遊びに行くと、あそびの種類は固定されましたが、家の前の道で遊んでいれば、あそびに足りないもの（必要な道具）があると、すぐに家から持ってくることができました。遠くのあそび場であれば、あそびの道具や必要なものを取りに帰って、再度、集まろうとすると、多くの時間がかかりました。ですから、家から近い所は、たとえ道路であっても、それは居心地の良い空間だったのです。

　子どもの特徴として、集中力の短い幼少児期には、家の前の道路や路地は、ほんのわずかな時間で、ものを取りに帰ることができ、短い時間であそびを発展させたり、変化させたり、継続できる都合の良い場所でした。中でも、幼児は、長い間、続けて活動できませんし、活動や休息の時間は、きわめて短いのです。さらに、休息の仕方も何かと動きを絶やさない形で休息します。つまり、幼児の活動と休息は、短い周期でくり返されていきます。

　このリズムが、まさに、子どもの「あそび」と「ものを取りに帰る時間（休息）」との周期に合っていたので、親が迎えに来るまで、いくらでも楽しく遊ぶことができていたのでしょう。

　なお、道路や路地も土だったので、好きな落書きや絵が描けたし、石や瓦を投げても、地面の上で止まりました。雨が降ると、水たまりができるので、水

あそびもできました。地面は、あそびの道具だったのです。また、相撲をしても、アスファルトやコンクリートとは違い、転んでも痛くなく、安全でした。親は、家の台所から、遊んでいる子どもたちの様子が見えていたため、安心していました。いざというときにも、すぐに助けることができました。

　今日のように、単に安全なスペースがあって、緑の景観を整えて、落ちつきのもてる地区の一か所に、「子どものためのあそび場を作りましたよ」では、子どもは遊ばないのです。また、自由にはしゃぐことができなければ、子どもは自由な活動を抑えてしまうのです。「静かにしなければ迷惑になる」「きれいに使わないといけない」「土を掘ってはいけない」「木に登ってはいけない」「球技をしてはいけない」という条件のついた空間は、子どものあそび場には適さないのです。

　自然とのふれあいをもっと大切にして、子どもたちが「自らの発想を実際に試みること」を応援してもらえるような公園（施設）と見守り（監督）が必要です。つまり、木に登ったり、地面を掘って基地を作ったり、子どものアイデアを、もっと試みさせてもらえるあそび場や公園が求められているのです。

　とくに、外あそびの実体験を通して得た感動体験は、子どもの内面の成長を図り、自ら考え、自ら学ぶ自立的な子どもを育んでいきます。したがって、幼少児期には、自由に公園や広場などのあそび場を使ってはしゃげることが大切で、それらのことが、子どものあそびを、いっそう、発展させていくのです。

2．旬の食べ物・四季のあそび、外あそびを大切に

　今日の子どもの生活を見渡すと、食べ物でも、運動でも、季節や自然との遊離を強く感じるようになってきました。野菜や魚介などの実りの時季で、最も栄養価が高くなって、一番味の良い時季のことを旬と言いますが、今日では、四季の変化に応じて、旬のものを食べることも、四季ならではの外あそびや運動をすることも少なくなり、メリハリがなくなってきたように感じます。

　筆者が子どもの頃（昭和30年・40年頃）は、いちごは初夏からしか食べられませんでした。しかし、今では、1年中、いちごが店頭に並び、いつでも食

べられるようになりました。また、夏には、暑いので水あそびや水泳をしました。冬に湯を沸かして、泳ぐことはしませんでした。水あそびが始まると、そこに泳ぎや潜りの競争あそびが自然に始まりました。知恵や創造性が、四季折々に大きく育まれていたのです。この四季の特徴を生かしたあそびが、季節の旬の活動であり、そこで多くのあそびのバリエーションが子どもたちの知恵（創造性）により生み出され、その工夫の積み重ねと活動体験が生きる力の土台となっていったのです。

　つまり、かつての子どもたちは、自然の変化に応じて、その時々の旬の食べ物を食べ、豊かな栄養を得て、季節の特徴を生かして考えだした外あそびや運動を楽しんでいたのです。また、四季があるということは、寒いときもあり、暑いときもあるということですから、それだけ幅の広い温度差に接し、からだも、その差に対する対応力や抵抗力を身につけなければならないわけです。

　もっと自然にふれて、暑いときには、暑いときにしかできない旬の外あそびや運動をしっかり経験させることで、子どもたちは自身の自律神経の働きをよくし、身体機能を向上させるだけでなく、人間のもつ五感を十分に養い、豊かな感性を四季の変化の中で、自然な形で育てていくことにつながっていきます。

　自然破壊が進む中で、私たち大人は、子どもたちにもっと自然の大切さや魅力をあえて教え、とりわけ、日本では四季の変化に応じた自然からの恵みを受けていることを感じさせ、その幸せを感じる外あそび体験をしてもらいたいものです。

　自然に対し、自然からの感動や安らぎを得た経験をもつ子どもたちこそ、本当の自然の大切さを感じることのできる大人になっていくことができるのです。

3．冬の運動と体力づくり

　冬場は、寒くて外に出るのもおっくうになりがちです。これは、大人の感覚で、『子どもは風の子』と言われるように、少々の寒さも平気で元気に外で走り回って遊ぶ姿が見られます。しかし、夏と冬の気温差は、東京では約20℃も

あり、冬には昼の時間が夜より約4時間程度も短くなります。ですから、子どもたちは遊んでいるようでも、1年間というサイクルの中でみますと、冬場は活動量が1年の中では最も少なくなる時期だと言えるでしょう。このような自然環境の変化は、子どもの活動性を変化させるとともに、冬に体重の増加率は大きくなり、ヒトのからだにも影響を及ぼしていきます。

　子どもたちが寒い時期に外に出て運動しないのはしょうがないかと思われるかもしれませんが、ここで、寒い中、外で遊ぶことや運動することの意義や方法を考えてみます。

(1) 冬は気温が低いため、たくさん運動しても汗をかきにくく、疲労しにくいと考えられます。したがって、夏場よりも運動量を確保しやすいのです。

(2) 冬の外あそびで、気温が低い外の空気に触れると、からだは、体温を逃がさないように鳥肌を立てます。このことは、からだの恒常性を保つ自律神経の働きを活発にすることにつながります。

(3) 気温が低いと血管は収縮しますから、心臓には負荷が大きくなります。つまり、血液を送り出すために、心臓もしっかり活動しなくてはならないということです。

(4) 外あそびをすることで適度な疲労があると、熟睡のための効果があります。

(5) 外あそびの種類としては、からだが暖まって、ある程度の時間は継続できる全身運動的なあそびがよいでしょう。例えば、鬼ごっこ、かけっこ、ボールあそび、なわとび、少し長い距離の散歩あそび等があげられます。

　したがって、寒い時期こそ、外でからだをしっかり動かして外あそびに熱中することは、子どもたちのからだの発育や発達にとって、大変良い刺激となるといえます。このようなことから、体力低下・運動不足の問題が指摘される今の子どもたちにとって、冬こそ、外で遊ぶ時間をもっとつくってもらいたいのです。

4. 子どもと紫外線

「シミやシワを生み、老化だけでなく、癌をも誘発する紫外線。オゾン層の破壊・減少で、紫外線による害は、これからますます多くなる」という報道や情報を受けて、保育園や幼稚園に対し、「わが子を太陽の下で遊ばせないで下さい」「裸でプールへ入れないで下さい」「日除けつきの特製帽子を必ずかぶるようにさせて下さい」等と、過敏な要望や訴えをされる保護者の方がでてきたようです。したがって、保育者や教師の研修会では、先生方から「健康的な子育てと太陽の下での外あそびの奨励をどのように考えたらよいのか」「プールは禁止にしなければならないのか」等という質問をよく受けます。

確かに、布団干しや日光消毒で有益な殺菌作用のある紫外線C波でも、その量が多すぎると（特別な地域です）、皮膚の細胞を傷つけることがあります。また、エリテマトーデスという病気の子は日光過敏症があって発疹が出ますから、日光を避けなければなりません。ですから、医師から特別な理由で陽光を避けたり、控えたりする指示をいただいているお子さんは、必ず医師の指示にしたがって下さい。

しかしながら、健康なお子さんの場合は、普段の生活上での紫外線は問題ないと考えた方がよいでしょう。日常、私たちが受ける紫外線の主な光源は太陽ですが、短い波長の紫外線は大気圏のオゾンに吸収され、中でも短いC波は自然界では大気中でほとんど吸収されるため、日常生活での紫外線で皮膚癌はまずないと思って下さい。つまり、健康やからだづくりに欠かせない紫外線の効果に目を向けていただきたいのです。

紫外線は、電磁波の総称、波長によってA波（長波長）とB波（中波長）とC波（短波長）の3種類に分けています。この中で、健康に欠かせないのがA波とB波で、A波には細胞の活動を活発にして、その生まれ変わりを促進させる作用があります（日光浴）。B波には、皮膚や肝臓に蓄えられたビタミンD_2をビタミンD_3に変える役目をし、食物から摂取したカルシウムを体内カルシウムに再生し、骨格を作り、神経伝達を良くします。つまり、骨が丈夫になり、運動神経が良くなるのです。骨粗しょう症の予防にも、日光浴は重要な因子と

なります。また、ビタミンD_3は免疫能力を高めるので風邪を引きにくく、病気の回復が早まります。このビタミンD_3は、食べ物から摂ることはできず、からだが紫外線を浴びることでしか作れないのです。

したがって、日常の紫外線に発癌のリスクがあれば、厚生労働省や文部科学省をはじめとする関係機関は、外あそびやプール等の戸外活動を禁止するはずですから、子どもたちの健康生活のためには、現状では、外あそびや運動実践を、ぜひとも大切にしてあげて下さい。

自然から学ぶものは大きく、ゆえに、今、改めて自然を保護し、環境を維持し、守っていく取り組みが必要と考えます。このことが、近隣の公園や校・園庭の整備にもつながっていきます。

このように、発達刺激としての外あそび実践は、身体的発達を助長するばかりでなく、そこから結果として、情緒的な発達、社会的態度の育成、健康・安全に配慮する能力などを養い、人間形成に役立っていく、必要不可欠で、かつ、極めて重要なものといえます。

5．外あそびの時間やあそび場の確保が難しくなっている背景

（1）夜型社会、新型コロナ感染症の流行からの影響

今日の日本は、社会生活が夜型化、働く母親が増加、保護者の勤務時間が延長されることも一因となり、子どもたちの生活リズムにくるいが生じ、戸外での運動時間が激減してしまいました。

そして、2020年からの新型コロナウイルス（COVID-19）の感染拡大に伴う休園や外出自粛などにより、子どもたちの外あそびはさらに激減し、体力低下や肥満増加、視力低下の問題だけでなく、心の健康問題も顕在化してきました。つまり、三密を避けるために、家で過ごす時間がさらに増えた結果、コロナ禍の4年間で、子どもたちの運動量が著しく少なくなっており、外あそびの減少や体力の低下が、これまで以上に懸念されます。

中でも、就寝時刻が遅く、生活リズムの乱れた子どもは、エネルギーが発散

できず、私たちは、ストレスのたまった子どもたちに対して、その変化した生活環境を十分に考慮した上での外あそびの導入や対応が求められています。

（２）都市化と外あそび環境の整備不良からのサンマ（三間：空間・仲間・時間）の欠如からの影響

　私の子ども時代は、放課後は自由に遊べる、とても楽しい時間でした。しかし、今の子どもたちを見ていると、都市化や外あそび環境の整備不良によって、安全なあそび場という空間はないし、友だちという仲間も集わないし、みんなそれぞれが習い事をはじめとする個別の活動で遊ぶため、友だちと共有するあそびの時間もないし、結局、個別に家でテレビや動画を見て過ごしたり、ゲームをしたりして過ごすようになってきました。

　高学年になってからは、放課後の居場所として、塾をはじめとする習い事に通う子どもたちが多くなり、子どもの顔に笑顔が少ないのが心配です。授業が終わってから暗くなるまで、少なくとも、毎日、数時間ある「放課後」の時間ですが、日本では、今、自宅で、ひとりで過ごす子どもがたくさんいるわけです。放課後を自宅で過ごす子どもは、幼児期から激増しています。昭和30・40年代は、夕方の日没の時間まで、子どもたちが近くの公園や路地、広場で遊びまわっている光景が当たり前でしたが、現在では、幼稚園幼児の平均外あそび時間は、20分程度、小学校低学年では30分程度、高学年でも40分程度に減少してしまいました。このように、今日の子どもの放課後には、子どもが楽しく遊ぶために必要な時間、空間、仲間が不足したり、喪失したりしています。

　また、ボールが家に飛んでくる、花壇に入ってボールを取りに来る、騒いでうるさい等という、地域住民の方からの苦情の懸念から、公園や広場でにぎやかに遊ぶことや、ボールあそびをすること等、様々な年代の子どもたちが気軽に集い、助け合ったり、教え合ったりしてはしゃぐことも難しくなっている現状です。

6．外あそびが、なぜ重要か

（1）運動量の面からみて

　まず、子どもたちの生活の中で、運動量が激減してきていることがとても気になります。例えば、保育園の5歳児ですが、1985（昭和60）～1987（昭和62）年は午前9時から午後4時までの間に、だいたい1万2,000歩ぐらいは動いていましたが、1991（平成3）～1993（平成5）年になると、7,000～8,000歩に減ってきました。そして、1998（平成10）年以降になると、5,000歩台に突入し、今日では、昭和時代の半分ほどの運動量に激減しています。それに、登降園も車の利用が多くなってきましたので、子どもの生活全体の歩数が減ってきて、体力を育むのに必要な運動量が不足しています。

　子どもたちの活動の様子をみますと、丸太渡りや平均台歩行時に足の指が浮いて自分の姿勢（バランス）を保てず、台から落ちてしまう子どもが観察されました。生活の中でしっかり歩いていれば、考えられないことです。走っても、手が振れず、膝をしっかり上げることができないので、つま先を地面にこすって足を引っかけて転んでしまうのです。日頃から、外あそびよりも、テレビ・ビデオ利用が多くなってくると、活動場所の奥行きや人との距離感を認知する力も未熟となり、空間認知能力が育っていきません。だから、前や斜め方向から来る人とぶつかる事故が多くなるのです。

（2）健全育成の面からみて

　子どもが健全に育っていくためには、「時間」「空間」「仲間」という、3つの「間」が必要不可欠です。そして、太陽のもとで、日中にからだを動かすことは、体力向上だけではなく、脳の発達や自律神経機能の強化、近視の発症予防と進行抑制、情緒の安定、創造性・自主性の向上などにつながっていきます。戸外に出て、しっかり遊んで、ぐっすり眠るという、あたりまえの健康的な生活が必要ですが、現代はこの「三間（サンマ）」が喪失し、どうかすると「間抜け現象（前橋 明、2003）」に陥っています。運動して、エネルギーを発散し、情緒の解放を図ることの重要性を見逃してはならないのです。とくに幼少児期

には、2時間程度の外あそびが非常に大切になります。

　この「間抜け現象」が進行する中で、気になることは、子どもたちの大脳（前頭葉）の働きが弱くなっているということです。鬼ごっこで、友だちから追いかけられて必死で逃げたり、木からすべり落ちそうになって一生懸命に対応策を試みることによって、子どもたちの交感神経は高まっていきますが、現在ではそのような、安全なあそびの中での架空の緊急事態がなかったり、予防的に危険そうなあそびは制止され過ぎて、発育発達上、大切な大脳の興奮と抑制体験が、子ども時代にしっかりもてなくなっているのです。

（3）体力づくりの面から

　子どもたちにとっての外あそびは、単に体力をつくるだけではありません。人間として生きていく能力や、人間らしい生き方の基盤をつくっていきます。しかし、基礎体力がないと、根気や集中力を養うことができません。少々の壁にぶつかってもへこたれず、自分の力で乗り越えることのできるたくましい人間に成長させるためには、戸外で大勢の友だちといっしょに、伸び伸びと運動をさせると同時に喜怒哀楽の感情を豊かに育むことが大切です。活発な動きを伴う運動あそびや運動を長時間行う幼児は、自然に持久力育成の訓練をし、その中で呼吸循環機能を改善し、高めています。さらに、力いっぱい動きまわる子どもは、筋力を強くし、走力もすぐれてきます。また、からだを自分の思うように動かす調整力を養い、総合的に調和のとれた体力も身につけていきます。

（4）生活リズムづくりの面から

　幼児の生活要因相互の関連性を、生活リズムの視点から分析してみました。すると、「外あそび時間が短かったり、テレビ視聴時間が長かったり、夕食開始時刻が遅かったりすると、就寝時刻が遅くなる」、そして、「就寝時刻が遅くなると、起床時刻が遅くなり、朝食開始時刻も遅れる。さらに、登園時刻も遅くなる」という、生活リズム上の悪い連鎖が確認されました。

　要は、外あそびを奨励することと、テレビやビデオの視聴時間を短縮させること、夕食開始時刻を早めることが、今日の幼児の就寝時刻を早め、生活リズ

ムを整調させる突破口になると考えられます。とくに、日中に、子どもが主役になれる時間帯の運動刺激は、生活リズム向上のためには不可欠であり、有効であるため、是非とも、日中に外あそびや運動時間を確保する工夫が望まれます。

　生活習慣を整えていく上でも、1日の生活の中で、一度は戸外で運動エネルギーを発散し、情緒の解放を図る機会や場を与えることの重要性を見逃してはなりません。外あそびというものは、子どもたちの体力づくりはもちろん、基礎代謝の向上や体温調節、あるいは脳・神経系の働きに重要な役割を担っています。つまり、園や学校、地域において、時がたつのを忘れて、外あそびに熱中できる環境を保障していくことで、子どもたちは安心して成長していけます。

7．外あそびのススメと視力

（1）近視と屋外活動の重要性

　幼児の近視発生率と屋外活動時間の関係について、屋外活動時間の減少が近視の進行に影響します。とくに、COVID-19の流行により教育がオンライン化し、家庭でのデジタルデバイスの利用時間が増えた結果、生活リズムの乱れや運動不足が新たな課題として浮上し、近視の発症率が増加することが懸念されています。

　COVID-19の影響で、子どもが家にいる時間が増え、スクリーン時間や近くでの作業が増加したことが視力の低下につながっていると考えます。また、長時間のデジタルデバイスの使用は、睡眠不足や視力障害などの健康問題を引き起こす可能性があります。特に幼児期は、目の発達が進む重要な時期であるため、適切なケアが必要です。

　陳ら[1]の研究では、「日中の外あそび時間が30分以上」の幼児は視力異常の発生率が低い傾向がみられました。昼間に屋外での活動を促進することで、目に良い影響を与え、毛様体筋の活動が活発になり、目の血液循環と新陳代謝が促進されること[2]がわかりました。そのため、日中の屋外でのあそび時間は、近視の発症を抑制する上で非常に重要であると考えられます。外で遠くと近く

を交互に見ることで目の疲労が軽減され、視力低下の予防効果が期待できます。睡眠中に目がリラックスすることで、視力の安定に寄与しました。また、台湾では、1日2時間以上の屋外での活動を推奨し、新たな近視の発症に対し5割を下回るほど抑制した事例[3]があり、屋外に出ることが子どもの近視予防に効果的です。そのため、日中の屋外でのあそび時間は、近視の発症を抑制する上で非常に重要です。

さらに、屋外活動には、視力だけでなく、精神的なリフレッシュや社会性の向上にも寄与する効果があります。自然の中で遊ぶことにより、子どもたちは感覚を刺激され、好奇心や探索心が育まれます。これにより、幼児の健全な発達が促進されるため、屋外活動の時間を確保することは視力保護のみならず全体的な健康と発育にとって非常に重要です。

(2) 家庭と保育環境の役割

　幼児教育および保育環境において、幼児の身体活動は屋内環境よりも屋外環境で多くみられ、身体を動かさない行動が少ないです。毎日60分以上の屋外あそびの時間を提供することは、幼児の身体活動を促進するための最も効果的な方法です。

　とくに、保育園や幼稚園では、子どもたちに定期的な屋外活動を提供することが重要です。登園後と降園前の時間帯に定期的に外で遊ぶことにより、子どもたちは自然の中で空気を吸い、からだを動かすことでリフレッシュすることができます。また、友だちといっしょに遊ぶことで、コミュニケーション能力や協調性を育てることができるため、社会的な発達の向上にも繋がります。

　他国でも、子どもの生活習慣や屋外活動に関して積極的な取り組みが行われています。例えば、シンガポール[4]やオーストラリア[5]では、暑い気候の中でも親や教育機関が子どもの屋外活動を推進しており、幼児はどのような天候条件でも屋外で遊ぶことが奨励されています。このような取り組みは、子どもたちが健康的な生活習慣を形成するために重要な要素となっています。

(3) 幼児の健康を守るために

　幼児の健康を守るためには、デジタルデバイスの使用時間を減らし、その代わりに屋外での活動時間を積極的に設けることが重要です。デジタルデバイスの使用が過度になると、視力の低下や姿勢の悪化、睡眠障害など、多くの問題を引き起こすことが知られています。そのため、家庭内でのルールづくりが求められます。

　また、夜遅くの外出を避け、入浴が遅くならないよう、保護者は子どもの生活習慣に配慮しながら整えることが求められます。入浴後は体温が自然に下がる時間を設けることで、子どもがリラックスしやすくなり、質の高い睡眠を得ることができます。質の良い睡眠は、視力の保護だけでなく、成長ホルモンの分泌や全身の発育にも大きな影響を与えます。

　日中の外あそびを重視し、取り入れることで、子どもたちがより良い生活習慣を身につけ、それを継続できるようにすることが、幼児の健全な成長と発達を促すために重要です。家庭と保育環境が協力し、幼児の健康づくりに取り組んでいくことが求められます。また、親や教育者が積極的に子どもたちといっしょに屋外活動を楽しむことで、子どもにとっても屋外活動が楽しいものとなり、習慣化しやすくなります。

　幼児期に形成される生活習慣は、その後の健康や発育に大きな影響を与えるため、家庭と保育の場での取り組みが非常に重要です。外あそびを通じて、幼児の健康を守り、健全な発達を支援していくことが、未来の子どもたちにとって必要不可欠なことだと考えられます。

【文　　献】

1 ）陳　志鑫・姜　碧瑩・前橋　明：台湾新北市幼児の視力と生活要因相互の関連，レジャー・レクリエーション研究103，pp.45-51，2024．
2 ）Kathryn A. Rose, et al: Outdoor Activity Reduces the Prevalence of Myopia in Children, Ophthalmology 115 (8), pp.1279-1285, 2008.
3 ）Pei-Chang Wu, et al: Myopia prevention in Taiwan. Annals of eye science 3 (2), 2018.
4 ）Vicki B Drury, et al: A new community-based outdoor intervention to increase physical activity in Singapore children: findings from focus groups, Annals Academy of Medicine Singapore 42 (5), pp.225-231, 2013.

5) Stephanie Truelove, et al: Affordances for Risk-Taking and Physical Activity in Australian Early Childhood Education Settings, Early Childhood Education Journal 43, pp.337-345, 2015.

8．子どもの「外あそび」の重要性に、社会の皆さんの理解がほしい

　近年、家庭における子どもたちは、室内でテレビやゲームで遊ぶことが多く、外に出て全身をフルに使って遊んだり、運動したりすることが少なくなってきました。また、遊ぶ場があっても、保護者の方に関心がなければ、子どもを外あそびになかなか出さないのが実状でしょう。

　もちろん、事故やケガ等を心配してのこともありますが、身体活動量の不足は、脳や自律神経、ひいては、心の発達にも大きな負の影響を及ぼすことが、保護者の方々を含め、社会全般にも十分に認知されていないことが、子どもの健全育成にとっての大きなブレーキになっています。

　外あそびの必要性を多くの人々にご理解をいただくために、まずは、保育・教育・保健・体育関係のリーダーの方々が、率先して保護者の方々や社会に発信していくことが大切でしょう。そして、運動嫌いの子どもたちには、ぜひとも、外あそびの魅力を味わわせていただきたいと願います。

（1）園や学校での様子をみて

　園や学校での子どもたちの様子を観察してみますと、自由時間や休み時間に、園庭や校庭、運動場で遊ぶ子どもたちの姿が減ってきています。園や学校によっては、独自の特色ある体力向上プランの工夫と実践をされているところもありますが、近年、小学校では体育時数削減により、体力向上の継続的な取り組みができにくい状況にもあります。

　また、指導者の方によっては、子どもの体力低下に対する危機感が薄かったりすることもありますので、ぜひとも、指導者層に、子どもの「外あそびの重要性」に理解と関心のある方を増やしていきたいものです。

（2）地域での様子をみて

　地域では、親子クラブや子ども会をはじめ、児童館・公民館活動組織、育成会、社会体育クラブ等が、子どもたちの健全育成を願い、あそびや運動、スポーツによる様々な行事や活動、教室を実施していますが、現在、そこに参加する子どもと参加できない子どもの二極化がみられます。

　また、それぞれの組織の連携が密になっているとは言えない現状もみられていますので、参加したくてもできない子どもへの呼びかけや誘い、各組織間のネットワークづくりに、みんなで目を向け、力を入れていきたいものです。とくに、地域のひらかれたあそび場や居場所が不足する現状が続くと、家庭の経済格差が子どもたちの体験格差につながってしまうことが懸念されます。習いごとやスポーツクラブ、週末の外出など、お金のかかる体験活動の実施率は、家庭の収入に比例していくことも明らかですので、注意が必要です。

　さらに、総合型地域スポーツクラブも、各地で立ち上げられてはいますが、一部地域に限られているようにも感じます。子どもと「外あそび」とのかかわりを、より深めていくためには、これまでの地域のリーダーや社会体育の指導者育成、そして、私の提案する「外あそび推進スペシャリスト」の養成と、地域の外あそび環境づくりが、今後もいっそう重要となるため、市民や地域でできないことへの「行政のご理解とご支援」に大いに期待したいものです。

9．日中の外あそびや運動に集中する知恵

　子どもの生活リズム上の問題点の解決は、「就寝時刻を早めること」ですが、そのためには、「子どもたちの生活の中に、太陽の下での外あそびを取り入れること」が極めて重要です。子どもの場合、夜型化した生活リズムに関する問題解決のカギは、毎日の運動量にあると考えますから、まずは、子どもの生活リズムを立て直すための「日中の外あそびや運動に集中するための方法」を探る必要があります。

　そこで、その方法をいくつか考えてみましたので、紹介しておきます。各家庭で、手軽にできることから始めて下さい。

・前夜からよく寝て、疲れを回復させておく（十分な睡眠をとらせておく）。
・朝食をしっかり食べさせる。
・朝にウンチをすませ、すっきりさせておく。
・朝、子どもを気分よく、笑顔で送り出す。
・歩いて登園させて体温を高め、朝のからだをウォーミングアップさせる。
・のびのびと遊べる外あそび空間を用意する。
・友だちと遊べる環境を用意する。
・自由な外あそびの時間をしっかり与える。親が自分のこと（家事）ばかりに気を取られないように、子どもの外あそび時間を確保する。
・親（保育者）も子どもといっしょに遊ぶ。
・楽しさの経験ができる外あそびを紹介・伝承する。
・季節の外あそびや運動の楽しみ方を、親が実際の体験を通して教える。
・テレビ・ビデオはつけず、おやつや食べ物は目につかないようにする。
・子どもの興味のある外あそびや運動をさせる。
・好きな外あそびや運動をしているときは、そっとして熱中させる。
・上手に運動しているところや良い点は、オーバーなくらいしっかり誉め、自信をもたせ、取り組んでいる戸外運動を好きにさせる。
・子どもが「見てほしい」と願ったら、真剣に見て、一言、「よかったよ」とか、「がんばったね」と言葉を添える。
・幼児には昼寝をさせて、からだを休めさせる。
・子どもが服を汚して帰ってきたら、叱らずに「よく遊んだね！」と言って誉めてあげる。

　本来の子どもたちの元気なあそびは、太陽光線を受けながら、外で泥んこになってするものですが、室内での活動が多いと、子どもたちは、ますます外に出なくなります。自然物との接触も、本当に少なくなってきていますし、しかも、そういう外あそびを好まなくなっている子どもたちも目立ってきました。
　今日、都市化が進むにつれ、子どもたちの活動できる空間が縮小されるとともに、からだ全体を十分に動かす機会が非常に少なくなってきました。咀嚼に

手をつくという防御動作がなかなかとれず、顔面に直接ケガをする子どもたちが増えてきました。日頃、十分に運動している子どもたちであれば、うまく手をついて、ケガをしないように転ぶことができます。ところが、運動不足で反射神経が鈍っていると、手のつき方も不自然になり、まるで発作でも起きたかのようにバターッと倒れ、骨を折りかねません。また、ボールがゆっくり飛んできても、手でよけたり、からだごと逃げたりできないので、ボールが顔にまともにあたってしまいます。このように、日頃、運動をしていない子どもたちは、自分にふりかかってくる危険がわからず、危険を防ぐにはどうすればよいかをからだ自体が経験していないのです。

　子どもというものは、外あそびの実践を通してからだをつくり、社会性や知能を発達させていきます。からだのもつ抵抗力が弱く、病気にかかりやすい子どもたちに対しては、健康についての十分な配慮が欠かせないことは言うまでもありませんが、そうかといって、「カゼをひいては困るから外出させない」「紫外線にあたるから、外で遊ばせない」というように、まわりが大事を取り過ぎて、子どもたちを外あそびや運動から遠ざけてしまうと、結果的に子どもたちを運動不足にし、健康上、マイナスを来たしてしまいます。

　この時期に、外あそびを敬遠すれば、全身の筋肉や骨の発達も遅れ、平衡感覚も育成されにくくなります。とくに、背筋力の低下や視力の低下が目立つ現代では、運動経験の有無が子どもたちの健康に大きな影響を与えることになります。それにもかかわらず、現実は、ますますからだを動かさない方向に進んでいるといえます。

　外あそびを通して得た感動体験は、子どもの内面の成長につながり、自ら考え、自ら学ぶ自立的な子どもを育んでいきます。便利な現代生活の中で、育ちの旺盛な幼児・児童期に、外でからだを使う機会がなくなると、子どもたちは十分な発達を遂げることができません。今こそ、みんなが協力し合って、このネガティブな状況を変えることが必要です。

　まず、国の指導者層を含め、すべての大人たちが、子どもの外あそびを大切にしようとする共通認識をもつことが重要です。外あそび体験からの感動や安らぎを得た経験をもつ子どもたちこそ、自身の成長だけでなく、自然のすばら

しさや大切さを感じる大人になっていくことができるのです。
　子どもは、国の宝であり、未来です。今こそ、このタイミングを逃さず、外あそび推進のために動くときであり、外あそびの重要性や意義・役割、効果について、基本的な考え方を、みんなで共有していきたいと思います。

10. 室内あそびや、スイミングやサッカー等の運動系の習い事の教室とも比較して、外あそびで得られるものは何か

　習い事のような教室では、時間帯が設けられ、時間に合わせて子どもたちが活動しなければなりません。また、教室では、技術面の向上が要求されていることが多く、同年齢・同レベル集団でのかかわりが多いです。さらに、ドリル形式や訓練形式で教えられることが多く、子どもたちは大人の指示に従うことが多くなり、自分たちで工夫して試してみようということが少なくなってきます。

　一方、外あそびは、参加・解散の時間は融通性があり、集団の構成は異年齢で構成される傾向が多いです。年上の子が下の子の面倒を見ながら、あそびに参加したり、自然をあそびに取り込むことによって、自然（物）を知ることもできます。家の手伝いやお使いの時間を考えて、仲間同士であそびの約束をし、自分の足で歩いて友だちの家に行き、あそびに誘います。自発的に、自主的に、自分の興味や関心のあるものを見つけて、それに熱中し、時を忘れて遊び込んでいくことができます。

11. 子どもと自然体験

（1）自然体験の概要

　自然体験とは、自然環境の中で行われる活動を通じて、子どもたちが自然とのかかわりを深め、感性や知識を養う行動を指します。この体験は、五感を活用し、自然を直感的に理解する手段であり、自然の中でのあそびや活動を通じ

て得られる多様な学びも含みます。

　自然体験の定義として、文部科学省[1]は「自然の中で、自然を活用して行われる各種活動であり、具体的には、キャンプ、ハイキング、スキー、カヌーといった野外活動、動植物や星の観察といった自然・環境学習活動、自然物を使った工作や自然の中での音楽会といった文化・芸術活動などを含んだ総合的な活動」としています。

　自然体験には様々な形態がありますが、季節ごとに変化する自然現象を体感し、季節の移り変わりを感じることも重要な要素です。例えば、春には花が咲く様子を観察し、夏には昆虫採集や川あそびを楽しむ、秋には紅葉や落ち葉あそび、冬には雪や氷を利用した活動が該当します。

　さらに、自然体験は単なる楽しみや気分転換にとどまらず、子どもの成長や発達において重要な役割を果たします。自然環境の中では、人工物のない自由な空間でからだを動かすことで、子どもの体力や運動能力が向上することが期待されます。渡部[8]の研究では、子どもの自然体験は、豊かな人間性や自主性、体力・健康などの生きる力の基盤を育むと報告されました。

　また、自然界に存在する多様な生物や地形、気象現象を観察する中で、子どもの好奇心や探究心が刺激されます。このような経験は、学問的な知識の基盤となるだけでなく、問題解決学習能力や創造性の向上にもつながります。

　さらに、自然体験は、情緒や社会性の発達にも寄与します。自然の中での活動は、ストレスを軽減し、子どもの心を穏やかにする効果があります。加えて、グループで自然体験を行う場合には、他者との協力やコミュニケーションの機会が生まれ、社会性が育まれることが期待されます。自然体験を通じて感じる達成感や満足感は、自己肯定感の向上にもつながっていきます。中川ら[9]の研究では、自然体験は、子どもの心理的社会能力に良い影響をもたらすと報告されていました。

　また、自然体験は、子どもたちに自然の仕組みや命の循環について学ぶ重要な機会を提供します。自然体験の中で、子どもたちは植物や動物が生きるための条件や、自然界の調和について実感を伴って理解します。このような体験は、子どもたちが自然との共生意識を育て、将来的に環境保護に積極的に関わる心

をもつ契機となります。
　このように、自然体験は子どもの発達や学びの基盤を築くために欠かせない活動です。自然がもつ豊かな要素を最大限に活用し、子どもたちにその価値を体験的に伝えることが重要です。それは、単なる知識の習得ではなく、自然と一体になることで得られる感動や気づきを通じて、より深い理解と持続的な関心を育むものなのです。

（2）自然体験を行う環境
　自然体験を実施する環境は、家庭や保育施設、小学校、地域社会など、多岐にわたります。それぞれの環境には独自の特徴があり、子どもたちに提供できる自然体験の内容や意義も異なります。そのため、環境ごとの特性を理解し、それに応じた活動を計画・実施することが重要です。以下に、それぞれの環境の特徴と具体的な自然体験の内容を説明します。

１）家庭
　家庭は、子どもが最も身近に自然とふれあう機会を得る場所の一つです。庭やベランダ、近隣の公園など、小さな空間でも、自然を感じる貴重な場となります。
　① 植物の栽培
　　プランターや庭で野菜や花を育てることは、子どもに植物の成長過程や世話の重要性を教える良い機会です。種をまき、水やりをし、成長を観察する中で、植物の生命の営みを身近に感じることができます。
　② 昆虫観察や動物とのふれあい
　　庭や近隣で見つけた昆虫を観察したり、犬や猫、鳥などのペットとふれ合ったりすることで、命の多様性や自然界の生態系について学べます。

２）幼児教育・保育施設
　保育所や幼稚園、こども園などの施設では、専門的な知識をもつ保育者が計画的に自然体験を提供します。子どもの発達段階に応じた活動を通じて、自然とのふれあいを深めることができます。
　① 園庭での日常的な活動

土あそび、水あそび、植物や昆虫の観察、砂場あそび、花壇の手入れ等、身近な自然環境を利用した活動が行われます。
② 自然散策や季節の行事
近隣の公園や自然豊かな場所への散歩や春の花見、秋の収穫祭など、季節に応じた行事を通じて、子どもたちは自然のリズムや四季の移ろいを体感します。
③ 地域との連携
行事では、里山や田畑などの地域の自然資源を活用することが多く、地域とのつながりを感じる機会にもなります。

3）小学校

小学校では、自然体験が教科教育と結びついた形で実施されています。特に理科や生活科では、科学的な思考や自然環境への理解を深めることが期待されます。
① 教科教育と連携した活動
理科の授業では、野菜や花を育てたり、植物の成長過程を観察したりする活動を通じて、植物の構造や生態について学びます。
② 学校外での学習活動
遠足や社会科見学などでは、実際の自然環境にふれる貴重な機会が提供されます。河川や森林を訪れ、生態系について学ぶことができます。
③ 季節の変化を観察
学校敷地内や周辺環境を利用して、季節の変化を観察する活動が行われます。これにより、自然界のリズムや環境の変化に対する理解を深めます。

4）地域

地域社会は、子どもたちにとって広範な自然体験の場を提供します。地域の自然環境や資源を活用した活動は、学校や家庭では得られない多様な体験を可能にします。
① 地域の自然環境での活動
公園や山林、畑、河川敷などで昆虫採集や木の実拾い等を通じて、自然の多様性にふれることができます。

② 地域のイベントへの参加
　　自然観察会、植樹活動、環境保全活動など、地域で行われるイベントに参加することで、自然とのつながりを体験し、地域の人々との交流も深められます。
③ 博物館や環境教育施設などの利用
　　地域の博物館や環境教育施設では、専門的な解説や体験プログラムが提供され、学びの幅が広がります。

　地域や施設ごとに異なる特徴を活かし、それぞれが連携して自然体験を提供することで、子どもたちは自然の多様性や季節の移ろい、命の尊さを実感できます。これらの体験を通して、子どもたちの自然に対する理解や関心を深め、持続可能な社会の担い手としての資質を育むことが期待されます。

（3）動植物とのふれあい

　動植物とのふれあいは、自然体験の中で重要な役割を果たします。これらの体験を通じて、子どもは自然の多様性に気づき、命の循環や共存の大切さを学ぶことができます。また、動植物への関心をもつことで、自然環境への理解や愛着が深まり、持続可能な社会の一員としての意識を育む契機となるとともに、好奇心や探究心を刺激し、自然界への興味を育て自然の仕組みを理解する基盤を築きます。

1）動物

　動物とのふれあいは、子どもたちに命の温かさを直感的に感じさせる貴重な体験です。動物の行動や特徴を観察することで、多くの学びを得ることができます。下記の体験を通じて、子どもたちは命の重みや他者への思いやり、共生の意識を学びます。

① 小動物の世話
　　ペットや学校で飼育されているウサギやモルモット等を世話する活動は、責任感を育てます。餌やりや掃除を通じて、生き物に必要なケアのしかたを学びます。

② 動物園や牧場の体験
　　牛の乳搾り体験や羊の毛刈り等、動物が人間生活にどのように貢献しているかを知る機会を提供します。
③ 野生動物の観察
　　森や河川などで鳥の鳴き声やカエルの生態を調べることで、生物の生態系に対する理解が深まります。

2）植物

植物とのふれあいは、身近に実施しやすい活動の一つです。植物はその成長過程や季節ごとの変化が視覚的にわかりやすく、子どもの興味を引きやすい特徴があります。

① 植物観察
　　葉や花の形、色、香り等を観察することで、植物の多様性を学びます。例えば、春の桜の開花や秋の紅葉を観察することで、季節による植物の変化を知ります。
② 成長サイクルの学び
　　種をまき、発芽し、成長する過程を観察する活動は、植物の成長サイクルを理解する上で効果的です。自分で育てた植物が花を咲かせたり、実をつけたりする経験は、達成感や喜びを与え、自然への感謝を育てます。
③ 収穫体験
　　野菜や果物の収穫を通じて、食べ物がどのように作られるかを学び、自然の恵みに感謝する態度を養います。

3）昆虫

昆虫とのふれあいは、探究心を刺激する活動として効果的です。昆虫の多様な形態や行動は、観察や飼育を通じて多くの発見をもたらします。子どもたちにとって、昆虫とのふれあいは、自然界の多様性や生態系のつながりを理解するための重要なステップです。

① 昆虫採集
　　トンボやチョウ、バッタ等を観察し、それぞれの特徴や動きを学びます。
② 昆虫の飼育

幼虫から成虫への変化など、昆虫の生命サイクルを観察することで、生態への理解と責任感を育てます。
③　自然界での役割の学び
昆虫が植物の受粉や土壌の分解など、自然界で果たす重要な役割について学びます。例えば、ミツバチが花の受粉に果たす役割を知ることで、自然環境の維持について考えるきっかけとなります。

動植物とのふれあいは、自然界の仕組みや命の大切さを直接感じさせる貴重な体験です。これらの活動は、感覚を通じた学びだけでなく、情緒や社会性の発達にも寄与します。また、動植物への関心は、環境保護や持続可能な社会を目指す姿勢を育む基盤となります。保護者や保育者がこれらの活動を適切にサポートし、安全で豊かな体験を提供することが重要です。

(4) 季節の自然体験

自然体験は、季節ごとの特徴を反映させることで、子どもたちに自然の豊かさや四季の変化を感じ取らせる重要な機会を提供します。日本の四季は明確であり、それぞれの季節に応じた自然現象や動植物の変化を体感できることが特徴です。これらの体験は、子どもたちの感性を豊かにし、自然への関心を高めるとともに、自然界の仕組みや循環についての理解を深める役割を果たします。

1) 春の自然

春は生命が芽吹き、自然界が新しい活動を始める季節です。この時期の自然体験は、子どもたちに生命の成長や季節の移り変わりを体感させる貴重な機会となります。春の自然体験は、新しい始まりを象徴する季節の特性を子どもたちに感じさせ、生命の循環を学ぶ初めのステップとなります。
①　花の観察と植物観察
桜やチューリップ、タンポポ等、色とりどりの花が咲く様子を観察し、植物の種類や形、香りを学びます。また、新芽や若葉を通じて植物の成長を理解します。
②　動物や昆虫の活動観察

鳥が巣を作り始める様子や、カエルや昆虫が冬眠から目覚める姿を観察することで、生態系の変化を学びます。
③　野外活動
　暖かくなる春は、散歩やハイキングに適した季節です。森林や公園で草花や動物に触れる体験を楽しむことができます。

2）夏の自然

夏は、子どもたちが屋外で思い切り活動できる季節です。この時期は、ダイナミックな自然現象を体感することで、感覚を刺激する多様な体験が可能です。夏の自然体験は、からだを使って自然を体感する機会が多く、子どもたちの好奇心や探究心を大いに刺激します。

①　水辺での活動
　川あそびや海水浴、池での生き物観察などが夏の代表的な自然体験です。魚やカニ、エビ等を観察する中で、淡水や海水の生態系について学びます。

②　昆虫観察
　カブトムシやクワガタムシ、セミ、トンボ等の昆虫を捕まえたり、観察したりすることで、昆虫の多様性や生態を学びます。

③　星空観察
　夜空が澄んでいる夏は、星座や天の川の観察に適しています。天体観測を通じて、子どもたちの宇宙への興味を広げることができます。

3）秋の自然

秋は収穫の季節であり、自然界が成熟した姿を見せる時期です。この季節の自然体験は、自然の豊かさを実感する機会となります。秋の自然体験は、自然からの恩恵を実感し、自然に感謝する心を育む機会を提供します。

①　紅葉観察
　様々な種類の木が紅葉する様子を観察することで、植物の種類や葉の役割、色が変化する理由を学びます。

②　収穫体験
　稲刈りやサツマイモ掘り、リンゴ狩り等の体験を通じて、食物がどのように育ち、私たちの生活に届くかを学びます。

③　自然物を使った活動

　　落ち葉やどんぐり、松ぼっくり等を使ったあそびやクラフトを通じて、自然の多様性を感じ取ります。

4）冬の自然

冬は気温が下がり、自然環境が休息する季節です。この時期特有の自然現象や動植物の変化を観察することで、自然の多様性について理解を深めます。冬の自然体験は、寒さの中でも自然が息づいていることを子どもたちに伝える貴重な機会です。

① 雪あそび

　　雪だるまづくりや雪合戦、ソリすべり、雪の結晶の観察など、冬ならではのあそびを楽しむことで、水の状態変化や雪の特性について学びます。

② 冬眠する動物の観察

　　カエルやヘビがどのように冬を越すかを調べることで、動物が季節に適応している様子を理解します。

③ 寒冷地での観察

　　霜柱や凍った水たまり等を観察することで、気温や水の性質についての理解を深めます。

　季節ごとの自然体験は、子どもたちに四季の移ろいを直感的に理解させ、自然への関心を高めるとともに、命の循環や自然環境の大切さを学ぶ機会を提供します。保護者や保育者が季節ごとの特性を生かした活動を計画し、子どもたちが安全かつ楽しく自然体験のできる環境を整えることが重要です。また、地域社会との連携を通じて、より豊かな自然体験を実現することが期待されます。

（5）自然体験を行う際の注意

　自然体験は、子どもの成長にとって非常に有意義な活動ですが、自然環境には様々な危険や配慮すべき要素が存在します。そのため、安全で効果的に自然体験を行うためには、事前準備、適切な指導、環境への配慮が欠かせません。

1）自然体験でのケガや事故

自然体験には、転倒や擦り傷、虫刺され、植物によるかぶれ、熱中症などのケガや事故のリスクがあります。また、水辺での活動では、溺水や転倒の危険も伴います。これらを防ぐための具体策を以下に挙げます。安全管理を徹底することで、安心して自然体験を楽しむ環境を作ることができます。

① 活動場所の把握

　　活動場所の地形や植生、気象条件を確認し、滑りやすい場所や急流、有毒植物や危険な動物の存在など、潜在的な危険を把握します。

② 準備・計画

　　滑りにくい靴や長袖・長ズボンの着用でケガや虫刺され等を防ぎます。暑さが予想される場合は、こまめな水分補給や日陰での休憩を計画に組み込みます。

③ 安全ルールの共有

　　活動前に、「走らない」「危険な場所に近づかない」「知らない植物や動物には触らない」等の基本的なルールを共有し、危険回避の意識をもたせます。

④ 応急処置と監視体制

　　応急処置用品や緊急連絡手段を準備し、保護者や保育者が基本的な応急処置を習得しておくことが望まれます。また、活動中は子どもたちを常に観察し、異変があれば迅速に対応します。

2）環境保全

自然体験は、子どもたちに自然環境の大切さを学ばせる良い機会ですが、同時に環境保全への配慮が必要です。

① 自然環境を傷つけない行動の指導

　　植物をむやみに引き抜いたり、動物を過度に刺激したりしないことを教えます。採集活動では、地域のルールやマナーを守り、必要以上の採取を控えます。

② ゴミの持ち帰りと環境保全

　　活動中に出たゴミは必ず持ち帰り、自然環境にゴミを残さないようにし

ます。また、使用した落ち葉や小枝などを元の場所に戻すよう指導します。
③　地域のルールと文化の尊重
　　地域固有の自然や文化にふれる際には、その地域のルールや慣習を尊重します。地域住民との交流を通じて、自然環境の維持や保護について学ぶ機会を作ります。
④　環境保全活動の取り入れ
　　植樹活動や清掃活動などを体験に組み込むことで、子どもたちは自然を守る意義を実感し、環境保護意識を高めることができます。

　自然体験を安全かつ効果的に実施するためには、危険管理と環境保全の両方を徹底することが重要です。保護者や保育者が事前準備を整え、適切な指導を行うことで、子どもたちは安心して活動に取り組み、より豊かな学びを得ることができます。また、自然体験を通じて、子どもたちが自然を尊重し、未来の環境保全を担う意識を育むことが期待されます。このような体験を積み重ねることで、子どもたちは自然との共生意識を身につけ、持続可能な社会の一員として成長していくことでしょう。

12．今後に向けて

　地域のひらかれたあそび場や居場所が不足する現状が続くと、家庭の経済格差が子どもたちの体験格差につながってしまうことが懸念されます。習いごとやスポーツクラブ、週末の外出など、お金のかかる体験活動の実施率は、家庭の収入に比例していくことも明らかですので、注意が必要です。
　放課後の午後3時～5時の間に、家庭と教室に次ぐ居場所を模索し、そこで、再度、「外あそび」を活発化させることこそが、子どもたちの孤立を解消し、健全な成長を促すための切り札になると考えます。すでに、学童保育・放課後子ども教室・子ども会など、公的事業を含む様々な放課後活動が存在していますが、これらの活動は予算不足と感じます。それは、活動の頻度や定員が少ないこと、必要とする子どもたちすべての「居場所」になりきれていないことか

ら、いえることです。

　また、ガキ大将不在の今日は、外あそび経験が乏しい現代の子どもたちにとって、安全を見守るだけでなく、外あそびのレパートリーや魅力を伝え、促してあげる大人や指導者の存在も必要です。こうした人材が不足すると、せっかくの放課後活動も、室内で宿題をしたり、おとなしく過ごしたりするだけになってしまいます。

　そこで、

① 　学童保育・放課後子ども教室など、既存の放課後事業への、国からの配分予算を増やして、すべての子どもたちの放課後を充実させてもらいたいものです。

② 　障害をもつ・もたないにかかわらず、すべての子どもたちの外あそびを「促し」「応援する」場所としての街区公園の整備が必要です。外あそび推進のための人材の育成も計画していきたいものです。

③ 　学童期のことだけでなく、その前からの、いわゆる乳幼児期からの配慮が必要ですので、例えば、既存の街区公園の整備と、低年齢児、なかでも、０・１・２歳児の安全なあそび場の確保・整備も呼びかけていきましょう。

④ 　放課後事業は、学校施設に設置されることが望ましいですが、子どもたちの見守りやケガの責任が先生たちに課せられてしまう懸念が、自由開放や施設利用推進の大きな壁になっていると思います。そうした負担を軽減するためにも、放課後事業に特化した人材の育成と十分な確保、そういった人材の間でのあそびや外あそびに関する知見の蓄積が必要です。そして、平日の放課後に、すべての子どもたちが、校庭や学校施設、街区公園や広場、その他のあそび場で、のびのびと遊び、楽しい時間を過ごすことができるようにしていきましょう。

　子どもたちの安心・安全な居場所を確保し、外あそびを少しでも復活させていくことが、本当に重要です。少子化が進む日本だからこそ、未来を担う一人ひとりの子どもが安全で、より健康に、そして、より幸せに、大人になっていくことができるよう、みなさんの理解と協力をお願いしたいです。

また、今日、保育者や指導者となる若者たちにおいても、その生活自体が夜型化していることもあり、そのような状態が「あたりまえ」と感じられるようにもなってきているため、子ども時代の健康づくりや外あそびに関する理論の研讃が大いに求められると言えるでしょう。そして、外あそび実践の面においても、指導者側の問題として、指導者自身の遊び込み体験の少なさから、「あそびのレパートリーを子どもに紹介できない」「あそび方の工夫やバリエーションづくりのヒントが投げかけられない」という現状があり、保育・教育・体育現場において、幼少年期からの健康づくりにとっての外あそびの重要性や外あそびのレパートリー、運動と栄養・休養を考慮した生活リズムとの関連性を、子どもたちに伝えていくことすらできないのではないかと懸念しています。

【文　　献】
1）文部科学省：青少年の野外教育の充実について（報告），pp.1-48，1996．
2）渡部かなえ：発達障害・知的障害を持つ子どもたちの自然体験活動の意義と現状，人文研究205，pp.59-74，2022．
3）中川保敬・草野　柊・井福裕俊・小澤雄二・齋藤和也・坂本将基：自然体験活動が与える有効性について　社会教育施設で行われる継続した体験活動を通して，熊本大学教育実践研究36，pp.191-195，2019．
4）前橋　明編著：外あそびのススメ―ぼくも遊びたい、わたしも入れて!!，大学教育出版，pp.1-208，2022．

第14章
公園、園庭遊具の重要性と園庭づくりの工夫

　固定遊具は、その設置に先立ち、動きの導線や遊具の配置を周到に行い、子どもたちが出合い頭にぶつかったり、運動の流れが極度につまったりしないように、空間を確保しておくことが大切です。この空間内には、遊具本体を除き、照明灯やマンホール、縁石などの施設や、石やガラス等の異物があってはなりません。

　次に、予測できない危険「ハザード」をなくすことが必要です。ハザードには、物的ハザードと人的ハザードの2種類があり、物的ハザードとは、遊具の不適切な配置や構造、不十分な維持管理による遊具の不良などに問題がある危険です。人的ハザードとは、遊具の使用の方法に問題がある危険です。

　したがって、遊具は、正しい使い方をして、仲良く遊ぶこと、遊具に不具合があるときは、専門業者による点検のほか、指導者や職員による点検を実施してもらう必要があります。早期発見・早期対応が事故防止に繋がるので、大人の協力が必要です。子どもも、ねじが緩んでいたり、異音が生じたりするようなときは、すみやかに近くにいる大人に伝えるよう、幼少児期から指導しておくことが重要です。

　そして、日常のメンテナンスの実施や「定期点検」をすること、さらには、製品の構造的な部分や、対処の難しい箇所については、専門家に依頼して、修理や改善をしておくことが求められます。

1．固定遊具の点検と結果の対応

　遊具の設置後に、日常点検や定期点検を行い、必要によっては、修繕が求められます。専門家（遊具点検士）による遊具のメンテナンス契約を結んでおくことも大切です。

（1）児童ための遊具は、定期的に点検し、または補修を行うことにより、遊具の安全確保を図り、事故を未然に防止し、適切に管理することが必要です。そのために、管理者は、専門家による遊具の保守点検を、少なくとも年に1回以上は実施してほしいものです。保守点検を行った遊具については、点検実施時における状況や点検結果を記録し、適正に保管することが大切です。

　　また、遊具の劣化は、設置後の経過年数や、地域の気象条件ならびに遊具の使用状況、部位、構造、管理方法および立地条件などにより、劣化の進行状況が異なることに留意しておきましょう。

（2）遊具を構成する構造部材および消耗部材は、金属類、木質類、プラスチック系、繊維などの様々な材料が用いられていることを理解し、事故に繋がりやすい危険箇所、とくに、過去の実例から危険性があると判断されるポイントについては、重点的に点検を実施することが必要です。

（3）点検の結果、遊具の撤去または補修の必要が生じた場合は、迅速な対応が求められます。

　① 放置しておくことで、事故につながる恐れがあると判断されるものについては、早急に使用禁止の措置を行うとともに、撤去または補修を行うこと。
　② 補修の困難なものについては、撤去を行うこと。
　③ 早急に対応する必要がない場合は、点検終了後に補修を実施すること。
　④ 事故に繋がるおそれがなく、当該点検時に補修を実施するよりも適切な時期に補修を実施する方が効果的なものについては、経過観察をすること。

2．安全に配慮した遊具の設計と製品そのものの安全性

（1）安全に配慮した設計

　花や樹木などの環境を生かしつつ、安全エリアを確保することが基本となります。安全マットの設置や段差の注意喚起の塗り分け等、安全に配慮した設計・配置が求められます。

（2）製品そのものの安全性

　① 突起の少ないボルト類：子どもたちの手やからだにふれる部分には、突起の少ないボルトを使用することが望ましいです。
　② 指爪防止チェーン：チェーンの隙間に樹脂カバーを取り付けてカバーチェーンにしてもらいましょう。
　③ 盗難防止ボルト：ときに、遊具のボルトを盗む心無い人が現れることがあります。特殊工具を必要とするボルトを使い、いたずらからなる事故を防ぐことも必要です。
　④ 鋼材の品質：JIS規格に定める鋼材を使っていることが必要です。
　⑤ 木材：耐久性、耐水性が良く、ささくれ等が起こらないような素材が求められます。
　⑥ 樹脂：耐候性や衛生面に優れているもの。
　⑦ ネット遊具：耐候性や耐摩擦性、耐熱性、衛生面に優れたもの。
　⑧ 塗装：耐候性や耐水性、防カビ、防藻性に優れ、美観を保つもの。

（3）設計・設置上の留意点

　① 頭部・胴体・首・指を挟みこんでしまう隙間を除去して、事故を防止してもらいたいものです。子どもが自分の体格を意識せずに通り抜けようとした場合、頭部や胴体の挟み込みが発生しないように、開口部は胴体が入らない構造にするか、胴体が入る場合は頭部が通り抜ける構造にしましょう。
　② 指が抜けなくなる恐れのある穴は、設けないようにします。

③ 踊り場や通路といった歩行や走行を目的とした平坦な床面の隙間は、6 mmを超えないようにしましょう。ただし、つり橋やネット渡り等のあそびを目的にした部分の隙間は、頭部や胴体の挟み込みが起こらないようにしてもらいます。要は、子どもが容易に触れる部分には、突出部や隙間を除去し、事故を防止したいものです。

④ 子どもが容易に触れる可能性のある部分には、着衣の一部やカバンのひもが絡まったりしないように配慮しなければなりません。とくに、滑走系の遊具のすべり出し部のように、落下が予想される箇所では、絡まったり、引っかかったりする突出部や隙間がないようにしてください。落下高さに応じて、ガードレールや落下防止柵を設置し、不意な落下を防止します。

3．固定遊具、近年の総合遊具や公園遊具の特徴と安全な使い方

(1) 固定遊具や総合遊具の特徴

　固定遊具は、児童の健康の増進や情操を豊かにすることを目的として、児童に安全かつ健全なあそびを提供する屋外施設です。標準的設備としては、ブランコや砂場、すべり台、うんてい、ジャングルジム等があります。

1) すべり台

　公園や校庭、園庭に標準的に設置されるすべり台は、シンプルな機能をもっていますが、おもしろさがいっぱいです。

2) ブランコ

　揺動系遊具のブランコは、時代を超えて、多くの子どもたちに親しまれてきた遊具です。楽しさばかりではなく、最近の子どもたちの弱くなっているバランス感覚を向上させたり、様々な動作の習得に有用な運動機能を高めたりします。

3) うんてい

　上体の筋力だけではなく、全身の筋力を高め、リズム感や持久力も養います。子どもたちのからだに、比較的強い負荷をかける運動を生み出す遊具ですが、

何より子どもたちの「挑戦する」というチャレンジ精神に働きかける遊具です。

4）モニュメント遊具・恐竜遊具

博物館でしか見ることのできなかった古代の生き物や恐竜などが、子どもたちのあそび場にやってきます。安全性とリアリティ感を経験でき、また、本物の化石にも勝る存在感を味わわせてくれます。

5）木登り遊具

ダイナミックな木登りあそびが再現できます。木登りを体感できる遊具として、木登りのおもしろさ、とくに、枝から枝へ、大型であれば、安全のために、ネットがらせん状に張りめぐらされ、迷路のようなあそび空間をも創ります。もちろん、子どもたちは好奇心を膨らませて枝をよじ登り、空に向かって冒険を始めます。木登り遊具は、小さな挑戦をいくつもくり返しながら、あそびを創造し、子どもたちの夢を育んでいきます。登る、降りる、ぶら下がる、這う等、多様な動きが経験できます。

① 木登りは、育ち盛りの子どもたちが「チャレンジ精神」「運動能力」「集中力」を一度に身につけることのできる運動遊具です。枝をよじ登ったり、ぶら下がったりしながら、高い所へと登っていく楽しさや木登りのおもしろさを、安全に体感できる施設です。

② 遊び疲れたときには、そのままゴロン、ネットがハンモックに早変わり、からだを優しく包みます。

③ 木によじ登り、頂上に辿り着けば、爽快な風を感じることができます。また、自然の木を模した展望施設として、地上とは違った風景に気づいたり、小鳥たちのさえずりも身近に聞こえる格好のバードウォッチングのポイントにもなります。

（2）近年の公園遊具の特徴

近年の公園遊具の特徴では、公園を健康増進の場所として、公園内に積極的に導入されている健康遊具をよく目にします。気軽に楽しみながら、からだを動かすことのできる遊具は、トレーニング器具としても利用されています。この健康遊具は、広場や公園、通り、自宅の庭など、簡単に設置できて場所をと

らない遊具です。気軽に遊び感覚で使ううちに、からだをいろいろと動かして、日頃の運動不足の解消にも役立ちます。目の前にあると、つい使ってしまう気軽さと楽しさが味わえます。そして、家族みんなで楽しめて、遊びながら健康になれます。

（3）遊具の安全な使い方

　遊具の使用についての約束は、①靴をしっかり履いて、脱げないようにして遊ぶ、②マフラーのように、引っかかりやすいものは取って遊ぶ、③上着の前を開けっ放しにしない、④ランドセルやカバンは置いて遊ぶ、⑤ひも付き手袋はしない、⑥遊具の上から物を投げない、⑦高い所から飛び降りない、⑧ひもを遊具に巻きつけない、⑨濡れた遊具では、遊ばない、⑩壊れた遊具では、遊ばない、等です。

（4）固定遊具を安全に利用するための点検

1）日常点検

　日常点検とは、遊具の変形や異常の有無を調べるために、管理者が目視診断、触手診断、聴音診断などにより、行う日常的な点検のことです。日常点検を効率的に行えるようにするには、遊具ごとに日常点検表があるとよいでしょう。

2）定期点検

　遊具点検士に依頼して、定期的に点検（劣化点検や規準点検）を行ってもらいます。劣化診断の例としては、遊具の設置後、長い年月が経過すると、地面に近い箇所で、目に見えない劣化が進んでいく場合があります。そのため、定期点検によって、その劣化の状態を把握していきます。規準診断の例として、遊具の安全規準は年々改定されており、以前は規準を満たしていた遊具でも、現在の規準には当てはまらない場合があります。よって、定期点検をして、現在の規準を満たしているかを確認する必要があります。

3）遊具点検後の修繕・撤去

　不具合のあった遊具については、使用禁止とし、補修が完了すれば、開放しますが、補修が不可能なものについては、撤去が基本です。

4．運動遊具・公園遊具の安全管理

　子どもの行動は実に多様で、予想外の場所や動きから、大きな事故の発生することが予測されます。子どもたちが健康でケガや事故のない生活を送るためには、私たち大人が、子どもの利用する施設や設備の環境整備を十分に行い、毎日の安全点検を怠らないことが基本です。それと同時に、あらゆる場面で発生する事故を予測し、未然に防ぐために、日頃から子どもたちへの指導や配慮も必要です。せっかく安全な環境が整っていても、安全指導が欠けているために事故につながることは問題です。

　しかし、近年の子どもたちをみていますと、戸外での生活経験や外あそびの実践が少なくなり、社会生活の中においても、して良いことと、悪いことの区別もつきにくくなってきています。さらに、親として、子どもに危険なことはさせないようにするために、危険と思われる事柄をむやみに禁止することだけで対応している方も多くなりました。ただ禁止するだけでは、子どもの中に、危険を察知し、判断する力は養われにくくなります。子どもたちに、危険な理由やその問題点を具体的に知らせたり、考えさせたり、また、日頃から危険を回避するからだづくり・運動能力づくりを行って、子どもたちの安全能力を高めていく工夫や指導が求められます。

　そこで、施設設備の安全上の基本のチェックポイントを、外あそびの場をとり上げて、紹介します。

(1) 園庭や公園の広場
① 地面の排水が良く、滑りにくい状態であること。
② フェンスや塀の破損がないこと。
③ 石・ガラスの破片、その他の危険物がないこと。
④ マンホールや側溝のふたが安全であること。
⑤ 災害発生時の避難場所や避難経路が確保されていること。

（2）砂　場
① 適切な湿気や固さで、砂の状態が維持されていること。
② 木片やガラス、小石などを除いておくこと。

（3）すべり台
① 腐食やさび、破損がないこと。
② 着地面に十分なスペースがあり、安全性が確保されていること。

（4）ブランコ
① 支柱に、ぐらつきや破損、腐食のないこと。
② 前後に柵を作り、他児との接触・衝突事故が起こらないように配慮されていること。

（5）のぼり棒・うんてい・ジャングルジム
① 支柱にぐらつきや、支柱とのぼり棒のつなぎ目、設置部分に破損や腐食がないこと、子どもの手や足の入る小さなくぼみや穴のないこと。
② 周囲に危険物がなく、基礎コンクリートが露出していないこと。

（6）鉄　棒
① 支柱がしっかりしていること。
② 年齢に応じた高さのものが設置されていること。
③ 接続部分が腐食・破損していないこと。

　保護者の方々だけでなく、園や学校の先生方、地域の人々、行政などの施設管理者の方々を中心に、大人たちみんなが協力し合って、子どもたちの安全環境を整え、日々点検し、子どもたちのあそびや活動を暖かく見守っていただきたいものです。

【文　献】
1) 前橋　明：子どもの健全な成長のための外あそび推進ガイド，ミネルヴァ書房，pp.1-215，2024．

第15章

幼児体育の魅力

　体育【體育】は、知育・徳育に対して、適切な運動の実践を通して、脳や自律神経系の働きを亢進させ、身体の健全な発達を促し、安全能力や運動能力、健康な生活を営む態度などを養うことを目的とする教育と考えています。要は、「知育」・「徳育」に対して展開される「体育」は、①健全なからだや体力・運動能力を養う教育」と考えられます。また、②学校における教科のこととしての意味もあります。

　よって、「幼児体育」は、幼児を対象として展開される体育ですが、幼児の健全育成・人間形成を中核として考えられている方と、教科として考えられている方の認識に、少々ズレを生じていることがあります。また、「体育」を「スポーツ」に変えてはという声も時に聞かれますが、「体育」は、一運動領域や種目のことを述べているのではなく、それらを使っての教育のことを取り扱っているので、「体育」という言葉には豊かさがあり、質を異にしています。そんな中で、まず人として基本となる「知・徳・体」の調和のとれた育成をめざすことが必要です。したがって、私たちの「幼児体育」では、「体」の分野で、さらに時代に適応して、たくましく生きる力を育もうとしていかねばなりません。

　「知育」・「徳育」・「体育」の中の「体育」本来の意味や意義、役割の大きさを再認識する必要があります。日本で使っている多くの言葉は、中国から学んだものがとても多くあります。漢字一字一句に、作られてきた経緯や歴史があります。

　「体育」の「体」の字を取り上げてみても、「からだ」というのは「人」の

「本体」だというわけです。よって、「からだ」というのは「人」の「本体」ということで、その教育ということですから、各種のからだ動かしや運動あそび、鬼ごっこやスポーツごっこ、体操やダンス等を体験しながら、人間形成に寄与する「幼児体育」の意味や役割は、大きく、豊かなのです。

現状のところ、「幼児体育」を、①からだの発育・発達を促し、体力の向上を図るための「教育・人間形成」と捉えるか、②運動やスポーツの実技・理論を教える「教科」として捉えるか、立ち位置の違いで内容が大きく変わってきます。

いずれにしろ、中国からの漢字文化の歴史や漢字そのもの意味をしっかり勉強されてみると、気づいていない部分、不足している部分が見えてくるでしょう。「知育」「徳育」「体育」の3つのものが、人間形成の本質において一つのものであること、または「三者が（心を合わせて）一体になること」ということが、子どもの育ちにおいて大切ですから、知・徳・体のバランスのとれた力を育てていきたいと考えています。変化の激しいこれからの社会を生きるために、確かな学力（知）、豊かな心（徳）、健やかなからだ（体）をバランスよく育てることが、幼児期から必要不可欠です。

中でも、その一つである「幼児体育」が担う役割は、とても大きいものがあります。「幼児体育」を大切に考えて、子どもたちに関わって下さる皆さんに感謝です。ありがとうございます。全国各地域における幼児体育の発展のために、また、人々の生活の質の向上のために、本書で示す情報を使っていただけますと、幸いに存じます。

1．幼児体育とは何か

幼児体育を、いったい、どのように考えたらよいのでしょうか。幼児体育とは、何でしょうか。

幼児体育とは、各種のいろいろな身体運動、運動あそびや運動的なゲーム、スポーツごっこ、リズム・ダンス等を通して、教育的角度から指導を展開します。そして、運動欲求を満足させ、身体諸機能の調和的発達を図るとともに、

精神発達を促し、精神的・知的側面も伸ばし、社会性を身につけさせ、心身ともに健全な幼児に育てていこうとする営みのことです。つまり、教育ですので、人間形成を図ろうとしているのが、「幼児体育」なのです。

　では、体育あそびと運動あそびについて、その違いを説明させていただきます。本屋さんに行くと、「体育あそび」の本があります。「運動あそび」の本もあります。それらの本を開いて、中を見ると、中に掲載されているあそびは、鬼ごっこであったり、マットあそびであったり、いろいろな運動あそびが掲載されています。「体育あそび」の本の中にも、同じ運動あそびが掲載されています。要は、掲載されているあそびは同じ運動あそびです。

　では、体育あそびと運動あそびは、何が違うのでしょうか？まず、あそびは、自発的・自主的に展開されるものです。いつ始まって、いつ終わってもいいのです。運動あそびは、運動量のあるあそびです。要は、動いて、からだを動かして、心臓がドキドキし、息を吸いながら、心臓や肺臓の機能が高まる動的なあそび、つまり、血液循環が良くなって心肺機能が強くなる運動量のあるあそびを、「運動あそび」と呼んでいます。

　「体育あそび」も、そういう「運動あそび」と同じですが、幼児体育では、教育的な目標を達成するために、「運動あそび」を使って、子どもたちの社会的な面や精神的な面、知的な面をも伸ばしていこうと考えています。つまり、体育の中で使われる運動あそびのことを、「体育あそび」と呼んでいます。中身は、同じあそびでも、自発的・自主的に、いつでも終わってもいいという「運動あそび」とは違って、体育あそびは、ある一定時間、みんなといっしょに仲良く協力して、片づけまで、一生懸命に最後まで、みんなといっしょにしようとするものです。要は、プロセスでは、努力する過程が生じるのです。体育あそびとは、教育的目標達成のために、社会的な面や精神的な面、知的な面を考慮に入れた体育教育的営みのある運動あそびのことなのです。そのプロセスでは、努力する過程があることが特徴なのです。幼児を対象に、各種の運動あそびや運動の指導を通して、人間形成を図るわけですが、人間形成の側面には、どのようなものがあるのか、私は5つの側面を考えています。

　あそびを通して、①身体的にも良い状態になれる身体的（physical）な面、

②友だちを思いやって応援したり、助け合ったりする社会的（social）な面、そして、③いろいろな遊び方を考えたり、動きの仕方を工夫したりする知的（intellectual）な面、4つ目は、④最後まで頑張る精神的（spiritual）な強さ、5つ目は、⑤安定した情緒で友だちと関わり、情緒の解放を図る情緒的（emotional）な面の育ちです。この5つの側面のバランスのとれた育ちが、幼児体育での目的にもなるでしょう。

2．幼児期に、経験させたい運動

「幼児期に、経験させたい運動を教えてほしい」という質問が、よく私に投げかけられます。私は、「歩くことは、運動の基本」「走ることは、運動の主役」と思っています。ですから、歩く・走るという運動の大切さを、ぜひ幼児期にしっかり経験させていただきたいと願います。

要は、もっと、「歩く」「走る」という運動の経験を、しっかりもたせていきたいと考えています。そして、生活の中で、近年、なかなか行わなくなった動き、とくに、「逆さになる」「転がる」「回る」「支える」いった動きが少なくなっていますので、幼児期から努めて、しなくなった動きや弱くなった動き、とくに、逆さ感覚や回転感覚、支持感覚を育てるような動きを大事にしていきたいと考えています。

体力・体格の発達と学習の適時性については、3つの段階に分けて、話をしたいと思います。まず、幼児期から10歳ぐらいまで、いわゆる小学校の低学年ぐらいまでは、バランス系のあそび、敏捷な動き、巧みな動き等の平衡性や敏捷性、巧緻性と言われる「調整力」の獲得に適時性があります。

そして、小学校の中学年くらいになると、皆さん方も思い出の中にあると思いますが、よくドッジボールを行ったのではないでしょうか。ドッジボールのドッジという言葉とは、ボールをぶつけて遊ぶというイメージがありますけれども、飛んでくるボールを、うまくよける、かわすという意味ですから、様々な身のこなしができる時期ということです。よって、小学校の中学年時期に、ドッジボールをとても楽しんだという思い出を、ぜひ思い出してください。そ

ういう身のこなしに、適時性のある時期だということです。
　小学校の高学年ぐらいになると、だんだん動きが磨かれて、けっこう、良いフォームで運動を遂行するようになります。そして、中学生ぐらいになると、しだいに内臓諸器官が強くなるので、持久的な運動実践へ進めるようになっていきます。
　このように、3つの段階で、子どもたちは運動の学びの適時性があるものと考えます。

3．4つの基本運動スキル

　4つの基本運動スキルは、まず、①移動するタイプの動きを、移動系運動スキルと言い、ある場所からある場所まで這う、歩く、走る、水の中では泳ぐことで移動する動作スキルのことです。
2つ目は、②操作系の運動スキルです。これは、物を操作するタイプです。ボールを投げるとか、フラフープを回す、ボールを蹴る等、操作する動作スキルです。
　3つ目は、バランスをとる運動スキルです。姿勢の安定を維持するスキルです。片足立ちになったり、平均台を渡ったりするスキルです。
　4つ目は、動かないけども、運動する非移動系運動スキルです。ぶら下がって頑張る、その場で押す、引く運動です。その場での運動スキルとも言います。
　もう少し詳しく見ていきます。この4つの運動スキルを、一つずつ紹介します。
　移動系の運動スキルは、這う、歩く、走る、跳ぶ、泳ぐ等、鬼ごっこやしっぽ取りあそびをして、走って移動しています。腹這いになって、這ってトンネルをくぐっています。ある場所からある場所まで、這って移動する、手をついて手で歩いて移動する、築山の上から落ち葉の上に段ボールや新聞紙を敷いて滑り降りるという移動する運動スキルです。
　次に、物を操作する、操作系の運動スキルを紹介します。つかむ、投げる、蹴る、打つ、運ぶ等があります。ボールを投げ入れる、パターゴルフ、ボール

を打つ、運動会の時の玉入れ等、物を操作する操作系運動スキルです。

そして、姿勢のバランスをとる、姿勢の安定性を維持する平衡系運動スキルです。平均台の上で立つ、乗る、渡る等の動きがあります。

はしごを渡っていく、廊下に積み木を置いて、その上に板を載せて積み木渡りです。このような運動が、バランスあそびになります。ちょっと緊張感をもたせて、高いレベルの平衡系運動スキルが育成できるあそびにもなります。

では、次に、移動はしないけれども運動する、非移動系の運動スキルを紹介します。その場でぶら下がる、その場で動かないものを押す・引く、非移動系運動スキル、別名を「その場での運動スキル」とも呼んでいます。鉄棒にぶら下がる、頑張る、動かない運動です。

上手になると、ぶら下がったままで、足でボールを挟んで、挟んだボールを、もう一つのフープの中に入れる運動ができるようになります。腕は、非移動系の運動スキルを発揮していますが、足は操作系の運動スキルです。上手になると、一度に同時に2つ以上の組み合わせの運動スキルが発揮できます。大根抜きあそび、大人の足を少しでも動かしたら、私の勝ちという、非移動系の運動スキルの発揮です。寝転がってL字になったパパの両足を、床に倒す動きもあります。ママやパパの腹筋運動にもなります。動かない足をぐっと引っ張って床につけようとする、非移動系の動きですね。

さて、もう一度確認します。基本の運動スキルとして、移動系運動スキル、操作系運動スキル、平衡系運動スキル、非移動系運動スキルの4つの基本運動スキルを頭に入れておいていただけたら、嬉しいです。

4．幼児と運動指導

幼児にとって発達理論の伴わない技術面に偏った運動経験やスポーツ体験は、早期から運動に対する好き嫌いをはっきりさせます。大切なことを、3つお伝えします。

①運動面で、ルール性に富んだものを早くからさせすぎたり、競争的立場を早くから経験させすぎたりしないことが大切です。2つ目は、②指示に従うの

みで、与えられたことだけできるような子どもを期待せず、運動の方法や遊び方を工夫したり、創造したりする、自発性づくりに目を向けることが大切です。3つ目は、③特定の運動をさせるよりは、いろいろな運動を体験させ、運動に親しみ、楽しく活動させることが大切です。

　幼児期には、この3つを大切にしてほしいと、私は願います。子どもたちが自発的にあそびを展開していくためには、まず基本となるあそびや運動の仕方、安全に関する約束事を、その場に応じて実際に紹介する必要があります。そして、子どもたちが自発的にあそびを展開したり、バリエーションを考えだしたりして、あそびを発展させるきっかけをつかんだら、指導者はできるだけ早い時期に、主導権を子ども側に移行していくという基本方針をもつことが、幼児体育では非常に大切になってきます。

　次に、保育時間内に運動を指導し、終了の挨拶の後、子どもから問いかけがあった指導事例をお伝えします。子どもが、「先生、もう遊んでいい？」と質問したのです。

　もし、その先生の指導が非常に心に残って、おもしろかったならば、「もっとしたい。まだまだしよう」と言ってくるはずです。「いや、今日はもう時間がないからね。今日は終わり」と答えると、「じゃあ、明日もしてね。明日も、またしようね」という、感動した反応が返ってくるはずです。ところが、周到に準備されて指導されても、子どもの心を動かすことができていなかったのかもしれません。要は、子どもたちから、「あー、おもしろかった。もっとしたい。明日も、またしてほしい」と、感動した反応が戻ってくる指導を心がけたいと願います。

　動きを通して、動きだけを教えるのではなくて、動きを通して子どもの心を動かすという、そういう運動指導の重要性、あるいはあそびの紹介と伝承の必要性を、痛切に感じています。

　動きを通して子どもの心を動かし、そして、子どもたちが感動する「運動、心動、感動」という教育のあり方が、やはり指導の中では重要なことと、私は思っています。では、そういう「心が動くあそび」って、どんなあそび？　どんなことをし、どうしたらいいのでしょうか。

「動きを通して、子どもの心を動かすあそび」って、どんなあそびがあるのか、どんな方法で教えたらいいのか等、その参考に少しでもしていただけたらと思って、私の子ども時代のあそび体験をお話ししたいと思います。指導者との学習ではなかったのですが、私の父親とのあそびの中で心が動いた思い出がたくさんあります。

セミ捕りに夢中になっていた私の様子を、母親が父親にそっと伝えたのでしょうね。父親が、ある日曜日の昼に、「蝉とりに行くか？」って、誘ってくれたのです。非常に嬉しかったですね。忙しい父親が、私に遊ぼうって誘ってくれたのです。こんな嬉しいことはなかったです。「じゃあ、お父ちゃん、すぐ用意する」と言って、網を取りに行きました。ところが、その網は破けていたのです。「お父ちゃん、網が破けている。蝉とりに行けない」と、答えました。「よし、その網を持って来い。見せてみろ」と、父が言ったので、すぐ、網を取りに行って、父親のところに持っていきました。父親が、網を見て、「本当だ。網が破けている。よし、お母ちゃんから、ハサミを借りて来い」と、私に言いました。「えー！　ハサミ？　破けた網をチョキチョキ切ってくれて、網を取り換えてくれる」と、私は思ったのです。そして、母親のところに行って、「お母ちゃん、お父ちゃんが網を変えてくれるよ。ハサミがいる」と言って、ハサミを借りて、父親に渡しました。父親は、網をチョキチョキ切って、輪っかだけにしました。そして、父親は、柄を持って、地面について、「よし、セミ取りに行くぞ！」と言ったのです。網は、付け替えてくれていない状態です。輪っかだけなのです。私は、父親のことを「馬鹿」かと思いましたね。「うちのお父ちゃん、阿呆じゃないの。網がないのに、セミが取れるわけがない」と思ったのです。でも、父親は、「よし！　虫かごを持って来いよ！　セミ取りに行くぞ。神社に行くぞ！」って言うのです。本当に、阿呆かと思いましたね。そこで、仕方なく、私も付いて行った訳です。

そして、神社に行く道中に竹やぶがあって、父親がそこに入って行くのです。父親は、「ちょっと、ここで待っておけ！」と言って、網を持って竹やぶに入っていきました。何をするのかを見たら、持っている網の輪っかにくもの巣をたくさん集めているのです。

つまり、くもの巣に、網の輪っかを置いて、クルクルとくもの巣を巻きつけていくのです。そして、バドミントンのラケットの面のように、クモの巣でネットを張った状態にするのです。要は、くもの巣で、金魚すくいの道具のような形の網を作るのです。バドミントンのラケットを想像してください。網の部分に手を当てると、くもの巣だから、くっ付くのです。また、強く押しても、破けないのです。くもの巣をたくさん集めてるから、弾力性があって、「これ、お父ちゃん、引っ付くし、強いな！」これが、父親が作った網だったのです。神社に行って、ミーン・ミーンと鳴いているセミのところにそっと近づいて、セミを網にペターッとくっつけるのです。セミと格闘することなく、セミが網にくっつく昆虫採集でした。小学校１年生の時でした。夏休みの宿題で、昆虫採集のセミを持って行くと、先生が凄くびっくりして褒めてくれました。「前橋君のセミは、羽も折れてないし、原型をとどめて、きれいだ」と言ってくれました。

さて、そのセミ取りに行った当日は、非常に感動した自分がいました。帰ってから、母親にもしっかり伝えました。次の日に、その感動体験の出来事があるのです。友だちを集めました。みんなに網を持ってくるように伝えて、６人が集まりました。私は、ハサミを持っていたのです。そのハサミでみんなの網をチョキチョキ切り落として、輪っかだけにしたのです。「何、するの！」と言われましたけれど、「見ていたら、わかる」と言いながら、全部切っていったのです。その後、みんなで竹やぶとか、倉庫に行って、たくさんクモの巣を探しました。クモの巣を集めて、父親が教えてくれた網を作ったのです。それで、セミ取りに行ったのでした。たくさんセミを取って帰りました。みんなも、おもしろかったと言って帰りました。

こういうふうに、私の思い出は、広がっていったのですが、その晩、一人の友だちと、そのお母さんが、家に来ましたね。「明（私の名前）ちゃんは、何でこんな悪いことをするの？　うちの子の網は、昨日、買ったばっかりなのよ」と言ってね。本当に謝った思い出もあります。でも、友だち同士の中では、とてもおもしろかったと言って、良かったのですが……。

非常に感動した結果、自分たちもやってみよう。次の日にやってみようとい

う状況になったわけです。クモの巣の粘着性を利用してセミを取る方法、網のなくなった輪にクモの巣をくっつけたセミとり用の網をつくってのあそびだったのです。すごく心が動いた思い出になっています。感動したからこそ、友だちを誘ってみよう。もっとしようと思ったわけです。

　もう一つ、私のあそびを紹介します。魚とりです。子ども時代ですから、小川での魚とりです。川上から水が流れていて、魚が通るだろうという川の中の通り道に網を構えて、友だちに追い棒で、水の中をどんどん突いて、魚を追ってもらいます。友だちと、魚を挟み撃ちにするわけでです。追い棒で、水の中を突いたり、叩いたりしながら、魚を網に追い込む魚とりなのです。でも、網を上げてみると、ゴミばかりの魚とりでした。

　これも、父親との思い出ですが、父親が魚とりに誘ってくれました。子どもたちが遊んだ後に、父親に網を貸しました。父親も、魚が通りそうな流れの藻と藻の間に網を置き、構えました。僕らと同じやり方だと思いながら、私は言ったのです。「お父ちゃん、僕がおい棒で追い込むよ。挟み撃ちするよ」と言ったら、「追い棒は、いらない。置いておけ」って言うのです。追い棒は使わず、水が流れている上流に向かって足音を立てて畦道を歩いて行け。音を立てるんだよ」って言うんですね。だから、私は足踏みをして、川上に歩いていったのです。私が７〜８メートルぐらい行ったところで、父親は、「おい！入った。入ったぞ！」「大きな鮒だ！」と言って、私たちも走って行きました。「お父ちゃん、すげえ！　大きな鮒が入っている！」と言って、すごくびっくりして喜んだ思い出があります。

　日本では、春に田植えのために川から水を引き、６月ぐらいには、小川の水かさが増えて、魚がいる様子を見ることができるようになります。小川に沿って歩いていると、魚は、人間と同じ方向に、一時、泳いでいますが、人間の進む方向がわかると、魚は、逆方向に向きを変えて、すばやく逃げるのです。すごい勢いで、すばやく泳ぎます。そこへ、父親が網を置いて待っているのです。ということは、私がオトリになって、網とは反対の方向に向かっていくわけです。そうすると、魚は人間が進む反対の方向へ、泳いで逃げるいう習性があるため、追い棒を使うことなく、魚を追い込むわけです。魚を追いたい反対の方

向へ歩くだけで、魚を追い込むことになるわけですね。足音を立てて歩いていって、逆方向で設置した網に魚を追い込む。これを、父親が教えてくれたのです。これも感動しました。次の日に、また、友だちを集めて、みんなで魚捕り行こうって誘いました。追い棒なんか要らんのだとか言いながらね。友だちに、その知恵を伝えた思い出があります。

　こういうふうに、あそびの中で、心が動いていると、したくなるのです。テレビやビデオも、本当におもしろいです。でも、セミとりとか、魚とりは、私にとってはあの時の感動体験がとてつもなく大きなものでしたので、いくら好きなテレビを見ていても、友だちが「魚とりに行こう？ セミとりに行こう！」と、誘ってくれたら、テレビ視聴を止めて、あそびに行っていましたね。そういうふうに、心が動く感動体験をもたされた活動や、あそび、運動には、子どもたちがぐっと向かっていくのです。でも、今頃は、そういう「動きを通して心が動く」ような感動体験の指導に出会っていないのでしょう。そこで得る経験が、乏しくなったのでしょうね。

　子どもは、どうしてもテレビ・ビデオのおもしろい方向に向かっていきます。ぜひ健康づくりや体力づくりにつながるようなあそびや運動を、子どもたちにさせたいならば、そういう心の動くような運動提供の仕方や指導の方法を考えることが、今、私たち指導者や大人たちに求められていることではないでしょうか。動きを通して、子どもの心を動かす指導が、幼児体育では大切です。「運動、心動、感動」の幼児体育を心がけたいものです。

5．幼児体育の主活動となる安全で楽しい活動の展開

（1）用具・器具…丁寧かつ正しく扱う

　用具・器具は、保健衛生上、きれいに、かつ衛生的に長く保持できるよう丁寧に扱うとともに、安全保持上、正しく使いましょう。準備や後片づけの際、マットを引きずるのではなく、両手で持ち上げて移動します。足で動かすことはやめましょう。

　障がい児に対してマットを使用する場合は、事前の消毒や清掃の必要な時が

多々あるため、気をつけてください。

(2) 子どもへの配慮…無理にさせない。励ましの言葉をかける

　恐がる子どもには、無理にさせるようなことは避けます。

　また、できないことをがんばって取り組んでいる子どもや、座ることや見ること（待つこと）ができた子どもには、その努力に対する励ましの言葉をしっかりかけてあげましょう。

　しゃがんで、子どもと目線を合わせながら指導する。一人ずつタッチで終わらせると、子どもの達成感が増します。

(3) 運動量…待ち時間が長くならないように工夫する

　待ち時間が長いと、子どもたちはあそびに集中できないうえに、運動量を増やすこともできません。指導者は、子どもの運動量を確保できる計画を立てて指導に臨んでもらいたいものです。

　また、課題が難しかったり、移動スペースが狭かったり、あそびが選択できなかったり、割りふった子どもが多すぎたり、用具が少なかったりするあそびは、待ち時間が長くなり、運動量が激減します。指導者は、事前に、子どもの待ち時間が少なく、効率的に動ける計画を立て、子どもの運動量を確保できるよう工夫しましょう。

(4) 補助…子どものからだを動かしたり触れたりして教える

　子どもがわからないところは、具体的に子どものからだを動かしたり、触れたりして教えます。子どもに、補助する大人、自分を助ける大人のからだの大きさや力強さを感じさせることも大切です。子どもは、大人の力の強さや頼もしさを実感すると安心し、大人を信頼するからです。ただし、力加減には注意しましょう。

　アシスタントの指導者や補助者の役割は、主の指導者に子どもたちが注目できるように誘導することです。アシスタントは、主の指導者の指導を邪魔しない立ち位置や補助のタイミングをつねに意識して行動します。道具の出し入れでは、子どもたちの注意を乱すような動きや音で、主の指導者の指導環境を乱してはいけません。アシスタント間の不必要なおしゃべりも禁止です。補助者は、主の指導者と組んで見本を見せたり、子どもたちの中で手本を見せたりす

る役割も果たしてもらいたいものです。

（5）指導方法と言葉かけ…手本を見せる、ほめる、見守る

　幼児には、言葉で説明するより、手本を見せましょう。手本は、「わかりやすく」「大きく」「元気に（声を出しながら）」表現することが大切です。そうすると、子どもにも「してみよう」という気持ちがわきます。

　手本の動きには、伸ばすところはしっかり伸ばし、曲げるところは十分に曲げることが大切です。また、動きは簡単で、かつ、しっかりからだを動かせるものが理想です。

　幼児期後半になると、自分たちで行動できるようになるので、見守ることも必要になってきます。任せることで、責任感も身についてきます。指導者は、子どもに「良いヒント」を与えるセンスも求められます。

（6）集中力の持続…1回の指導は30分から60分で

　幼児が集中できる時間は、長くないので、1回の指導では30分から長くて60分を目安にします。

　1種目の活動は、10分〜15分を目安に考えます。短時間で内容を切りかえながら進めることが求められます。

　課題は、単純なものから複雑なものへ、少しずつ難易度や活動量を増すように配慮します（図15-1）。

　集中した時間にしていくためには、声の大きさが重要になります。大きな声で引きつけるだけではなく、あえて声を小さくして集中させる方法もあります。

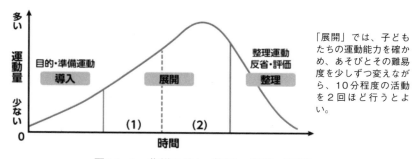

図15-1　指導の流れ（導入・展開・整理）

第16章

子どもの成長・発達状況の診断・評価

1. 子どもの健全育成でねらうもの

　子どもを対象に、各種のあそびや活動、指導を通して、人間形成を図ります。つまり、子どもの全面的発達（身体的・社会的・知的・精神的・情緒的発達）をめざす教育全体の中で位置づけます。

　　身体的（physical）　社会的（social）
　　知 的（intellectual）　精神的（spiritual）
　　情緒的（emotional）

2. 子どもの成長・発達状況の診断・評価

(1) 睡眠・休養

　生活の基本となる睡眠は、睡眠時間の長さだけでなく、寝る時刻や起きる時刻も重要です。朝起きたときに、前日の疲れを残さずに、すっきり起きれているかがポイントです。

- ・夜9時までには、寝るようにしていますか？
- ・毎日、夜は10時間以上、寝ていますか？
- ・朝は、7時までには起きていますか？
- ・朝、起きたときに、太陽の光をあびていますか？
- ・朝、起きたときの様子は、元気ですか？

（2）栄養・食事

　食事は、健康で丈夫なからだづくりに欠かせないものであり、家族や友だちとの団らんは、心の栄養補給にもなります。毎日、おいしく食べられるように、心がけていますか？

- ・朝ご飯は、毎日、食べていますか？
- ・朝、うんちをしていますか？
- ・ごはんを、楽しく食べていますか？
- ・おやつを食べてから夕ごはんまでの間は、2時間ほど、あいていますか？
- ・夜食は、食べないようにしていますか？

（3）活　動

　睡眠、食事以外の生活の中での主な活動をピックアップしました。お手伝いやテレビの時間といった小さなことでも、習慣として積み重ねていくことで、その影響は無視できないものになります。

- ・歩いて通園（通学）ができていますか？
- ・外に出て、汗をかいて遊んでいますか？
- ・からだを動かすお手伝いができていますか？
- ・テレビを見たり、ゲームをしたりする時間は、合わせて1時間までにしていますか？
- ・夜は、お風呂に入って、ゆったりできていますか？

（4）運動の基本

　現状のお子さんの外あそびの量や、運動能力について把握できているでしょうか。わからない場合は、公園に行って、どのくらいのことができるのか、いっしょに遊んでみましょう。

- ・午前中に、外あそびをしていますか？
- ・15～17時くらいの時間帯に、外でしっかり遊んでいますか？
- ・走ったり、跳んだり、ボールを投げたりを、バランスよくしていますか？
- ・鉄棒やうんていにぶら下がったり、台の上でバランスをとったりできます

か？
・園庭や公園の固定遊具で楽しく遊んでいますか？

（5）発達バランス
（身体的・社会的・知的・精神的・情緒的成長）

　自分の身を守れる体力があるか、人と仲良くできるか、あそびを工夫できるか、最後までがんばる強さがあるか、がまんすることができるか等、あそびで育まれる様々な力についてチェックしましょう。

　幼児期の生活は、親の心がけや関わり次第で大きく変化します。「はい」が多いほど、親子のふれあいの時間も多いので、親子それぞれにとって心身ともに良い効果があるでしょう。

・お子さんは、転んだときに、あごを引き、手をついて、身をかばうことができますか？（身体的・安全能力）
・友だちといっしょに関わって、なかよく遊ぶことができていますか？（社会的）
・あそび方を工夫して、楽しく遊んでいますか？（知的）
・遊んだ後の片づけは、最後までできますか？（精神的）
・人とぶつかっても、情緒のコントロールができますか？（情緒的）

（6）親からの働きかけ・応援

・親子で運動して、汗をかく機会をつくっていますか？
・外（家のまわりや公園など）で遊ぶ機会を大切にしていますか？
・車で移動するよりは、お子さんと歩いて移動することを心がけていますか？
・音楽に合わせての踊りや体操、手あそびにつき合っていますか？
・1日に30分以上は、運動させるようにしていますか？

第17章

各地の健康づくり活動

1．各地の子どもの健康づくり活動を支えるために必要なこと

「子どもたちは、地域で大きく育っていく」という視点を大切にしよう！

　核家族化の進行と地域社会の衰退により、子どもたちを取り巻く環境は、劣悪になってきています。人格形成に多大な役割をもつ、地域での「たまり場あそび」の崩壊と地域社会と交わる機会の少なくなったことが、独りよがりで身勝手な人間を生み出す大きな引き金となってはいないかと、心配しています。

　また、昨今の殺人事件や誘拐事件が、ますます子どもたちを地域から遠ざけています。小さな子どもの命が、無惨にも断ち切られてしまうと、安全を確保しようと、車での送り迎えが激増しました。そうなると、子どもたちと人とのかかわり、地域の自然や社会とのふれあいを減少させていくのです。豊かさや効率性、自由のみを求め続けてきた大人社会の闇が、これから生きようとする子どもたちの成長の命まで絶っていることを、私たち大人は自覚しなければならないと思います。

　今こそ、子どもたちの心とからだが人として成長できる地域環境とは何かを、改めて考えていかねばなりません。その中で、子どもたちの安全確保のために、通学路で子どもたちを見守るボランティアが各地で立ち上がりました。この活動を契機に、高齢者の方をはじめとする地域の大人たちと顔を合わせ、なじみになっていくことは、子どもたちの健全育成を推進する地域づくりの一つなのかもしれません。

さて、今日、「子どもたちは、地域の力によって、すこやかに育っていく」ということを、あまりにも多くの大人たちは、忘れているのではないでしょうか。とくに、他人の幸福も大切にする利他の心に欠け、わが権利ばかりを主張する自己中心主義がはびこってくると、社会全体が、他者を尊重する思いやりの心を欠落することになり、子どもたちを、将来にわたり、共に育んでいこうという意識がみられなくなっていきます。また、教育を、園や学校、塾に任せ、知識だけを一方的に詰め込むと、大きな問題を生じます。地域社会の人々が一体となって、わが町や村の子どもの保育や教育に参画し、子どもたちの豊かな心と想像力を育む仕組みをみんなで再構築していく必要があります。

　そのためにも、家庭だけでなく、学校や地域で子どもたちが小さいときから、奉仕と感謝の精神、そして、自然に対する敬服の念をもてるように育てていくことが大切です。大人と共に、地域社会の中で、奉仕の精神や社会とのかかわり方をいっしょに学んでいくことで、子どもたちは、他者への思いやりや感謝の心を身につけ、社会の一員として、責任感を自覚していくのです。

　とくに、園においては外あそびを、学校においては野外での集団活動を増やし、自然と対話し、チームワークを体験させることで、自分さえよければいいといった自己中心的な考え方を、良き方向に導いていくことができます。また、奉仕活動の実践授業、なかでも、老人ホームや障がい者施設でのお手伝いや、地域の清掃といったボランティア活動、地域企業や商店、工場などでの職業体験は極めて良い体験となります。受け入れ側には、相当のご苦労をおかけすることにはなりますが、このような試みが、全国各地でもっともっと広がっていくことを願っています。子どもを会社に招待する日を設け、親の働く姿を間近に体験させていただける企業が増えれば、うれしいです。

　子どものしつけは、家族と地域社会とが一体となって、行っていただけることを望みます。様々な年代の人、職業、個性をもつ人々と日常的にふれあい、あやまちを犯せば叱られ、自らの行動を省みることで、子どもたちは、自然に自分と異なる立場の人の身になって考える力を身につけていきます。また、まわりの大人たちの所作を真似することで、礼儀作法を学び、集団の中でのルールを体得していくのです。悪い行為をする大人を作らないためにも、人を愛す

ることのできる地域づくりが必要なのです。さあ、子どもたちのためにがんばりましょう。

2. 子どもたちが健やかに育つ環境整備と、「ふれあい」「学びあい」のある豊かな交流のまちづくり

(1) 子育て意識の向上と子育て支援の充実
　　―大切な思いやりや信頼、愛情を伝えるコミュニケーションの確保―

核家族化により、子育ての世代間伝達が希薄になってきました。また、少子化により、一人の子どもに対して、過剰な期待がかけられてしまい、過保護・過干渉になっています。一方で、親自身の生き方も大切にしたいという気持ちから、育児と仕事の両立に悩む親が増えてきました。

さらに、保護者の就労条件やより良い居住環境を求めての住所異動と、それに伴う慣れない環境での孤独な子育て、地域コミュニケーションの希薄な中での子育てが多くなり、児童虐待へと進むケースも増えてきました。

今後は、子育てにおいて大切にすべきことの学びの機会を確保するとともに、子育て中の親の交流機会を確保することが重要です。そして、共に学び、育ち合う親子関係づくりと、異世代間交流で子育てを学ぶ機会を確保することが求められます。もちろん、親の生き方を選択しやすい支援体制の整備、地域ぐるみの見守り体制、地域子育てネットワークづくりの推進、虐待予防の推進が課題と思われます。

(2) 子どもの本来あるべき育ちの保障
　　―子どもの発育・発達、権利、生活を大切にした支援の充実―

少子化・核家族化の中で、他の子どもとふれあう機会が少ないまま、親になる人が多くなりました。したがって、子どもの発育・発達を、自然に学ぶ機会が少なくなっているのです。また、夜型化した親の生活のリズムに、子どもをつき合わせる現状があり、子どもの生活も、そのリズムが夜型になってきました。

そして、長時間化・早期化が進むメディア漬けと、睡眠時間の短縮とズレ、朝食の欠食、運動不足を誘引とする生活習慣の乱れによる成長・発達へのネガティブな影響が懸念されます。親も、マニュアル世代となり、情報量や多様性に惑わされ、子育てに戸惑うことが多くなってきました。

今後は、地域社会において、子育てに関する正しい情報の提供ができる窓口や手段、情報交換のできる場の確保が重要です。また、子育て中の親の交流機会の確保により、親同士で問題解決のできる環境づくりを進めること、地域における子育てサポーターの育成支援、子育て経験者が育児支援ボランティアとして活躍する場の確保などが求められています。

（3）青少年育成環境の整備・充実 ―青少年が活動できる場の整備―

小学生や中学生が、外で思い切り遊んだり、活動したりする場所がないという声をよく聞きます。とくに、「ただ遊びたい」「何もしないでボーッとする」「昼寝できる場所がほしい」等、無目的に遊べる居場所を要望する意見が多く出ています。また、中学生・高校生になると、学校での活動が中心となり、休日もクラブ活動で地域とのつながりが疎遠になり、家族単位での行動も少なくなっていきます。

一方、各地域の敬老会行事に、小学生・中学生などがボランティア活動の一環として積極的に参加し、高齢者とふれあう地域行事への協力もみられています。

今後、地域行事へ青少年の参加を促進していくためには、行事企画の段階から、中学生・高校生の意見が反映されるような配慮や工夫をするとともに、青少年が「地域での役割」を担えるような機会を拡大し、主体的に活動できる場を確保することが求められます。そして、青少年が、地域でのびのびと過ごせるような環境整備を行うことが重要です。

3．子どもを育むためのネットワーク

（1）園や学校、地域では
1）園や学校の教育力の向上

　園や学校は、家庭と連携し、子どもたちの生活習慣や学習習慣をつけさせることが大切です。そして、取り組みを地域に公開し、信頼される園や学校を作っていきましょう。また、生活習慣調査や体力テスト等を実施し、子どもたちの生活状況や体力について把握します。睡眠リズムと食生活の見直しや体力づくりについて、家庭といっしょに考えて取り組むことが重要です。そのためにも、園や学校としてすべきことを考えてみますと、

　① 保育者・教職員の指導力と資質の向上
　　公開保育や研究授業をする等して、相互交流を進めます。研修に積極的に参加して、研鑽を積みます。
　② 園長や校長を中心とした園・学校体制の確立
　　あいさつ運動や体験活動など、家庭や地域といっしょになった取り組みを、園や学校をあげてみんなで進めます。
　③ 安心で安全な園・学校づくり
　　保育室や園庭、学校や運動場を、安全で美しい学びの環境に整えるとともに、健康・安全指導を実施します。

2）地域の教育力・支援力の向上

　地域は、教育力を発揮して、家庭の子育てを応援してもらいたいと願います。また、園や学校の保育・教育活動が一層進むように協力することも期待されています。とくに、①みんなで楽しむ行事の創造、②あいさつあふれる町づくり、③やる気と元気のでる町づくり、④花と緑あふれる町づくりを目指していただければ幸いです。

　地域の皆さんへの願いは、
　（ア）伝統や経験を伝えて下さい。
　　① 地域の良き伝統や文化を、子どもたちに伝える機会を作ります。
　　② 地域の人々の豊富な知識や経験などを、子どもたちに伝えます。

(イ) 住みやすい町を作るためには、
　① 地域で明るいあいさつを交わします。
　② 子どもの行動を見守り、気になる行動を見たら、声をかけます。
　③ 地域行事を子どもたちといっしょに行い、助け合いの心育む活動にします。
　④ 園や学校が安心して学べる美しい環境になるように援助します。
(ウ) 地域の関係機関もいっしょに活動します。
　① 医療機関・保健所・警察署・消防署などは、専門的な視点で、子どもたちを支援します。
　② 地域の運動・スポーツ・レクリエーション活動などを通して、子どもたちの心とからだを育てます。
　③ 地域の福祉活動やボランティア活動を計画し、取り組んだ子どもたちにがんばった喜びを味わわせます。

(2) 行政・研究機関は

1) 行政の支援力の向上

　行政は、園や学校、家庭・地域を支援します。市民にできないことを支援しようと、市民の努力に歩み寄って実行に移してもらいたいものです。
　とくに、①豊富でタイムリーな情報提供、②適切な指導と助言・サービス、③学習環境やあそび環境の整備、④園・家庭・地域との連携支援に力を注いでいただければ幸いです。
　なかでも、教育委員会や児童家庭（保育）課、子ども支援課などは、
　① 園や学校の取り組み、家庭の子育て、地域の取り組みを積極的に支援していただきたいものです。
　② 園や学校と家庭、および地域をつなぐための取り組みを、地域の行事への参画を通して支援してください。
　③ 学習・生活・体力などの達成目標を立て、評価検証を行います。
　④ 園や学校と連携し、生活や学習の習慣づくりの取り組みを支援します。
　⑤ 子育てや教育に、生涯学習の活動といっしょになって取り組みます。

⑥　町内会や関係機関といっしょになって、子ども支援の基盤づくりを進めます。
⑦　公民館や児童館、地域とともに、土・日曜日の子どもたちの過ごし方を支援します。
⑧　各地の取り組みの情報を提供します。
⑨　地域の施設や遊具などの点検、整備を行います。

　元気いっぱいの子どもを育むための「子ども支援の基盤づくり」のために、行政は、園や学校、家庭、地域を支援します。つまり、市民にできないことを支援しようと歩み寄りを実行していくことが重要となってきました。

2）研究者との連携

　今日の子どもを取り巻く「心とからだ」の諸問題を解決するためには、教育・指導による成果のみに期待しただけでは、よき方向に向かわないことが増えてきました。まさに、子どもも、大人も、一人ひとりが工夫と実践を行い、あわせて、健全育成のための保育・教育、ならびに、地域教育力と行政ならびに研究機関との連携の必要な時代に入ってきたようです。

　そして、子どもたちがいきいきと生きることのできる健康的な暮らしのあり方を考え、そのために健康科学の知見を最大限に生かして、生み出した社会の方策、さらには、積極的で、かつ、前向きな社会的努力をもしていこうという「健康福祉」のスタンスで、研究者らの研究成果を整理して、それらの知見を活用していきたいものです。

3）健康福祉計画の着実な実行

　子どもたちの健全育成にあたっては、子ども一人ひとりの努力と家庭における取り組みが必要不可欠ではありますが、周囲の支援も極めて重要です。行政には、保育・教育・福祉環境を整備し、育児支援・地域づくりの支援を積極的にしていただきたいのです。子どもたちが安心して暮らし続けることのできる地域をつくるためにも、研究者らが真剣にかつ誠実に見いだした研究知見を採用した「健康福祉計画」を着実に実行に移していかねばなりません。

　乳幼児期の子どもを支援する部署がいかにやる気があって、汗を流して取り組むという実行力があるかで、その地域の子どもたちの育ちが大きく変わって

いくということを実感しています。
　言い換えれば、幼保支援課や保育課がしっかりしている行政は、子どもたちの育ちは健やかな方向をたどるとも言えるでしょう。

子ども支援の沖縄キャラバン活動

　子ども支援の沖縄キャラバン活動とは、沖縄県の子どもたちの生活習慣分析に基づき、子どもたちの抱える問題の改善方法を検討し、沖縄キャラバン隊を企画、沖縄県の各地域を回って、講演会や親子ふれあい体操、リズム体操、異年齢とのふれあい体操、運動あそび、ベビーマッサージ、子育て相談、幼児体育指導者講習会などの「子どもの健康づくり支援の理論普及と問題改善のための実践普及」を行っている活動[1,2]です。ここでは、沖縄キャラバン活動について紹介します。

沖縄キャラバン活動の経緯
　これまでの沖縄県幼児の生活習慣の研究は、早稲田大学前橋研究室ゼミ生ら[3]が石垣島の幼児の生活習慣調査を2007年に行い、夕食開始時刻の遅れが就寝時刻の遅れの誘因であったことを報告しています。
　その後も、子どもたちの就寝時刻や夕食開始時刻の遅れ、睡眠時間の減少など、生活習慣とそのリズムの乱れを見いだし、問題改善の必要性を呼びかけ、幼児の生活習慣とそのリズムづくりに関する研究が進められました。そして、沖縄県の子どもたちの生活習慣を改善するためには、保護者に対する講演を行うとともに、日中に子どもたちが運動する環境づくりや外あそびの実践が極めて重要であることが提唱されました。
　このような背景から、2009年度より沖縄県教育庁と早稲田大学前橋　明研究室が連携し、子ども支援の沖縄キャラバン活動を継続してきました。

写真1　講演

写真2　親子ふれあい体操

写真3　異年齢のふれあい体操

写真4　ベビーマッサージ

キャラバン隊について

　沖縄キャラバン隊の代表は、早稲田大学人間科学学術院の前橋　明教授であり、初年の2009年は教員・指導者9名、学生6名でスタートしました。全国から開催趣旨に賛同する子ども支援や子育て支援に関心のあるボランティアスタッフで結集されました。

表17-1　沖縄キャラバンの主な活動項目別活動内容と対象

活動項目	活動内容／対象	開催場所
講演 研修会・勉強会	健康づくりに関する講演（写真1） オンライン講習会 ハイブリッド方式勉強会 保育者・教育者向け実技指導	保育所 幼・小・中学校 高校 地域活動センター 保健センター 教育研究所 専修学校 役所
	幼児・小・中学生、高校生 保護者 教育員会 一般関心のある人 保育者・幼稚園教諭 保育学生 保健師・母子推進員	
運動あそび ふれあい体操	親子ふれあい体操（写真2） 手あそび 運動会	保育所 幼稚園 小学校 子育て支援センター
	支援センター・子育て広場利用親子 小学生と幼稚園児（写真3） 中学生 小学校の保護者 幼児の保護者	
リズム運動	音楽を用いた運動あそび 手あそび パラシュート	保育所 幼稚園 小学校 子育て支援センター
	幼児 小学生 親子	
救急法	救急法講演 ケガの対応について	教育委員会 役所
	スポーツ推進委員会 家庭教育支援者	
エプロンシアター	エプロンシアターを使った季節の行事 規則正しい生活リズムについて	保育所 幼稚園 教育研究所
	教育研究員 指導主事 幼児	
靴教育	靴の選び方 正しい履き方の講演・実践	保育所 子育て支援センター
	幼児 保育者 支援センター利用者	
ベビーマッサージ	ベビーマッサージの指導（写真4） 赤ちゃん体操	保育所 子育て支援センター
	支援センター利用者 保育者	
遊具指導	遊具を使ったあそび	児童館
	児童館利用者	

キャラバン隊スタッフは、医学、人間科学、教育学、体育学、保育学、幼児教育、栄養学、子どもの健康福祉学、健康教育、幼児体育、助産、看護など、そして、国際幼児体育学会専門指導員、国際幼児健康デザインスペシャリスト、外あそび推進スペシャリスト等の専門家が参加しました。

主な活動内容と日程
　これまでの沖縄キャラバンの主な活動内容を表17-1に示しました。沖縄キャラバンは、毎年12月に沖縄県教育庁生涯学習振興課の沖縄キャラバン実行委員会により、タイムスケジュールが作成され、12月中旬から下旬にかけて10日間前後活動をしています。

まとめ
　沖縄キャラバン活動は、生活リズム向上戦略「食べて・動いて・よく寝よう!」運動の展開を、子どもたちだけではなく、保護者、保育・教育関係者、子どもに関わる全ての方への健康理論の普及と健康生活を実現するために、具体的な講演と実技活動を長期に継続してきました。このような活動は、子どもたちの生活の中に楽しく運動を取り入れる機会となり、運動を通して親子のコミュニケーションづくりの機会や、良い汗をかいて、心地よく疲れる体験ができる場となっていました。
　子どもの生活リズムや生活習慣を整えることは、一朝一夕でできるものではありません。社会全体の意識が変わるにはさらに長い時間がかかるでしょう。だからといって大人が子どもたちの生活の改善を諦めてしまえば、子どもたちの生活リズムや習慣が良くなることはありません。小さな積み重ねを継続すること、沖縄キャラバン活動のような地道な取り組みが沖縄の子どもたちの健やかな成長につながるでしょう。キャラバン隊は、沖縄の子どもたちの問題改善を常に願い、これからも沖縄県の各地で健全育成の草の根活動を進めながら、子どもたちが健やかに育つためにできることを少しずつでも続けていきたいです。

【文　献】
1）照屋真紀・前橋　明：子ども支援の沖縄キャラバン活動の実践報告，幼児体育学研究8(2), pp.57-74, 2016.
2）小石浩一・前橋　明：沖縄の子ども支援2018年度沖縄キャラバン報告―健康づくりの理論普及4 子どもの生活習慣と体力・運動能力―，幼児体育学研究11(2), pp.1-96, 2019.
3）松尾瑞穂・前橋　明：沖縄県における離島幼児の健康福祉に関する研究(1) ―石垣島の幼児の生活実態とその課題―，食育学研究2(1), pp.32-42, 2007.

第18章
車イスの基本操作と介助

　車イスのことを知っていますか。まず、お伝えしたい車イス介助の正しい知識と内容から、本章を組み立てました。
① 　グリップ…介助者が車イスを握って操作・介助するところ。握りの部分です。その下にブレーキがついています。
② 　タイヤ…後輪のタイヤ
③ 　ハンドリム…ここの部分を持って車イスの操作をします。
④ 　前輪キャスター
⑤ 　ストッパー（ブレーキ）
⑥ 　ティッピングバー…介助者の方がグリップを持って、足でここのテッピングバーを踏むと、前輪キャスターが浮いて、段差をクリアできます。
⑦ 　アームレスト…肘かけになる部分
⑧ 　スカートガード…スカートが巻き込まれないようにガードしてくれます。
⑨ 　レッグレスト
⑩ 　フットレスト…足置き場

1．車イス介助の知識

（1）車イスの点検のポイント
　乗る前、動く前の点検のポイントを紹介します。安全に、安心して乗るためには、チェックは欠かせません。基本的に、ブレーキレバーを後方に引くと、

車イスはロックされます。前方に倒すと、解除されます。左右両側にあります。タイヤの空気が減っている時は、効きが悪いです。ですから、空気も入れておくようにしてください。

　ポイントは、両側のブレーキレバーを手前に引き、後輪をロックしているかを点検します。この時、車イスを利用してみて、動かないことを確認しましょう。

　次に、フットブレーキのついた車イスもあります。足でフットブレーキを踏み、ロックがかかった状態で車イスを押して動かないことを確認します。もし、動いてしまう場合は、使用を中止し、購入した介護ショップに相談してください。

　車輪についてですが、タイヤの空気が減っていると、ブレーキの効きが悪くなるので注意してください。パンク程度の故障であれば、最寄りの自転車屋さんに修理を依頼することも良い方法です。タイヤの正確な空気圧を設定する場合は、タイヤの側面に空気圧表示がされていますので、それを見て調整をしてください。

　次に、フットレスト、いわゆる、足を乗せるところです。上に、レッグレストがあります。フットレストは、ネジ止めによる固定が多いため、フットレストがネジのゆるみによって脱落したり、適切でない方向に向いてしまっていたりすることがあります。このような場合は、付属の工具でネジを緩め、元の位置に戻しましょう。レッグレストは、マジックテープで裏に固定するものが多いです。外れていないかを確認してください。

　掃除です。前輪キャスターや後輪キャスターの軸の部分に、ほこりや髪の毛が挟まって動きにくくなっていないかを点検しつつ、掃除をしてください。濡れた布で、泥やほこりをふき取った後、乾いた布で拭くことが必要です。

　その他、注意することは、まず、車イスに乗られる際には、必ずブレーキをかけて、車イスが固定できるかどうか、ロックできるかどうかを確認してください。しっかりブレーキをかけていても、横から強い力が加わると、車イスは簡単に動いてしまいますので、十分注意をしてください。また、走行中は足を必ずフットレストの上に乗せておいてください。フットレストと地面の間に、

足が巻き込まれる危険性があります。気をつけてください。車輪とフレームの間に、泥除けのついているものは、その間に指や服が挟まれないよう、注意してください。

（2）乗っていただくときの注意事項

　車イスを広げる時のポイントを紹介します。グリップを持って左右に広げます。そして、シートを上から押さえます。要は、手のひらで、シートを押し下げて広げます。その際に、自分の手を挟まないように気をつけてください。たたむときは、まず、フットレストを上げてください。そして、シートの中央部分を持ち上げて、左右をゆっくり寄せていき、両側から押さえてたたみます。

　次に、乗った時の確認のポイントと言葉かけをお知らせします。前に回って、顔を見て、痛いところがないか、フットレストの上に足がきちんと乗っているかを、笑顔で確認しましょう。もし、何かあれば、その原因を調べて解決してください。言葉かけですが、「どこか、しっくりこないところはありますか？」「深く腰をかけられましたか？」等、確認をして、「大丈夫ですね」「動きますよ」と伝えてから、ゆっくり発進します。

（3）動く前の確認ポイント

　これから何をするかを知らせることが、重要です。ブレーキレバー、ストッパーを解除します。グリップを持ちます。言葉をかけてから、ゆっくり押します。話をしながら、相手をリラックスさせます。では、「〇〇に向かいます。動きますよ」と、前もって行うことを言うことで、不安感が取り除けます。

2．基本操作

　まっすぐ前進をしていきます。どこで、何をするために、移動するのかを知らせます。ブレーキを解除し、ゆっくりと前に進みます。幅の狭い場所では、アームレストに乗せた腕を、膝の上に置くようにします。車イスの幅や長さを意識して移動させてください。

まずは、言葉がけを大切に、移動の喜びを、介助者の笑顔と共に分かち合ってください。

(1) 前向きの右折・左折

曲がるときは、車の運転時と同じように外側から内側に大きく車イスを動かします。曲がり角の先が見えづらいので、ゆっくりと気を配り、移動します。フットレストからつま先が出ていることに注意し、壁や机などにぶつけないように回転します。ぶつかりそうになったら、車イスを一度止め、後ろに少し戻してから、チャレンジします。

言葉かけのポイントです。「ゆっくり回しますよ」と、安心させてから移動します。「今度は、後退です。まっすぐ後ろに下がっていきます」と後ろを振り返って、周囲の状況を把握してから、「後ろへ、このまま下がります」と、言葉をかけます。車イスをまっすぐにして、ゆっくりと下がります。後ろを振り返る時、車イスの片方のグリップを強く引いて左右に揺れてしまうことがありますので、その時は両方のグリップを均等に握り知らせます、まっすぐ進むように心がけましょう。「後ろには、私がいますからね」「もうすぐ前に向きますから」等と、いつまで続くのかを伝えます。

後ろ向きの右折・左折については、「後ろに回ります」と言葉をかけながら、外側から内側へ大きく車イスを動かします。壁にフットレストがぶつからないように、周囲の安全やゆとりを確認しましょう。注意が、後方や内輪、外輪などへ向くことが多いと、集中力が散漫になりやすいので、介助者は落ち着いて行動しましょう。「大きく回りますからね」「ゆっくりと動きますから」と、優しく言葉をかけるのが、言葉かけのポイントです。

(2) 上り坂・下り坂

「上り坂です。後ろに体重をかけた状態で、前向きに上ります」坂が急であれば、介助者のからだを車イスに近づけるようにして、車イスが振れないようにします。登り切ったら、一度、止まります。

介助のポイントです。利用者のからだが後方へ移動します。介助者が車イス

に近づくことで、安心感を与えます。また、いっしょに声をかけて、言葉を出して言うことで重荷となる気持ちを軽くすることができます。

下り坂です。下り坂では、後ろ向きに下り、スピードがつかないように、ブレーキを左右均等に少しずつかけながら移動します。車イスを坂に対してまっすぐに向け、介助者は少し後傾し、グリップをしっかり持って、下り終えるまで同じペースで動きます。車イスが振れると、不安をもたらします。まっすぐにして、ゆっくり動かしましょう。心がけのポイントとしては、「しっかり持ってますからね」と、安心してもらえるよう、言葉がけをします。

（3）階段のぼり・段差おり

車イスを、段差に対してまっすぐに向けます。ティッピングバーを踏み、グリップを下げると、前輪が上がります。そのまま前に進み、後輪を上げます。ポイントは、勢いをつけず、ゆっくりと押します。低い段差なら、後輪を大きく持ち上げなくて大丈夫です。前輪を上げたときに、座っている人のからだが反るので、介助者のからだを添わせると、安心感をもたらしてくれます。

言葉がけのポイントは、今、どういう状態になっているかを知らせたり、「大丈夫ですよ」と言ったりして、安心感を与えてください。後輪タイヤが、段差に当たった時に持ち上げます。

段差おりです。段差があまりない時は、下りに対して車イスをまっすぐに向けてゆっくり下ります。段差がある時は、下りに対して後ろ向きになってまっすぐ下りますが、この時もブレーキを左右均等に使用すると、徐々に降りることができます。下りは、落ちそうな気持ちになりますので、不安を感じさせないようにゆっくりと降ります。ガタンという音や衝撃を与えないように、気を配ります。「しっかり持っていますよ」と、言葉をかけて安心してもらいます。

（4）エレベーター

エレベーターに乗って、中で方向転換することは難しいものです。乗る前に方向を転換して、後ろ向きでエレベーターに乗ったり、前向きのままで乗って後ろ向きで下りるのもよいでしょう。そのとき、アームレストの上の腕は、膝

の上に移します。前方からエレベーターに入る時は、エレベーターの扉部分の隙間に、前輪キャスターが落ち込んでしまうことがありますので、気をつけてください。

　エレベーターでは、狭い空間の中で他人から見られるという意識が強くなります。不安そうな場合は、車イスの前に立ち、笑顔で向き合いましょう。これが介助のポイントです。

　言葉かけは、「後ろ向きで降りますから」「ありがとうございます」等と、明るく他人にも元気で受け答えすることで、互いが心地よい時を過ごすことができます。「回転して、バッグで入ります」「乗りますよ」それぞれのポイントを知らせていきます。

3．屋内外の対比

　部屋の中と戸外では、どう違うのでしょうか。屋内では、バリアフリーのところが多いので、さほどの衝撃はないので、介助者が一人でも構いません。屋外では、線路の溝とか、格子状の排水溝の蓋、砂利道など、前輪キャスターを落として転倒の恐れがありますので、介助者は2人で行くことをおすすめします。何かあったときに、すばやく対応できるので、2人がおすすめです。

　介助のポイントです。屋内は慣れているので、安心ですが、刺激がないので、表情はあまり変化はありません。屋外は、刺激が満ち溢れていますが、不安も大きいのです。四季や人とのふれあいを楽しみながら移動します。

　言葉がけのポイントです。外で見つけた四季を楽しめることも大切です。「気晴らしをしましょう」「何か見つけていきましょう」等、心のゆとりを見つける言葉がけをすることが大切です。

4．配慮事項

　さて、最後に配慮すべきことについて、お話をします。車イスを利用し続けなければならなくなったとき、人は自分自身の姿に涙することがあります。車

イスを受け入れることは、自分の姿を知ることであり、他人の助けを借りなければならない事実を認めることにもなります。屋外での車イスの移動は、スムーズに行えない厳しさがあります。だからこそ、介助者は利用者の心の状態を理解することと、車イスの扱いを十分に熟知することが大切と言えます。

　子どもの場合の配慮です。一般に、子どもは、車イスを使用することに対する現実受容や自己受容が、大人に比べて十分にできない場合が多いため、より積極的な介助者の関わりを必要とします。子どもとの関係性を深めるためには、子どもの言葉を否定せず、肯定的に対応することが大切になりますが、思っていることとは異なる言語表現を用いる場合もありますので、言葉の裏側にある子どもの気持ちや感情面に寄り添い、共感的に接していきましょう。

第19章
視覚障がい児・者の援助

　街角で困った様子の視覚障がい児・者の方に出会ったら、みなさん、どうしたらよいのでしょうか？　協力・援助する具体的な方法や手順を考えてみましょう。

　まず、「何かお困りですか？」、「お手伝いしましょうか」、「ご案内をさせていただきましょうか」等と言葉をかけて、協力・援助しようとしていることを伝えて下さい。

　ここでは、私の経験や思い出の中から、皆さんと共有したい質問を抽出し、それらに対する私の提案で、話を進めていきたいと思います。

1．視覚障がい者の方に街角で出会った時の道順の説明

Q：視覚障がい者に街角で出会った時、道順の説明は、どのようにすればよいでしょうか。

A：まず、わかりやすい表現で、ゆっくり話します。方向を説明する時は、あっちやこっちという表現を避け、相手のからだの向きを中心にした、前後・左右などの方向で、はっきり伝えましょう。指さしは、全盲の人にはまったく理解できません。「パン屋は、この場から数えて2本目の路地を左に曲がってください」と、具体的に説明することが大切です。

　まず、言葉をかけて、協力・援助しようとしていることを伝えましょう。いきなり、からだを触ったり、驚かしたりしないように、思い

やって言葉をかけてください。「何かお困りですか？」「お手伝いしましょうか？」「ご案内しましょうか？」等、いきなり引っ張ったり、「危ない！」と叫んで驚かすようなことは、絶対にしないようにしてください。
「あの道をこっちからあっちへ」、こっちあっちという表現はわかりません。具体的な言い回しで、伝えてほしいです。抽象的な言い回しは、しないようにしましょう。

2．誘導の仕方

Q：**誘導は、どのように行ったらよいのでしょうか？**
A：相手の意思をよく確認してから誘導します。どこまで誘導すればよいかをしっかり聞きます。お互いに無理をせず、わかりやすい場所としましょう。「□□駅までお願いします」「△△駅の東口の切符販売機前までで、よろしいですね」等と話してください。
　誘導中、安全に気を配りながら、周囲の様子や情報を伝えていくことで、親近感が生まれ、お互いにリラックスできます。誘導を終えるときには、その後に一人で移動できるよう、まわりの状況を説明してから、離れましょう。もちろん、同じ方向に行く他の人に誘導を依頼することも良い方法です。

3．言葉かけ

Q：**視覚障がい者の方に、言葉をかけた方がよい時はどんな時でしょうか？**
A：危険を伴ったり、まわりの状況を判断しにくかったりする時は、ぜひ、一声かけて、援助しましょう。飛び出た障害物や危険な場所への接近の時、「陸橋の下です。頭が危ないですよ」、駅のプラットホームにいる時は、「止まって！　危ないですよ！」と。また、人混みで混雑して

る時、まわりの音が騒がしすぎて状況がつかめない時、工事現場の近くや騒音の激しい場所にいる時は、進んで誘導や手引きをしてあげてください。

あわせて、「子どもの声が、いっぱいしますね」、「この付近に小学校があります」「あと200mほどで、〇〇駅です」等と、まわりの状況説明もしてあげてください。

4．安全に誘導するための手引き、介助歩行

Q：視覚障がい者の方の介助歩行で誘導する際に、最も注意しなければならないことは、何ですか？　また、そのための手引きの基本技術を教えてください。

A：それは、安全の確保です。視覚障がい者の方を手引きで、安全に誘導する人を、ヘルパーと呼びます。そのための手引きの技術の基本を説明します。安全に誘導するための手引き、介助歩行の基本ですが、手引きは、視覚障がい者の方より半歩前に立ち、肘付近を軽く握らせてあげてください。

手引きする腕は、自然に下げて、余分な力はできるだけ抜くようにします。緊張したり、肘をつっぱったり、肘がからだから離れたりすると、ヘルパーの動きを視覚障がい者の方に伝えにくくなります。視覚障がい者の方が、肘を強く握ったり、尻込みをしている時は、視覚障がい者の方が不安を感じてる時ですから、歩く速さをやや遅めにしたり、会話で不安や緊張を和らげたりしてください。

歩行中は、2人分の幅を取っているので、視覚障がい者の方の近くの障害物にはくれぐれも注意をしてください。物を避けるとき、基本で2人が通れない場合は、狭いところを通る要領で進み、まずは狭くなることを伝えます。手引きしている腕を、後ろに回して、ヘルパーが先に立ち、前後に並んで通ります。この時、ヘルパーは、からだが常に進行方向に向くように心がけます。視覚障がい者の方には、肘を

持っている腕を伸ばしてもらい、ヘルパーとの距離を取るようにしてもらいます。歩く速さは、ゆっくりとしたペースで、通り過ぎたら、もとの基本形に戻ります。ヘルパーと視覚障がい者の方の身長が大きく異なる場合は、お互いに無理のない姿勢で、とくに視覚障がい者の方にはヘルパーの腕のつかみやすい部分をつかむようにしてもらいましょう。

後ろから押したり、抱きかかえたりするような誘導は、視覚障がい者の方にとっては、方向が定まらず、不安を抱くことになりますので、絶対に避けましょう。子どもの場合は、ヘルパーが子どもの手を握って誘導するのがよいでしょう。

5．狭いところでの手引き

Q：狭いところを通る時の手引きを教えてください。
A：一人しか通過できないような狭い所へ来た時は、狭くなることを、まず伝えます。そして、手引きしている腕を後ろに回してヘルパーが先に立ち、前後に並んで、ゆっくりと通ります。この時、ヘルパーは、からだが常に進行方向に向くように心がけます。視覚障がい者には、肘を持っている腕を伸ばしてもらいながら、距離を取るようにしてもらいます。それによって、ヘルパーは、かかとを踏まれずに進むことができます。そして、「狭いところを過ぎましたので、元通りの位置でお願いします」と、話してください。

6．段差や階段での手引き

Q：段差や階段では、どのように手引きをしたらよいでしょうか。
A：段差や階段に対しては、まっすぐに近づきます。そして、段の手前で立ち止まり、上りか下りかを伝えます。つま先か、白状の先で、最初の段を確かめてもらいます。続いて、手すりを使用するかしないかを、

本人に尋ねます。手すりを使用するか、しないかは、本人の判断に任せます。使用することを希望された場合は、手すりに触れさせてあげてください。

下りの階段があります。「手すりを持たれますか？」と、手すりを使用する場合は、手すりに触れさせてあげましょう。つま先で最初の段を確認してもらいます。ヘルパーは、先に降り始め、一段あとに続きます。段の終わりでは、視覚障がい者が完全に下り終えるのを待ってから、先に進みます。下りに恐怖感をもつ視覚障がい者の方が多いので、とくに安全には配慮し、不安が生じない手引きを心がけましょう。手すりを持って安心な時には、ご自分で挑戦してもらってください。ただし、すぐに補助できる位置で見守ってあげてください。降り終えたら、「最後の段が終わりましたよ」と、伝えてください。

7．車の乗り方

Q：車の乗り方の手引きは、どのようにしますか。
A：ヘルパーは、ドアを開け、視覚障がい者の方の右手を、屋根の上の部分に、左手をドアの上部に触れさせてあげます。そうすることで、進行方向や高さがわかり、頭をぶつけたりすることはなくなります。続いて、屋根に手を触れさせてあげながら、乗り込んでもらうようにします。白杖は、ドア側に寄せておくように伝えます。車の利用に慣れている視覚障がい者の方に対しては、ドアの取っ手に触れさせてあげるだけで結構です。自分で確認しながら、乗ってもらいます。

8．バス利用の手引き

Q：バス利用の手引きはどのようにしますか。
A：歩道から車道に一旦降りて、バスに乗車する場合は、「車道に降り、バスに乗ります」というふうに、状況を説明する言葉をかけます。降り

るときも同様です。「直接、歩道に降ります」という具合に伝えます。
　バスの乗降口に、まっすぐ近づきます。手すり、ステップの高さ、整理券の受け取り場所を伝えます。ヘルパーが、「車道に降り、バスに乗ります」と、具体的な手順を説明します。発車の勢いで倒れないように、乗車したら、つり革や手すりを使ってもらうようにしましょう。
　運賃の支払いは、事前に相談し、決めておくことがよいです。ヘルパーは、先に乗降します。「手すりはこれですよ」「料金は、200円です」「5つ目の停留所で降りますよ」等と、バスから降りるとき、ヘルパーがステップの手すりに導いて、一段ごとに両足をつき、視覚障がい者に合わせて降ります。

9．電車の利用の手引き

Q：電車利用の手引きは、どのようにしますか。
A：ヘルパーは、先に乗降します。その時、視覚障がい者の方が、ホームと電車の隙間に足を踏み外さないように注意します。ホームのふちにまっすぐ近づき、ホームと電車の隙間と電車のステップの高さを、視覚障がい者の方に、白杖で確認してもらいます。視覚障がい者の方の手を、手すりや戸袋に触れさせ、足元を確認した後に、乗車します。降りるときも、同じ要領で行います。戸袋は、開けた戸をしまっておくために、端に設けた囲いのことです。
　ホームと電車の隙間、電車のステップの高さを確認してください。乗車したら、発車の勢いで倒れないように、吊革か手すりをつかむようにしてもらいます。降りる時は、ドアの前に立ちます。視覚障がい者の方は、片手で誘導者の肘を、もう一方の手で戸袋に触れ、片足でドアレールを確認します。

10. ドアの通り抜けの手引き

Q：ドアの通り抜けの手引きは、どのようにしますか。

A：ドアの開閉の時、ヘルパーがドアを開け、視覚障がい者の方が閉めるようにすると、スムーズにいきます。ヘルパーは、ノブ（ドアの取っ手）側に、視覚障がい者の方は蝶つがい側に、それぞれ位置します。蝶つがい側は、ドアを開閉するために取り付ける金具の側です。ドアが開く方向、押しドアか、引きドアかを伝えます。ヘルパーは、ドアを開き、視覚障がい者の方の空いている手にノブを持たせてあげます。「今、ドアの前にいます。右にとってです。引きドアです」というふうに、情報を伝えます。ドアを引く時は、2人とも下がります。ヘルパーは、前進し、視覚障がい者の方の手を、ドアエッジ、または、ノブに導きます。視覚障がい者の方は、ドアを通り抜ける時、ドアの裏側のノブに持ち替えて閉めます。

11. エレベーター利用の手引き

Q：エレベーターでの手引きは、どのようにしますか。

A：エレベーターを利用することを、まず伝えます。そして、中に入ったら、お互い、扉の方を向き、出る準備をしておきます。一言、言葉をかけます。「10階建てのビルです。エレベーターに乗って、5階で降ります」と建物の階数は、知らせてあげるといいですね。降りる時も、視覚障がい者の方の手を、入り口の戸袋に導きます。これは、ぶつかるのを防ぐためと出口を確認するために行います。要は、エレベーター利用においては、エレベーターを利用することを伝えたり、エレベーターの中に入ったら、お互い扉の方を向き、出る準備をしておくということです。

12. エスカレーターの手引き

Q：エスカレーターでの手引きは、どのようにしますか。

A：エスカレーターを利用するということと、それが上りか下りかを伝えます。まず、エスカレーターの手前で立ち止まり、空いている手をベルトに触れるように誘導します。そして、ヘルパーは、一段先に位置するように、タイミング良く乗り込みます。続いて、エスカレーターの終わりが近づいたら、そのことを伝えます。降りる際には、お互いバランスを崩さないように、タイミングよく降ります。

　要は、下りか上りか、どちらの方向に向かうエスカレーターかを、まず伝えます。「下りのエスカレーターです」と、ベルトに手を触れるように誘導して下さい。視覚障がい者の方は、足でステップの出てくるタイミングを図って乗ります。つかんでいるベルトが、まっすぐになったら、降りる用意をします。単独で利用する方が安心できるという場合には、そのようにさせてあげてください。バランスを崩しやすい方やお年寄りの場合は、安全を十分に確保できる援助を工夫し、心がけます。

　エスカレーターに乗ったら、ヘルパーは、視覚障がい者の方より、一段下から援助することがより安全に繋がります。バランスを崩しやすい方やお年寄りの場合は、安全を十分に確保できる援助を工夫し、心がけます。例えば、エスカレーターに乗ったら、視覚障害がい者の方より一段下から援助することが、より安全につながる場合もありますので、留意してください。単独で行動する場合は、ヘルパーは降りた位置で、視覚障がい者の方が後ろから降りてくるのを待つようにします。

13. トイレ利用の手引き

Q：トイレの案内・誘導は、どのようにしますか。

A：手引きでトイレまで行きます。大便器の場合、ドアの前まで案内し、中の仕組みを簡単に説明します。最低限必要な情報は、便器の位置と使用方法、鍵の位置とかけ方、トイレットペーパーの位置、水洗レバーのタイプと位置、くず入れの位置です。小便器の場合は、便器の正面に対し、水洗か、押しボタン式の場合、その位置を触れさせてあげます。水洗レバーのタイプと位置、トイレットペーパーの位置、鍵の位置とかけ方、電気の位置と使用法、くず入れの位置です。異性の視覚障がい者の方をトイレに誘導する場合は、視覚障がい者の方と同性の店員の方や、近くにいる利用者の方に誘導を依頼することもよい方法です。「トイレの誘導を、お願いします」

14. お金の受け渡し援助

Q：お金の受け渡しの援助は、どのようにしますか。

A：お金は、できるだけ視覚障がい者の方、ご自身に扱ってもらってください。支払いや釣り銭の受け取り等、お金の受け渡しをする時には、札や小銭の種類、枚数を必ず声に出して、金銭別に確認して渡すようにしましょう。「おつりは、1,000円でした」と、1,000円をきちっと渡します。お金は、種類別に分けて財布に入れるといいですね。お札は、種類によって大きさが違いますので、たたみ方を変えるとわかりやすくなります。例えば、1万円はそのまま、5,000円は2つ折り、1,000円は4つ折り等と工夫される方も多いです。また、お金は、横の長さがお札によって違います。1万円は16cm、5,000円は15.5cm、1,000円は15cmというふうに、横の長さが違います。また、紙幣の左下と右上付近に、識別マークが配置されています。視覚障がい者の方は、ご自分で確認をされています。

15. 店内移動の手引き

Q：店内での移動の手引きは、どのようにしますか。
A：人混みや商品が出て通路が狭くなってる時は、狭いところでの手引きで移動します。そして、買い物中は、杖や荷物が、周囲の人の迷惑にならないように配慮します。

16. 一時的に離れる時の対処

Q：一時的に離れる時の対処の仕方はどのようにしますか。
A：視覚障がい者の方から、一時的に離れるときは、視覚障がい者の方を、壁や柱などに触れさせてあげましょう。広い空間に一人でいると、大変不安になります。離れる理由を伝えます。待つ方としても、安心して待てます。また、離れる前に周囲の状況を簡単に伝えておきます。
壁側に移動して、壁に手を触れていただきます。必ず、壁や柱などに触れさせてあげましょう。「ちょっと待っていてください」と、そうやって、場を離れてください。ヘルパーの方が、トイレに行くこともよくありますね。「ちょっとトイレに行ってきますので、ここで待っていてください」と、状況を説明します。「隣に売店があります。ここは、安全な場所なので、心配ありません。しばらくお待ちください」というように。

17. 喫茶店やレストラン利用の援助

Q：喫茶店やレストラン利用の援助の仕方について教えてください。
A：店に入る時は、ドアの通り抜けの要領で行い、室内ではテーブルとテーブルの間が狭くなっていることが多いですので、狭いところの通過方法で移動します。

18. イスを進めるときの手引き

Q：イスを進める時の手引きは、どのようにしますか。

A：手引きの基本の形でイスに近づき、視覚障がい者の方の手をイスの背もたれに軽く触れさせるように誘導します。背もたれの感触でイスの向きがわかり、後は一人で座ることができます。テーブルがある場合、手を、テーブルとイスの背に、軽く触れさせてあげてください。背もたれのないイスやソファー等の場合は、座る部分に手を直接触れさせてあげ、視覚障がい者の方のイスに座らせる場合に、肩を上から押さえるようにして座らせることはしないようにしてください。背もたれのあるイスは、視覚障がい者の方の手を、イスの背もたれに軽く触れるように誘導しますが、背もたれのないイスは、視覚障がい者の方の手を、座る部分に軽く触れるように誘導してください。

19. メニューと値段の説明

Q：メニューと値段の説明は、どのようにしますか。

A：席に着いたら、メニューは全部読み上げるのではなく、相手の好みや希望を聞き、それに合ったメニューを値段といっしょに読むようにします。「エビピラフは、いくらですか？」「780円です」等と、やり取りをしてみてください。

20. テーブルの上の物の位置の説明

Q：テーブルの上の物の位置の説明は、どのようにしますか。

A：テーブルの上に、料理や飲み物が置かれたら、その位置と料理の内容を説明します。テーブルを時計の文字盤に見立てて、物の位置を時刻に置き換えて説明します。食器を、手で直接触れさせてあげながら、説明をすると、より確実に理解できます。テーブルの説明が終わった

ら、相手の意向をよく聞き、手を貸すかどうかを判断します。過剰なサービスは必要ありません。さて、対象者の方のからだが一番下にあります。時計の文字盤でいうと、視覚障がい者の方の位置は、6時の位置であることを説明します。そうすると、10時の位置に醤油があります。1時の位置にサラダがあります。5時の位置にスープがあります。そういうふうに、テーブルの上の物の位置の説明を、時計の文字盤に見立てて行います。手を貸す場合は、対象者の手を物に導いて、物の名前と位置を説明してください。

21. ヘルパーとしての心得

Q：ヘルパーとしての心得、手引きの基本を教えてください。
A：視覚障がい者の方を手引きし、介助歩行で安全に誘導する人を、ヘルパーと呼びます。ここでは、手引きの基本を説明させていただきます。ヘルパーの服装は、どのようなものがよいでしょうか。また、荷物は、どのようにしますか。手引きをする時の服装は、動きやすい服装と歩きやすい靴にすることを基本とし、行き先や活動などの目的に合わせて考えましょう。手引きをするときは、両方の手が空いていることが望ましく、できるだけ荷物を持たないように配慮して、リュックのように、両手が自由になるカバンに荷物を入れて運ぶとよいでしょう。両手が自由になる状態がベストです。

22. 白杖の役割

Q：白杖の役割と使い方について教えてください。
A：手引きの際、視覚障がい者の方には、白杖を携帯してもらいます。白杖を利用してもらうことにより、安全に手引きができます。白杖が意味すること、安全の確保、杖の先で障害物や段差を確認します。情報の入手、白杖は、伝導性や伝達性に優れています。路面の状況や点字

ブロックを把握することができますので、情報を取り入れるためには有効なものです。シンボルとしても、役に立ちます。白い杖を使用することで、周囲の人に、視覚障がい者であることを知ってもらいます。いろんな白杖があります。折りたたみ式、スライド式は、収納が便利です。しかし、つなぎ目がありますので、伝達性が少し悪いかもしれません。自分のからだのサポートもできるサポートケイン、そして、まっすぐになっているもの、折りたたみ式のもの、あるいは、スライド式で収納のできる白杖もあります。

※白杖の役割：白い杖をついているということで、視覚障がい者であることを他人に知らせる意味もあり、杖の先で一歩前方の段差を知ることもできます。自分の位置を知り、手がかりを得ることにも役立ちます。からだが障害物に直接ぶつかることを防ぎます。そして、路面の状況を知ることもできます。このような役割を、白杖はもっています。

23. 雨の日の手引き

Q：雨の日の手引きは、どのようにしますか。

A：雨の日の手引きでは、2本の傘を、それぞれにさすのは困難ですので、大きめの1本の傘に2人が入るようにしましょう。このとき、手引きの基本より、前後の距離を詰めて、やや横に並ぶ状態にします。もちろん、お互いが濡れないように、レインコートや雨靴を着用すると、さらに良いでしょう。雨の日は、路面が濡れて足元や杖が滑りやすくなっていますので、よりいっそうの注意が必要です。要は、大きめの傘、視覚障がい者の方の手を、傘の柄に誘導して持ちます。レインコートを身につけるといいですね。滑らない靴や長靴を着用するという形で、雨の日の手引きをしていただけたらありがたいです。

以上、視覚障がい者の方が安心して手引きが受けられるよう、信頼関係を築くことが大切です。手引きをしている時は、街の様子の説明や状況の変化に応

じて、例えば、「右に曲がります」とか、「段差があります」といった言葉かけが大切です。また、視覚障がい者の方のプライバシーについては、深入りをしないようにします。同情や哀れみで接するのではなく、相手の人格を尊重し、理解しようとする姿勢が大切です。あくまでも、安全性を第一に手引きすることが求められます。約束の時間は厳守してください。ヘルパーが待ち合わせの時間に遅れた場合、視覚障がい者の方が、自分が時間や場所を間違えたのではないかと大変不安を抱かれます。

第20章
子どものケガの手当ての対応と感染症の対策

　子どもは、好奇心に満ちていて、活動的です。夢中になると、危険に気づかず、大人が考えないような行動をとります。また、身長に対して頭が大きく、バランスを崩して転倒しやすいので、顔や頭のケガも多くなります。また、体温調節機能も未熟で、環境温度の影響も受けやすく、病気に対する抵抗力も弱いので、すぐに発熱します。

　幼児のケガで多いものは、すり傷や打ち身、切り傷などです。子どもは、小さな病気やケガをくり返しながら、病気に対する免疫力を獲得し、また、ケガをしないために注意して行動することを学びます。幼児が運動中に小さなケガをしても、適切な処置を行うと同時に、子ども自身がケガを防げるようにかかわります。また、大きな事故やケガをしないような環境整備にも努め、事故が起こったときには、観察にもとづく適切な判断と処置ができるようになります。

1．安全を考慮した準備と環境設定

（1）幼児の安全や体調の確認

　運動前には、幼児の体調を確認します。一人ひとりの機嫌や元気さ、食欲の有無を確認します。気になるときは、体温を測定します。次に、運動中に発現した異常を早期に発見することが大切です。子どもは、よほどひどくないかぎり、自分から体調の不調や疲れを訴えてくることはまれです。指導者は、常に気を配り、声かけをしながら、表情や動きの様子を観察して判断します。

(2) 熱中症対策

　幼児の平熱は、大人よりやや高く、また、単位面積あたりの汗腺の数も多いので、汗をよくかきます。そのため、肌着は、吸水性や通気性のよいものを着るように指導します。また、運動後に汗が冷えると、からだを冷やしますので、運動時にはタオルとともに肌着の着替えを持参するように指導します。

　幼児は、大人に比べて体内の水分の割合が高いので、汗をかくと、大人より脱水になりやすいという特徴をもっています。炎天下や夏の室内での運動時には、水筒を持参させ、休憩時には必ず水分を摂るよう指導します。室内で運動する場合は、風通しを良くします。温度や湿度が高い場合には、熱中症を予防するために、大人より短い間隔で、休養や水分摂取を勧めます。幼児の年齢によって体力が異なりますので、2～3歳児は、4～6歳児より頻回の休養と水分摂取を促します。

2．応急処置の基本

　運動中にケガをしたり、倒れたりした場合、医師の診療を受けるまでの間に行われる応急手当が適正であれば、生命を救うことができ、疼痛や障害の程度を軽減し、その後の回復や治癒を早めることもできます。子どもの状態の変化は早いので、急激に悪化しやすいですが、回復も早いのです。幼児のケガや急病への的確な判断による応急処置と、医療機関の受診の判断ができることは重要です。

① あわてずに、対処しましょう。
② 子どもを観察し、話しかけ、触れてみて、局所だけでなく、全身状態を観察します。
③ 生命の危険な兆候をとらえます。
　　心臓停止（脈が触れない）、呼吸停止（胸やお腹が動かない、または、口のそばに手を当てても暖かい息を感じない）、大出血、誤嚥（気管になにかを詰まらせる）のときは、危険を伴うので、救急車を呼ぶと同時に、直ちに救命処置を行います。

④　2人以上で対処します。
　　状態の確認や処置の判断、救急車の手配、他の子どもへの対処が必要になります。まわりにいる子どもに、他の指導者を呼んできてもらいます。
⑤　子どもを安心させます。
　　幼児は、苦痛や処置に対する恐怖心を抱き、精神状態が不安定になりやすいものです。指導者は、幼児本人にも、まわりの子どもに対しても、あわてないで、落ち着いた態度で対応し、信頼感を得るようにします。子どもの目線と同じ高さで、わかりやすい優しい言葉で、静かに話しかけ、安心させます。
　　また、ケガをした子どものそばを離れないようにします。子どもは不安な気持ちでいっぱいです。信頼できる大人がそばにいることで、子どもの不安を最小限にします。
⑥　医療機関への受診が必要な場合は、必ず保護者に連絡します。

3．応急処置の実際

（1）頭部打撲

　頭を打ったあとで、顔色が悪い、嘔吐がある、体動が少なく、ボーッとして名前を呼んでも反応がない、明らかな意識障害やけいれんをきたす場合は、すぐに脳神経外科を受診させます。打った直後に症状がなくても、2～3日後に頭痛や吐き気、嘔吐、けいれん等の症状が現われる場合があるので、しばらくの間は静かに休ませます。また、保護者には、2～3日は注意深く観察する必要があることを説明します。

（2）外　傷

　切り傷やすり傷の場合には、傷口を水道水でよく洗います。汚れや雑菌が傷口に残ると炎症をおこします。流水で十分洗い流した後に救急絆創膏をはり、傷口からの感染を防ぐようにします。傷が深い場合や釘やガラス等が刺さった場合は、皮膚の中に汚れやサビ、ガラス片などが残り、感染を引き起こすこと

があるので、受傷した直後は血液を押し出すようにして洗い流し、清潔なガーゼを当てて止血します。外科受診をすすめます。出血している場合は、傷口を清潔なガーゼかハンカチで押さえて強く圧迫します。出血部位を、心臓より高い位置にすると、止血しやすくなります。

（3）鼻出血

鼻根部にあるキーゼルバッハ部位（鼻の奥にある網の目のように細い血管が集まっている部位）は、毛細血管が多いため、一度出血した部分は血管が弱くなり、再出血しやすくなります。そのため、ぶつけたときだけでなく、興奮した場合や運動したときに突然出血することがあります。座らせて少し前かがみにし、鼻にガーゼを当て、口で息をするように説明して、鼻翼部（鼻の硬い部分のすぐ下）を強く押さえます。血液が口の中に流れ込んできたら、飲み込まずに吐き出させます。血液を飲み込むと、胃にたまって吐き気を誘発するので飲み込まないように説明します。10分くらい押さえ続けてから、止血を確認します。止血していなかったら、再度、圧迫します。脱脂綿のタンポンを詰める場合には、あまり奥まで入れないように気をつけます。ときに、取り出せなくなることがあるので、ガーゼや鼻出血用のタンポンを使うとよいでしょう。子どもには、止血した後は、鼻を強くかまないように、また、脱脂綿を鼻の中まで入れないように説明します。

（4）つき指と捻挫

強い外力や急激な運動によって、組織が過伸展し、骨や関節周囲の靭帯や、筋肉や腱などが損傷を起こします。つき指は、手指の腱が断裂した状態であり、足首の捻挫は、足首の骨をつないでいる靭帯の断裂です。

受傷直後は、"RICE"にそって処置しましょう。

- R（Rest）：安静にする
- I（Ice）：氷や氷嚢（ひょうのう）で冷やす
- C（Compress）：圧迫固定する
- E（Elevate）：損傷部位を挙上する

つき指は、引っ張ってはいけません。動かさないようにして、流水、または、氷水で冷やしたタオルを3～4分おきに絞りなおして指を冷やします。痛みがひいてきて、腫れがひどくならないようなら、指に市販の冷湿布をはり、人差し指と薬指といっしょに包帯で巻いて固定します。その日は、指を安静に保ちます。腫れが強くなったり、強い痛みが続いたりしたときは、病院を受診します。指は軽く曲げたままで、指のカーブにそって、ガーゼやハンカチをたたんだものを当てて固定します。

　足関節の痛みの場合は、座らせて、足先を挙げ、支えて固定して受診します。損傷部への血流を減らし、氷水やアイスパックで冷やすことにより、内出血を抑え、腫脹や疼痛を軽減させることができます。損傷した部位の関節を中心に包帯を巻いて固定し、挙上して様子をみます。腫れがひどくなる場合や、痛みが強く、持続する場合には、骨折の可能性もあるので、整形外科を受診するようにすすめます。

(5) 脱　臼

　関節が異常な方向へねじる強い外力を受け、骨が異常な位置に転移した状態であり、強い痛みを伴います。子どもでは、肘、手首、肩の関節で起こりやすいです。脱臼した骨を関節に戻そうとしてはいけません。関節のまわりの靱帯や血管、神経を損傷してしまうことがあります。まわりが危険でなければ、できるだけその場で、脱臼した部位を身体に固定して、動かないようにします。固定する位置は、本人が一番痛くない位置で固定します。上肢の関節（肘や肩）の痛みを訴える場合は、本人が一番痛くない角度で、腕を身体の前にもってきます。腕と胸の間に三角巾をおき、腕と胸の間にタオル等のやわらかいものをはさんで、三角巾で腕とタオルをつります。さらに、腕と三角巾のまわりを幅の広い包帯または三角巾で巻いて、腕を身体に固定したまま病院に連れて行きます。

(6) 骨　折

　外力によって、骨の連続性をたたれた状態です。完全な骨折と、たわんだり、

ひびが入ったりしただけの場合（不全骨折）とがあり、不全骨折の場合は、レントゲンをとってもわからない場合があります。

　子どもの骨は発育途上にあるので、まだ十分にカルシウムが沈着していないため、大人のように硬くなっていません。そのため、子どもの場合は、不全骨折が多くなります。子どもの骨折は、修復するのが早く、不全骨折でも元通りに治癒する場合もあります。しかし、骨折部位がずれたり、ゆがんだりしたまま修復した場合、変形や機能障害を起こすことがあります。痛みが強いときや、腫れや内出血が強い場合は、病院に行って、骨折であるかどうかを、診断してもらうことが必要です。

　骨折を疑うような強い痛みを訴えるときは、骨折部を動かさないようにします。骨折部を動かすと、血管や神経を損傷するので、そのままの形で固定します。出血と腫れを最小限にするために、骨折した部位は下に下げないで、挙上します。　上肢の骨折が疑われる場合は、脱臼時と同様に、腕を上半身に固定します。下肢の場合は、足をまっすぐに伸ばし、健足を添え木として患足を固定します。両足の間にタオルや衣類などをはさんで、三角巾で、①足首、②足の甲、③ひざの上、④ひざの下を縛って固定します。腫れている部分は、しばらないようにします。結び目は、健足の上になるようにしてしっかり結びます。足の下に座布団をおいて患足を挙上し、病院に運びます。

4．コロナ禍における子どもの運動あそびと、保健衛生上、注意すべきこと

　コロナ禍において、家の中で過ごさざるを得ない生活が続くと、親も子どもも、ストレスがたまり、生活リズムも乱れてきます。制限された環境で、十分からだを動かせていないと、体力も落ちてきます。感染しないで、安全に、どのような内容を、どのように行ったら、健康的な生活リズムが維持され、健康づくりが実現できるのでしょうか。留意すべき事項を考えて、感染の状況に応じた提案を、具体的に、積極的に発信していきたいものです。

　「運動や外あそび」について注目しますと、まず、コロナ禍では、飛沫感染

と接触感染がおこらないように、注意して運動したり、遊んだりすることが必要です。飛沫感染のことを考えると、人との距離や間隔を、２ｍは離れて、自己空間を確保しての運動がよいでしょう。

　例えば、縄跳び、リズム運動、ダンス等があります。
① 　なわとび：なわとびの基本として、安全のために、自己スペースを確保して、接触しないように行う運動ですから、そのままできます。
② 　リズム運動やダンス：楽しく踊りながら、テンポや強度、回数を増やせば、トレーニング効果も大いに期待できます。足の回転数を上げたり、歩幅を広げたり、姿勢を変えたり、維持させたりして、からだを鍛えることができます。テレビやインターネットの動画に流れる体操やリズムに挑戦して、いかに楽しくからだを動かすか、そのためのツールとしての利用はおすすめです。

　また、接触感染を防ぐことを考えると、接触しないで遊ぶ影ふみや姿勢変えあそび、バランスあそび、距離をとって遊ぶサッカーごっこや、ウォーキング、ジョギング等もよいでしょう。
① 　影ふみ：接触しない鬼ごっこを、影ふみの要領で行います。ほとんどの鬼ごっこはできます。
② 　姿勢変えあそび：「あぐら（パパ）」「正座（ママ）」「三角座り（忍者）」の３つの姿勢を、おうちの方のかけ声に合わせて、子どもがすばやく姿勢を変えます。順番を変えたり、スピードを速めたりすることで、より楽しく遊べます。「しゃがむ」「ジャンプする」等、お子さんのできるポーズを加えることで、低年齢のお子さんも楽しく取り組めますし、お子さんが自分で好きなポーズを３つ考えて行うのも楽しいでしょう。楽しく運動することになり、「楽しい！」「もう一回！」と、心が動き、くり返し行うことで、家の中でも自然な体力づくりや感動体験を味わうことにつながっていきます。運動、心動、感動です。
③ 　バランスあそび：向かい合って立ち、片足立ちになります。足以外は、好きなポーズをしてバランスをとります。どちらが長く片足で立っていられるかの競争です。どんなポーズがバランスをとりやすいか、どんなポー

ズがおもしろいか等、いろいろ試してみると、楽しいです。
④　サッカーごっこ：距離を開けて、ボールを蹴って遊びます。また、新聞ボールのキャッチボールもいいですよ。新聞紙を丸めて、新聞ボールを作って、投げたり、蹴ったりして遊びます。
⑤　ウォーキングやジョギング：家族といっしょに、ウォーキングやジョギングに出かけ、地域の神社やお寺巡りをしてみましょう。住んでいる地域の珍しいものや見過ごしていた身近な動植物の発見もできます。きれいな植物や花にも触れ、気持ちが和みます。

　なお、毎日だらだらとしないためには、朝に誰でもできる「ラジオ体操」から始めるのがいいです。自粛や休みの折は、園や学校がある時と同じリズムの生活をするきっかけにできると思います。朝から、からだを動かして、気持ちの良い汗をかくと、血液循環もよくなって、頭がシャキッとします。

　運動会の競争のような積極的な運動では、バトンを使わないリレーあそびはおすすめです。バトンタッチの代わりに、置いてあるフープの中に入ると、バトンを渡したこととし、次の走者が走るリレーは、接触なしに競走できます。

　コロナ禍における、安全な公園の利用については、まず、混んでいたら利用しない、いつもより短めに使う、多数が接触する固定遊具は利用せず、空いたスペースでからだを動かす、独占しないように使うことを基本にしましょう。公園は、多くの人や子どもたちが集まってきます。各地域の行政は、多くの人が集まる公園での感染対策に苦慮されるため、利用禁止や立ち入り禁止としたところもありますが、そうなると、とくに子どもたちはますます行き場所を失っているのが問題です。

　公園は、一律に閉鎖するのではなく、使い方の工夫や利用者に感染対策を呼びかけ、継続して安全に利用できるように工夫することが望ましいです。公園は、すいた時間や混雑していない区域や場所を選んで、他人と密接にならないようにすること等、具体的な利用のしかたを呼びかけて、利用してもらいたいのです。

　公園でのジョギングも、マスクをして、お互いの距離や間隔をとって行えば、実践は可能でしょう。要は、密を避けて利用してもらうことです。密集場所

（大人数が集まる場所は避ける）、密接場面（間近で会話や発声は控える）、密閉空間（換気の悪い場所は避ける）に気をつける呼びかけ・掲示をしてください。

　つまり、感染対策時の公園利用にあたっては、「少人数」「短時間」「運動、散歩」利用に限っての使用に理解を求めることが必要で、「他の人との距離・間隔を、2 m 以上あける」「混んでいるときは利用を控える」「手洗い、マスクの着用、咳エチケットを引き続き呼びかける」ことを、お願いします。

　要は、3密（密閉・密集・密接）の条件の揃わないところでなら、外で遊んでも大丈夫です。ただし、公園の固定遊具は、不特定多数の方が触れ、感染の心配がありますので、こまめに消毒をしてください。家に帰ったら、手洗いやうがいをし、こまめに消毒してください。とくに、手洗いは、流水で行いましょう。とにかく、子どもをほめてあげて、ポジティブなメッセージを伝えていくことで、子どもは、自信を生み、自分で動こうという気持ちになるのです。そして、「おもしろい」「楽しい」「また、したい」と感動すれば、生活の中で、運動実践はずーっと続きます。

5．コロナ禍における親子ふれあい体操のススメ

　コロナ禍で、子どもたちは外出できず、外で遊ぶことも制限されていました。それでは、子どもたちの運動不足が心配です。子どもの運動と育ちについて、コロナ禍では、どのように考えたらよいのでしょうか？

　コロナ禍であろうと、なかろうと、子どもたちが元気に育つには、よく「食べて・動いて・寝る」という生活習慣と、そのリズムづくリズムが大切です。とくに、太陽の出ている日中の運動あそびがとても大切で、運動すると、自律神経の動きがよくなり、何に対しても意欲をもって、自発的・自主的に行動できるようになります。逆に、運動不足だと、自律神経も鍛えられず、その結果、無気力で、何をしても続かず、集中力がない様子が見られるようになります。

　私が、大切に奨励している「親子ふれあい体操」は、どのようなものなのかと言いますと、赤ちゃんの首がすわり、保護者も子どもの扱いに慣れてきた、

生後4か月位からできる、親と子どもの健康づくり、コミュニケーションづくりの体操です。最近の子どもたちの生活を見ていると、からだをしっかり動かしていない、体力の弱さが気になります。

　そこで、コロナ禍であっても、子どもたちに家庭で行ってほしい運動を、親子がいっしょに楽しくできるように計画したのが、家庭での「親子ふれあい体操」です。コロナ禍においても、家族で楽しく「親子ふれあい体操」をするには、どういったことを心がければよいでしょうか。体操は、少しの時間でも問題はありません。道具がなくても大丈夫です。親子がお互いの体重を貸し借りし合ってできます。その時の子ども様子をみて、ニーズに合ったものを選んで行えます。

　赤ちゃんや低年齢児に体操を行うときは、急に始めるのでなく、言葉をかけてから始めるのが、安全のためによいでしょう。心の準備をさせることが大切です。また、体操が上手にできたら、しっかりほめて、ハグしてあげましょう。親子ふれあい体操を展開するときのポイントやメッセージは、体操をして、「ああ、おもしろい」「もっとしたい」「またしてね」というように、子どもの心が動く思い出をしっかりもたせてあげてください。大事なことは、運動を通して、子どもの心が動き、またしたいと感動する体操の実践と生活化が大切です。運動、心動、感動、そして、生活化です。楽しんでください。

【文　　献】

1）前橋　明編著：夜型社会，COVID-19および新たな感染症流行時の幼児の健全育成・健康管理マニュアル，科研報告書，2024．

第21章

育児支援と育児疲労

　近年、女性の社会進出の増加に伴って、結婚や出産後も引き続き仕事に従事する女性が増えてきました。つまり、母親の多くが、仕事と育児を両立させようとする実態があります。このことは、家事や育児の負担に加えて、仕事の負担が重なり、多様なストレスを受けながら生活をしているということです。母親の健康管理上、かなり疲労が蓄積されているのではないでしょうか。お母さん方は、日常生活の中で、どのような疲労感を、どのくらい感じているのでしょうか、私は調べてみたいと思いました。

1．疲労自覚症状しらべ

　用いた調査票ですが、「疲労自覚症状調べ」という疲労に関する調査票です。30の項目から成り立っています。1番から30番までの項目の中で、まず、1番から10番は、「大脳の活性レベル」をみる「眠気とだるさ」の症状群であり、Ⅰ群としています。11番～20番までの症状は、「精神的疲労症状」、いわゆる「精神的な疲労」の訴えをみる項目で、Ⅱ群の「注意集中の困難性」の項目で、21番～30番の項目は、「肉体的な疲労」状況を表すもので、Ⅲ群の「局在した違和感」という肉体疲労の症状群です。これら3つの症状群で成り立っています。

　さて、その中身を見てみますと、Ⅰ群「眠気とだるさ」は、①頭が重い、②全身がだるい、③足がだるい、④あくびがでる、⑤頭がぼんやりする、⑥ねむい、⑦目がつかれる、⑧動作がぎこちない、⑨足元がたよりない、⑩横になりたい、Ⅱ群「注意集中の困難さ」の症状群は、⑪考えがまとまらない、⑫話を

するのが嫌になる、⑬いらいらする、⑭気がちる、⑮物事に熱心になれない、⑯ちょっとしたことが思い出せない、⑰することに間違いが多くなる、⑱物事が気にかかる、⑲きちんとしていられない、⑳根気がなくなる、Ⅲ群「局在した身体違和感」の症状群は、㉑頭がいたい、㉒肩がこる、㉓腰がいたい、㉔息が苦しい、㉕口がかわく、㉖声がかすれる、㉗めまいがする、㉘まぶたや筋肉がピクピクする、㉙手足がふるえる、㉚気分が悪い、です。これら3つの症状群から、疲労状況をみようと考えてみました。

2．調査対象の年代区分と就寝・起床時刻

　保育園に通う幼児の保護者の方（お母さん）489人の年齢と人数を、表22-1に示しました。

　保育園は、15保育園の協力をいただきました。15保育園のお母さん方の実態です。

　一番左に年代を、置きました。一番多いのが、30代の63％いました。

　就寝時刻は、大体11時20分前後に、次に、起床時刻を見ていただくと、一番、年配の年齢層の40代は午前6時8分と最も早く、そして、30代が6時17分、20代は6時29分、そして、人数は少ないですけれども、10代は平均8時

表21-1　年代別にみた母親の就寝時刻と起床時刻

15保育園の園児のお母さんを対象

年代	人数(%)	就寝時刻	起床時刻
10代	2(0.4)	午後11時18分　±21分	午前8時45分
20代	157(32.1)	午後11時18分　±101分	午前6時29分*** ±5
30代	308(63.0)	午後11時24分　±107分	午前6時17分*** ±47
40代	22(4.5)	午後11時18分　±32分	午前6時8分*** ±44分

遅い

N=489（平均±SD）
（10代の母親の起床時刻に対する差：*** p<0.001）

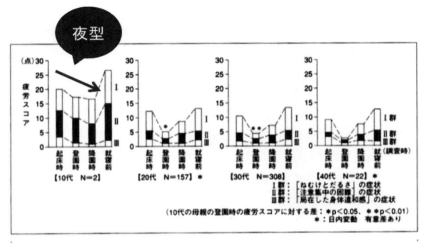

図21-1　年代別にみた母親の疲労スコアの日内変動

45分と、最も遅い状況で生活をしていました。

　このお母さん方が、どのような疲労症状の訴えを示しているのかを見てみます。疲労症状の30項目を、何項目、訴えたかということで、訴えた数を訴えスコアとして、点数化して平均を出しています。

　図21-1は、年齢別にみた母親の疲労スコアの日内変動です。

　疲労自覚症状の調査票を、①朝、起きた時に、お母さんにチェックしてもらいます。そして、②登園したとき、③子どもを迎えに来た降園時に、そして、④就寝前にチェックしてもらいます。その平均を、年代別に示したものです。

3．疲労スコアの日内変動

　一日の変化も見れるように、棒グラフと線で結んでみました（図21-1）。40代をみていただきますと、朝起きた時に10点を少し下回っていますけれども、起床時の平均から、登園時にはぐっと下がって、そして、仕事をして、だんだんお迎えに来て、また高くなって、寝る前には、一日頑張ったから、疲れが現れるという、登園時の訴えが低くて、朝のスタートが低くて、Vの変動を

示しています。

　就寝前には高くて、また寝て休むものですから、次の朝の起床時は低くなるという、一日の中での変動パターンを示しています。それから、30代、40代は、同じようなパターンですね。10代を見ていただくと、朝起きた時の訴えが高くて、登園時、降園時と、だんだん下がって、夕方すっきりしてきます。でも、その平均スコアは、20代以上のお母さん方よりは、うんと高いという状況ですが、特に登園時はぐんと下がらないです。一番下がっているのが、降園の夕方ですね。これは夜型の人に多い「疲労の変動パターン」なのです。夜型の人の特徴は、朝から、疲労の訴えが右下がりになって、夜に活動しやすくなってくるというような状況です。

4．リフレッシュ時間別にみた疲労スコア

　次に、リフレッシュ時間別にみた母親の疲労スコアの日内変動を見ていただきます（図21-2）。一番左から、自由なリフレッシュ時間が、週に1時間あるという人が、107人いました。その平均の日内変動の図です。

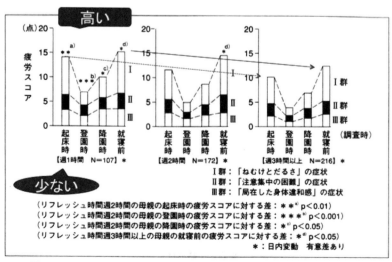

図21-2　リフレッシュ時間別にみた母親の疲労スコアの日内変動

真ん中が、週に2時間ある人の図です。一番右端が、週3時間以上は、リフレッシュ時間がもてる人の疲労スコアの日内変動です。見ていただくと、起床時も、就寝時も、一番少ないのが、週3時間以上、しっかりリフレッシュ時間が確保できるというお母さん方の疲労が、お母さん方の中でも、少ない訴えを、一日を通してもっているということがわかります。ですから、リフレッシュ時間があるということは、必要なのです。

5．勤務状態別にみた疲労スコア

また、今度は、勤務状態別に、お母さん方の疲労スコアを見てみます（図21-3）。

一番左から、フルタイム、外勤でフルタイムで働かれる方は49％いました。パートタイムで外勤をされる方は32％、自営で働かれる方は15.8％いました。内職をされる方は3.2％です。お母さん方の勤務状況別に、疲労スコアの日内変動を見ていただくと、フルタイム、パートタイム、自営と区分しますと、類似した変動パターンを示していますが、内職だけは少し変わっています。全体

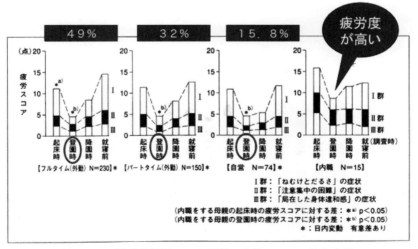

図21-3　勤務状況別にみた母親の疲労スコアの日内変動

的に疲労度が高いということです。内職だから、自由な時間に仕事ができるから、結構、疲労感は少ないのではと思ったのですが、そういう方たちの疲労度が高いということがわかりました。

6．勤務体制別にみた疲労スコア

次に、勤務体制別に、お母さん方の疲労スコアの日内変動を見てみます（図21‐4）。

一番左側がフルタイム、そして、フルタイムの中でも、常勤と交代制勤務のお母さん方の日内変動を見てみますと、いちばん右端の交代制勤務、同じフルタイムの中でも、交代制勤務で生活をしている、仕事をしているお母さん方の疲労スコアの訴えが非常に高いということがわかりました。要は、生活リズムが規則正しく維持されないと、疲労感の訴えは高いということなのでしょう。

さて、次に、パートタイムの時間別に、お母さん方の疲労スコアの日内変動を見てみます（図21‐5）。

パートタイムは、150名いました。その内訳で、どのような時間状況なのか

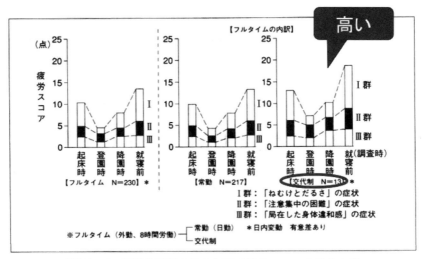

図21‐4　勤務体制別にみた母親の疲労スコアの日内変動

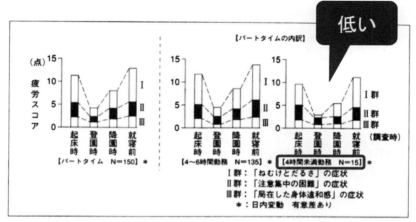

図21-5　パートタイム時間別にみた母親の疲労スコアの日内変動

ということで、真ん中は4時間～6時間勤務されるパートタイムのお母さん方の訴え、4時間未満の勤務の方の訴えは、一番右端です。

これを見ていただくと、全体的にパートタイムの中で、4時間未満の勤務をされて育児をされている方の訴えは低いということです。

7．子どもの人数別にみた疲労スコア

子どもの人数別に、次は見てみます（表21-2）。子どもの人数が、1人～4人まで、そのお母さん方が何人いるかということで、子どもさん1人をおもちのお母さんは、28.5％います。そして、2人は49.0％、3人が21.3％、4人が1.1％という、子どもさんの人数の状況です。

さて、子どもさんの人数によって、母親の生活リズムはどうなのか（図21-6）。1人の場合は、平均就寝時刻が11時24分、ずっと見ていただきますと、4人抱えているお母さんは10時48分で、早めに寝ますね。そして、起床を見てみます。1人のお母さんの場合は、6時37分、だんだん早くなっていきます。とくに、4人抱えているお母さんの場合は、6時前の起床ですね。5時52分という形で、早く寝て、早く起きるという生活の状況で、4人の子どもさん

表21-2　子どもの人数別にみた母親の就寝時刻と起床時刻

子ども数	人数（％）	就寝時刻	起床時刻
1 人	149 (28.5)	午後11時24分±80分	午前6時37分±47分
2 人	256 (49.0)	午後11時24分±107分	午前6時15分±53分***
3 人	111 (21.3)	午後11時24分±115分	午前6時10分±52分***
4 人	6 (1.1)	午後10時48分±75分	午前5時52分±32分*

N＝489（平均±SD）
子ども1人をもつ母親の起床時刻に対する差：*** $p<0.001$, * $p<0.05$

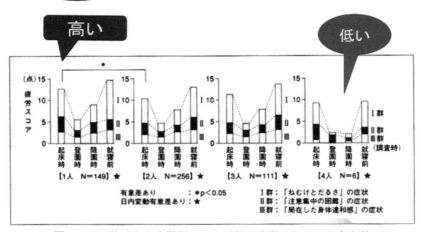

図21-6　子どもの人数別にみた母親の疲労スコアの日内変動

たちを育てていらっしゃいます。

　さて、その人数別に、お母さん方の疲労スコアの日内変動を見てみますと、4人抱えていると、疲労度は1日通して高いのではと、最初考えたのですが、これを見ていただくと、一人の子育てをしているお母さん方が一番左、そして、2人、3人、一番右端が4人です。4人の子どもさんを抱えて生活をしている、つまり、仕事と育児をしているお母さん方の疲労度が一番低いということがわかりました。また、一人の子どもさんを抱えているお母さん方の疲労度の日内変動は、高く維持されているということも分かりました。

8．祖父母同居の有無別にみた疲労スコア

次に、祖父母が同居しているかどうかを見たものです（図21-7）。祖父母が同居しているかどうか、その状況の中で、お母さん方の疲労スコアの日内変動はどうなのか、左側が核家族で、同居していない場合です。66％です。おじいちゃん、おばあちゃん、祖父母、いっしょにという方が34％いました。

見ていただくと、お迎えの時が、祖父母同居のお母さんの疲労度が低く維持されているというのが特徴的でした。おじいちゃん、おばあちゃん、祖父母がいるから、夕飯を作ってくれる。その安心感があるのかもしれません。

祖父母同居ですが、祖父母同居の中にも少し特徴があります。まず、左側は、祖父母いっしょに同居している図です（図21-8）。真ん中は、祖母と同居している、右側が祖父と同居している図です。これを見ていただくと、祖父と同居しているお母さんの疲労度が高いということもわかりました。おじいちゃんと同居しているところのお母さんの疲労度が高いということです。なぜなのでしょうか。考えてみたいところです。

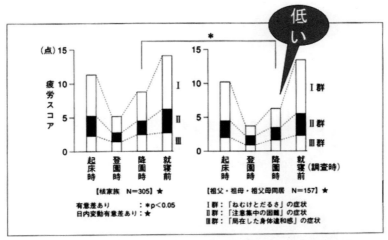

図21-7　祖父母同居の有無別にみた母親の疲労スコアの日内変動

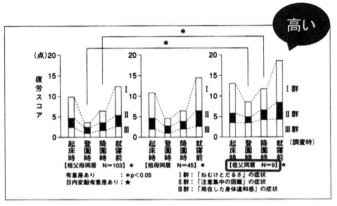

図21-8　祖父母同居の種別にみた母親の疲労スコアの日内変動

9．家族の協力度別にみた疲労スコア

　家族の協力度別に、お母さんの疲労スコアを見てみます（図21-9）。家族の協力度が何％あるかということで、一番左が10％以下と答えたお母さん。

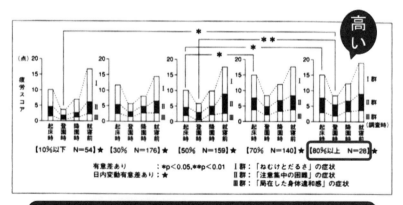

①家族の協力があるからこそ、勤務に打ち込める。②家族の協力があるため、さらに、家庭内の仕事や諸活動に打ち込める。③勤務（仕事）以外の活動にも取り組める。のでは！

図21-9　家族の協力度別にみた母親の疲労スコアの日内変動

30％ぐらいと答えたのが左から二つ目。真ん中が50％の協力が得られている場合、そして、70％、80％以上あるという、そういう生活状況の中でのお母さん方の疲労の日内変動です。これを見ていただくと、80％以上の協力が得られているお母さんの疲労度が高いです。

　家族の協力があるからこそ、勤務に打ち込めて疲労度が高くなっている。あるいは、家族の協力があるために、さらに家庭内の仕事や諸活動に打ち込めるから、疲労度が高くなる。あるいは、勤務や仕事以外の活動にも取り組めるから、疲労度が高いのではないだろうかということです。

10. 育児をする母親の疲労スコアの日内変動

　いろいろ区分してみましたが、同じスケールで整理をしてみますと、縦軸に疲労スコア、そして、横軸に起床から就寝までの時刻をプロットしています（図21-10）。平均的な疲労スコアを見てみますと、まず最も多いのが黒色のベルトの中に入ったお母さん方です。そして、一番疲労度が少なかったのは、子どもが4人いるお母さんです。一番上の、疲労度が一日を通して高かったのが、10代のお母さん。そして、折れ線が始まっているところが起床時刻、10代のお母さんの起床は、8時過ぎです。

　そこを見ていただくと、ズレていますね。この横の時刻に合わせて、このスタートの平均的な起床時刻のスタートも書いています。折れ線で示している日内変動、そして、疲労スコアがその疲労のグレードを示すものです。それから、その次に交代制勤務のお母さんの疲労度が高い。祖父同居のお母さんの疲労度も高い。家族の協力度が80％以上のお母さんの疲労度が高い。リフレッシュ時間が1時間未満のお母さん方も疲労度が高いという特徴がわかりました。

　さて、まとめとして、考えたことを聞いていただきます。
(1) 1日の疲労度が最も大きかったお母さんは、若いお母さんで、慣れない育児と親自身の夜型の生活リズムによるものだと思います。
(2) 交代制勤務のお母さんは、非常勤のお母さんに比べると、どの時間帯でも高い疲労度を訴えています。

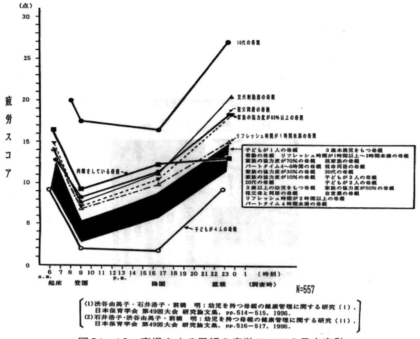

図21-10　育児をする母親の疲労スコアの日内変動

(3) 内職のお母さんは、時間が自由なようでも、交代制勤務のお母さん同様に、疲労度が一日中高い結果となりました。つまり、内職は、時間の管理を自分でしなくてはならないため、スポーツの自主トレのような強い精神力と計画性のある生活活動のリズムづくりが必要になります。

(4) おじいちゃんとの中でも、義理のお父さんとの同居の場合に、疲労症状の訴えが多いことも分かりました。逆に子どもが4人いるお母さんは、子育ての経験が豊富で、子ども同士も関わり合ってくれる時間もあるため、疲労感が少ないというそういう結果も得られました。

　以上で、母親の疲労スコアの日内変動についてのお話を終わりにさせていただきます。

【文　　献】
1）前橋　明・石井浩子・渋谷由美子・中永征太郎：乳幼児をもつ母親の健康管理に関する研究（Ⅰ）―疲労スコアの日内変動に及ぼす母親の生活実態について―，小児保健研究58（1），pp.30-36，1999．
2）前橋　明：健康福祉科学からの児童福祉論，チャイルド本社，pp.281-297，2003．

第22章 運動あそび例

1．4つの基本運動スキルを取り入れた運動あそび

4つの基本運動スキを取り入れた運動あそびでバランスよく遊ぶと、小学生・中学生になって、自分のからだを自分の思うように動かすことができます。いろいろなあそびで楽しく遊ばせましょう。

（1）バランスをとる力を引き出すあそび（平衡系運動スキル）

片足で立つ、立ち上がる・座る、渡る等の動作は、姿勢を維持し、バランスをとる力を引き出します。

パチパチ・トントン

片足で立つ　回る

《あそび方》
①2人1組で向き合う。
②「パチパチ（手拍子をする）・トントン（相手の子と手を合わせる）」を指導者の合図に合わせて、4回くり返す。
③「握手・握手で、バランス！」とお題を出し、両手をつないだまま片足を上げて、5秒間バランスを保つ。

《ひと工夫》
「バランス」を好きなポーズ（片足を前後・左右に上げたり、バレリーナのように回ったりする）に変えて遊ぶ。

（2）非移動の力を引き出すあそび（非移動系運動スキル）

　ぶらさがる、しがみつく、引っ張る等の動作は、非移動系の力（その場で行う力）を引き出します。

ぶたの丸焼き

ぶらさがる
しがみつく

《あそび方》
鉄棒を両手でつかみ、両足をからませてぶらさがる。

《ポイント》
鉄棒を両手で握る、からだを下げる、片足ずつ鉄棒にかけるの順でぶらさがる。

《ひと工夫》
ぶらさがる腕を曲げ伸ばしする。2人以上で、しりとりをしながら、ぶらさがって遊ぶと楽しい。

おいもほり

止まる　くっつく　引っ張る

《あそび方》
おいもの役になる7、8人の子は円状でうつぶせになり、となりの子と腕を組む（手を握り合う）。いもほり役の子は、おいも役の子の足を、いもほりのように引っ張る。おいも役の子は、となりの子と組んだ腕が離れたら負け。立ち上がって、引っ張る側にまわる。おいも役の子は腕を組み直し、最後まで残った子が勝ち。

（3）移動する力を引き出すあそび（移動系運動スキル）

　歩く、走る、かわす・よける、はねる、跳ぶ、くぐる等の動作は、移動する力を引き出します。

ジャンケンおいで（2人組）

歩く
走る

《あそび方》
①2人1組でジャンケンをする。
②勝ったら、好きな方向に5歩進み、負けた子に「おいで」と言う。
③負けた子は、勝った子がいるところまで走り、再度ジャンケンをする。これをくり返す。

《ひと工夫》
移動の方法をケンケンやスキップに変える。

ボールよけあそび

かわす・よける
走る

《あそび方》
円の中の幼児をめがけて、外の子がボールを転がす。
中の子は、ボールに当たらないように逃げる。
ボールに当たったら、円の外に出る。
円の中の子は、ボールをとらない。

《ひと工夫》
慣れてきたら、ボールを2つにして遊ぶ。

王様・女王様ジャンケン

走る　かわす・よける

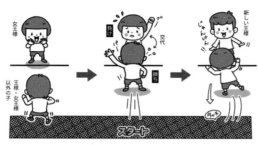

《あそび方》
①王様と女王様を決め、指定の位置に立つ。王様・女王様以外の子は、スタート位置に立つ。
②指導者の合図で、王様・女王様以外の子は、王様・女王様のところまで走り、王様・女王様とジャンケンをする。
③ジャンケンに勝った子は、王様・女王様になり、指定の位置に立つ。負けた子はスタート位置へ一度行ってから、再び王様・女王様のところへ走って行き、ジャンケンをする。③をくり返す。

《ひと工夫》
ケンケンやスキップ等で、ジャンケンをしたい王様・女王様のところへ移動する。

（4）ものを操作する力を引き出すあそび（操作系運動スキル）

投げる、受ける・とる、転がす、打つ、ふる等の動作は、ものを操作する力を引き出します。

新聞ゴルフ

打つ　ふる

《あそび方》
新聞紙でボールとバットをつくる。ボールをバットで打って転がし、箱やコーンの間を通す。

《ひと工夫》
大きなボールや市販のボールで遊ぶ。目標までの距離、打つ回数を変える。バットを替えて遊ぶ。多く通せた子が勝ち、として遊ぶ。

トンネルボール転がし

転がす　とる　走る

《あそび方》
①3人で縦一列に並ぶ。前から2人は足を広げて立つ。
②3人目は2人の足の間を通すように、後方からボールを転がす。
③足の間をボールが通った瞬間に、先頭の子はボールを追いかけてとりに行く。
④とったボールを持って、列の最後尾に並ぶ。これをくり返す。

《ひと工夫》
ボールを蹴って遊ぶ。人数を増やす。列を増やして遊ぶ。

新聞ボールキャッチ

投げる　受ける・とる

《ボール》丸めてテープで止める。

《グローブ》
新聞紙を筒状にして片方を開き、片方を握り手にする。

《準備》
新聞紙でボールとグローブをつくる（左図）。

《あそび方》
①2人1組になる。
②2人ともグローブを握り、1人が下手投げでボールを投げ、1人がグローブで受ける。
これをくり返す。
③2人とも座って、キャッチボールをする。

《ポイント》
慣れてきたら、距離を離して遊ぶ。

へんてこキャッチ

転がす　とる

《あそび方》
①2人1組になる。
②転がされたボールを股の間から後ろ向きで見てとる。
③放られたボールをおでこや胸、背中、おしり、足のうら等で受け止める。
④その場で、ジャンプしてとる。
⑤その場で、1回転してからとる。

《ひと工夫》
3人、4人と人数を増やして遊び、友だちの工夫したキャッチを見よう。

ボール減らし

つかむ　投げる

《あそび方》
ネットごしの陣地に、10～20個ほどのボールを置いておく。指導者の合図で、互いの相手の陣地にボールを投げ入れ、自分の陣地のボールが少なくなった方の勝ち。

《ポイント》
ボールを陣地の外へ投げ返さないように伝える。

《ひと工夫》
ネットの代わりに、地面にひもを置く。お手玉、玉入れ用の玉を使うと、散らからない。

2．せまいところでもできるあそび

ボウリング　　転がす　当てる

《あそび方》
空のペットボトルを並べ、ボールを転がして倒す。
《ひと工夫》
ペットボトルを増やしたり、ボールの種類や大きさ、的までの距離を変えたりする。

まねっこダンス　　立ち上がる・座る　回る　止まる

《あそび方》
2人1組になる。1人は音楽に合わせて立ったり、座ったり、回ったり、止まったり等の動きを取り入れておどり、1人はそれをまねしておどる。おどる役とまねをする役は、順番に代わる。
《ポイント》
短い音楽の方が、子どもはあきない。
《ひと工夫》
向かい合って、反対の動き（鏡に映った動き）でおどる。

【文　献】
1）前橋　明・石井浩子：笑顔のキャッチボール　外あそびのススメ，一般社団法人日本野球機構，2024．

【文　　献】

1) Akira Maehashi・Kazuhisa Taketa: Scores of fatigue complaints in high school students in physical education classes, Acta Medica Okayama 50 (3), pp.165-172, 1996.
2) Akira Maehashi: Living Conditions and Health Management of Kindergarteners and Preschoolers in Japan, HUMAN AND AGE, pp.1-6, 2004.
3) Akira Maehashi: Significance and charm of "the physical education of young children", Journal of Leisure and Recreation Studies 87, pp.1-4, 2015.
4) Akira Maehashi: Park play equipment and raising children, Journal of Leisure and Recreation Studies 85, pp.3-9, 2015.
5) Akira Maehashi: Development of the life rhythm improvement strategy based on lifestyle analysis, Journal of Leisure and Recreation Studies 75, pp.41-48, 2015.
6) Akira Maehashi: Suggestions for physical education instruction methods for young children, Journal of Leisure and Recreation Studies 79, pp.41-44, 2016.
7) Akira Maehashi: Daily rhythm improvement strategy for children-Encouraging the "Eat, be active and sleep well" movement-, Journal of Leisure and Recreation Studies 79, pp.41-44, 2016.
8) Akira Maehashi: The relations between physical vitality and sleeping of today's preschoolers, The Journal of Physical Education of Young Children of Asia 7 (12), pp.13-22, 2018.
9) Akira Maehashi: Doing 'exercise' can be more interesting than watching television/video or playing digital games, and the usage of public sport equipment, Journal of Leisure and Recreation Studies 87, pp.1-5, 2019.
10) Yuji Miyamoto・Akira Maehashi: Safety standards for playground equipment and actual conditions and issues of injuries with playground equipment in preschool, Journal of Leisure and Recreation Studies 91, pp.9-17, 2020.
11) Akira Maehashi: Countermeasures against COVID-19, Journal of Leisure and Recreation Studies 91, pp.3-8, 2020.
12) Akira Maehashi: Under the influence of the 'Fifth Wave' of COVID-19 infections in Japan, Journal of Leisure and Recreation Studies 94, pp.1-3, 2021.
13) 前橋　明：児童の水泳前後における自覚症状，フリッカー値および尿蛋白質排泄量の変動，岡山医学人間科学研究　Vol.38, Supplement（2025）－3－会雑誌102 (11, 12), pp.1229-1239, 1990.
14) 前橋　明：アメリカの大学生における体育実技前後の疲労感の変動，岡山医学会雑誌103 (7, 8), pp.905-915, 1991.
15) 前橋　明・中永征太郎・石井邦彦・目黒忠道・武田和久：女子児童の水泳ならびにダンス運動による　疲労スコア，フリッカー値，尿蛋白質排泄量の変動，学校保健研究35 (1), pp.13-20, 1993.

16) 前橋　明：子どものからだの異変とその対策，体育学研究49(3)，pp.197-208，2004.
17) 前橋　明：幼児の生活と身体活動量の実態，運動・健康教育研究13(2)，pp.47-52，2004.
18) 前橋　明：近年の保育園児の身体活動量と睡眠との関係，保育と保健14(2)，pp.24-28，2008.
19) 前橋　明・泉　秀生：大阪市における幼児の生活実態と課題，幼少児健康教育研究14(1)，pp.35-54，2008.
20) 前橋　明：体温リズムと子どもの生活―心身ともに健康で，生き生きとした暮らしづくりのための知恵，小児歯科臨床16(6)，pp.16-22，2011.
21) 松坂仁美・前橋　明：幼稚園幼児の降園後のあそびや活動の実態と健康管理上の課題，レジャー・レクリエーション研究82，pp.13-20，2017.
22) 五味葉子・前橋　明：朝食時のテレビ視聴が幼児の生活習慣とそのリズムに及ぼす影響，レジャー・レクリエーション研究87，pp.17-27，2019.
23) 前橋　明：スマホ世代の子どもとレクリエーション，レジャー・レクリエーション研究90，pp.23-33，2020.
24) 姜　碧瑩・前橋　明：コロナ禍における中国幼児の生活習慣と余暇活動の実態と課題，レジャー・レクリエーション研究97，pp.63-75，2022.
25) 前橋　明：子どもたちのS.O.Sサインに，どうこたえるか―コロナ禍を経た健康づくり支援策を考えよう―，レジャー・レクリエーション研究100，p.5，2024.
26) 舒　浩璐・前橋　明：COVID-19流行下における幼児の体力・運動能力の実態およびその課題，レジャー・レクリエーション研究100，pp.21-30，2024.
27) 小石浩一・前橋　明：幼児の体力・運動能力レベルと就寝時刻との関連，レジャー・レクリエーション研究103，pp.23-28，2024.
28) 照屋真紀・前橋　明：戸外あそび導入による沖縄県石垣島幼児の生活リズムの変化―12年間の分析―，レジャー・レクリエーション研究103号，pp.29-36，2024.
29) 陳　志鑫・姜　碧瑩・前橋　明：台湾新北市幼児の視力と生活要因相互の関連，レジャー・レクリエーション研究103，pp.45-51，2024.
30) 満処絵里香・前橋　明：学校生活時における児童の自覚症状の訴えとカウンター値の変化からみた健康課題，レジャー・レクリエーション研究105号，2025.

おわりに

研究のススメ
人間の行動の中に研究テーマをみつける視点を大切にしてください。

　子どもたちが、公園の滑り台で遊んでいます。最初は、恐る恐るゆっくりと滑っています。慣れてくると、早く滑って、より大きな快感を得ようと、工夫し始めます。肌が斜面に直接触れると、滑りが悪くなるため、半ズボンの布の部分だけを滑走面につけて、両足を浮かせて滑り出しました。
　砂を取ってきて、滑り台の上からばらまきながら、砂といっしょに滑る子どもも出てきました。逆に、あまり速く滑りすぎると、靴底を滑り台の側面にしっかり当てて、摩擦を起こして滑りにくい状態を工夫する子どももでてきました。
　子どもなりに、あそびの中で、いろいろと研究をしているのです。

【疑問1】
すべり台を、はやく滑るにはどうしたらよいか？
　　疑問を解明・解決するアプローチを模索することが研究です。

〈観察〉　　　　みんなが滑っている様子を見る。
〈実験・測定〉　足を浮かせた時と、砂を取ってきて、滑り台の上からばらまきながら砂といっしょに滑るときと、どちらが早いか、競争をして確かめる。
〈インタビュー〉　ばーちゃんやじいちゃんに、良い方法を聞く。
〈アンケート調査〉みんなに聞きたいことを、紙に書いて尋ねる。
〈文献研究〉　　図書館で、本を探し、良い方法を探す。
〈実践〉　　　　肌が斜面に直接触れると、滑りが悪くなるため、半ズボンの布の部分だけを滑走面につけて、両足を浮かせて滑り出す。これをみんなに教えて、くり返して遊ぶ。両手・両足

を、まっすぐ伸ばすことができるか、あそびの中でくり返す。そして、上手になる。

子どもなりに、あそびの中で、いろいろと研究をしているのです。

【疑問２】
速く滑りすぎないようにするためには？

工夫し始めます。これが、研究のはじまり。

このように、皆さんも、それぞれの生活の中で、何かに疑問を感じ、その解決のために、本や辞書で調べてみたり、やり方を工夫したり、汗水を流して、いろいろ考えたことを試してみたことはありませんか？ それをしていれば、あなたは、すでに研究の経験者です。

みなさんの日常生活の身近なところで抱いた「ささやかな疑問」を大切にし、その疑問を解決すべく、文献研究をしたり、観察をしたり、調査をしたり、あるいは実験を行ったりするのが研究です。

とくに、人間の行動や環境の中に、あなたの研究のテーマとなる材料がいくらでも存在しているのです。

そこで、みなさんが、日常生活の中で何らかの問題に気づき、それに研究的にアプローチすることで、日常生活を改善し、より良いものへ、さらに発展させていくための努力をしていただきたいのです。

研究テーマが見つかり、研究結果より、新しい知見を得て、多くの人びとの仕事や子どもたちの生活に役立つと、それは大きな喜びとなり、達成感や充実感へとつながっていきますので、がんばりましょう！ これが、研究をすすめる私からのメッセージです。

前橋　明

前橋　明　研究経歴

前橋　明（MAEHASHI Akira）教授　博士（医学）
〈学歴〉1977年6月 米国南オレゴン州立大学　卒業
　　　　1978年8月 米国ミズーリー大学大学院　修士（教育学）
　　　　1996年6月 岡山大学医学部（公衆衛生学）　博士（医学）
〈職歴〉1980年9月〜1987年3月 総合社会福祉施設　旭川荘　運動訓練・水泳訓練担当
　　　　1987年4月〜2003年3月 倉敷市立短期大学　講師，助教授，教授
　　　　2003年4月〜2025年3月 早稲田大学　教授
〈研究経歴〉
　　　平成2年度文部省在外研究（出張先：米国ミズリー大学）
　　　平成2年度全国保母養成校教員研究費（全国保母養成協議会）
　　　平成6年度全国保母養成校教員研究費（全国保母養成協議会）
　　　平成7年度全国保母養成校教員研究費（全国保母養成協議会）
　　　平成9年度〜平成12年度科学研究費「基盤研究C（1）高校生における日常生活時の不定愁訴の発現に及ぼす運動の影響について」
　　　平成11年度植山つる児童福祉研究奨励基金（全国社会福祉協議会）
　　　平成15年度〜16年度科学研究費「基盤研究（C）（1）幼児のからだの異変とその対策」
　　　平成16年度〜18年度科学研究費「基盤研究（C）幼児の口臭に関わる生活要因とその対策」
　　　平成20年度〜22年度科学研究費「基盤研究（A）幼児・児童の健康づくりシステムの構築」
　　　平成24年度〜26年度科学研究費「基盤研究（B）「幼児の生活習慣分析に基づいた生活リズム向上戦略の展開」
　　　平成27年度〜29年度「基盤研究（C）夜型社会の中での幼児の生活リズムと体力，身体活動量との関係」
　　　令和3年度〜5年度科学研究費「基盤研究（C）（一般）COVID-19流行時の幼児の生活習慣や身体状況からみた健康管理上の課題と対策」
　　　日本学術振興会科学研究費委員会専門委員（2009年〜2017年）

〈所属学会〉一般社団法人国際幼児体育学会会長、インターナショナルすこやかキッズ支援ネットワーク代表、日本幼少児健康教育学会理事長（1982年〜2014年）、日本幼児体育学会理事長・会長（2005年〜2022年）・名誉会員、日本食育学術会議会頭（2006年〜現在）、日本レジャー・レクリエーション学会理事長・会長（2014年〜2023年）など

〈受賞学術賞　等〉
　　　　1992年　米国ミズーリー州カンザスシティー名誉市民賞受賞
　　　　1998年　日本保育学会研究奨励賞受賞
　　　　2002年　日本幼少児健康教育学会功労賞受賞
　　　　2008年　日本幼少児健康教育学会優秀論文賞受賞
　　　　2008年　日本保育園保健学会保育保健賞受賞
　　　　2016年　第10回キッズデザイン賞受賞
　　　　2017年　（中華民国106年）新北市政府感謝状受賞
　　　　2022年　日本幼児体育学会　学会功労者賞
　　　　2023年　早稲田大学功労表彰
　　　　2024年　（中華民国113年）新北市政府教育局感謝状受賞

■編著者プロフィール

前橋　明（まえはし　あきら）教授　博士（医学）

〈学歴〉1977年6月　米国南オレゴン州立大学　卒業
　　　　1978年8月　米国ミズーリー大学大学院　修士（教育学）
　　　　1996年6月　岡山大学医学部（公衆衛生学）博士（医学）
〈職歴〉1980年9月～1987年3月　総合社会福祉施設　旭川荘
　　　　　　　　　　　　　　　運動訓練・水泳訓練担当
　　　　1987年4月～2003年3月　倉敷市立短期大学　講師，助教授，教授
　　　　2003年4月～2025年3月　早稲田大学　教授
〈外国での研究・教育職歴〉
　　　　1990年～1998年　米国：ミズーリー大学　客員研究員
　　　　1993年～1994年　米国：ノーウイッジ大学　客員教授
　　　　1993年～1996年　米国：バーモント大学　客員教授
　　　　1994年～1996年　米国：セントマイケル大学　客員教授
　　　　2015年～2016年　台湾：国立体育大学　客員教授

社会的活動
　一般社団法人 国際幼児体育学会会長
　一般社団法人 国際ウエイトコントロール学会会長
　日本レジャー・レクリエーション学会理事長（2014～2019）・会長（2020～2023）
　一般社団法人 国際幼児健康デザイン研究所顧問
　インターナショナルすこやかキッズ支援ネットワーク代表
　子どもの健全な成長のための外あそびを推進する会代表
　日本学術振興会科学研究費委員会専門委員（2009.12～2017.11）
　日本幼少児健康教育学会理事長（1982.10～2014.3）
　日本幼児体育学理事長・会長（2005.8～2022.3）・名誉会員

子どもの健康福祉学

2025年3月21日　初版第1刷発行

■著　　者――前橋　明
■発 行 者――佐藤　守
■発 行 所――株式会社 大学教育出版
　　　　　　〒700-0953　岡山市南区西市855-4
　　　　　　電話(086)244-1268(代)　FAX(086)246-0294
■Ｄ Ｔ Ｐ――難波田見子
■印刷製本――モリモト印刷(株)

© Akira Maehashi 2025, Printed in Japan
検印省略　　落丁・乱丁本はお取り替えいたします。
本書のコピー・スキャン・デジタル化等の無断複製は、著作権法上での例外を除き禁じられています。本書を代行業者等の第三者に依頼してスキャンやデジタル化することは、たとえ個人や家庭内での利用でも著作権法違反です。
本書に関するご意見・ご感想を右記サイト(QRコード)までお寄せください。

ISBN978-4-86692-348-2

外あそびのススメ －ぼくも遊びたい、わたしも入れて!!－

前橋 明 編著　ISBN:978-4-86692-221-8
定価:本体1,800円+税　四六判 208頁　2022年9月発行

今日の日本は、子どもたちの外あそびは激減し、体力低下や肥満増加、視力低下の問題だけでなく、心の健康問題も顕在化してきています。
子どもたちの健全育成のために外あそびの重要性をわかりやすくまとめた。

◆主な目次
第1章 子どもの健全な成長のための外あそび推進について
第2章 外あそびの魅力について考えてみよう
第3章 今、子どもたちに外あそびが必要なわけ
第4章 子どもの発育プロセスを知ろう
第5章 子どもにとっての外あそびの役割と効果
第6章 子どものどんな力が伸びるのか
第7章 外あそび推進スペシャリストの心得 －指導のポイント－
第8章 公園遊具の意義と役割および近年の公園づくりや整備の特徴
第9章 公園遊具と安全性、遊具の定期点検
第10章 子どものケガの手当て・対応と安全管理 他

障がい児の健康づくり支援

前橋 明 著　ISBN:978-4-86692-258-4
定価:本体1,600円+税　A5判 144頁　2023年8月発行

子どもたちの抱える・抱えさせられている心身や生活上の問題は、コロナ禍の影響も加わって、非常に複雑・多岐にわたり、新たな展開が迫られています。こうした社会や子どもたちの生活の背景を踏まえながら、障害をもつ子どもたちが心身ともに健康で生き生きとした暮らしが送れるように、また、友だちといっしょに社会生活をしていく上で必要なコミュニケーション能力を育て、豊かな心をもち、たくましく生きることができるようになることを目指し、その援助の仕方を解説する。

◆主な目次
第1章 障がい児の知覚・運動訓練から体育指導
第2章 障害別にみた障害の内容と発達や運動の特徴
第3章 子どもの理解と実態把握の難しさ
第4章 発達と運動、親子ふれあい体操のススメ
第5章 車イスの基本操作と介助
第6章 視覚障がい児・者の援助
第7章 子どもの運動指導上、留意すべき事項
第8章 健全な成長のための外あそび推進について
第9章 近年の子どもたちが抱える健康管理上の問題と改善策
第10章 体　力
第11章 運動遊具・公園遊具の安全管理
第12章 幼児期の健康診断評価
第13章 ケガの手当て・対応
第14章 コロナ禍における子どもの運動あそびと、保健衛生上、注意すべきこと

幼児と健康

監修／前橋 明　編著者／門倉 洋輔　ISBN:978-4-86692-293-5
定価:本体2,200円+税　A5判 228頁　2024年3月発行

「保育内容の指導法(健康)」および「領域(健康)に関する専門的事項」に対応したテキストである。子どもの身体の発育と心の発達をわかりやすく学べ、運動あそびの事例や指導案なども掲載し、理論・実践の両面から理解できる一冊。

◆主な目次
第1章 保育における領域「健康」の概要
第2章 子どもの健康づくりと生活リズム
第3章 幼児期の健康に関する問題
第4章 幼児期における適切なメディアとの関わり方
第5章 子どもの発育・発達
第6章 子どもの生理的機能の発達
第7章 体力・運動能力の獲得
第8章 安全の指導
第9章 0〜2歳児の身辺自立と生活習慣の形成
第10章 0〜2歳児のあそび
第11章 3〜5歳児の身辺自立と生活習慣の獲得
第12章 3〜5歳児のあそび
第13章 親子体操のすすめ
第14章 運動あそびにおける保育者の役割
第15章 運動あそびへの意欲づくり
第16章 行事と自然体験
第17章 食　育
第18章 保育計画と指導案

●お問い合わせ・ご注文先

学術教育図書出版
株式会社　大学教育出版

■本社　〒700-0953 岡山市南区西市855-4
TEL(086)244-1268(代)　FAX(086)246-0294
E-mail：info@kyoiku.co.jp
https://www.kyoiku.co.jp